O EVANGELHO POR
Emmanuel

COMENTÁRIOS AO
Evangelho Segundo João

COMENTÁRIOS AO
Evangelho Segundo João

Coordenação
Saulo Cesar Ribeiro da Silva

Copyright © 2013 *by*
FEDERAÇÃO ESPÍRITA BRASILEIRA – FEB

1ª edição – 10ª impressão – 1 mil exemplares – 6/2024

ISBN 978-85-69452-74-4

Todos os direitos reservados. Nenhuma parte desta publicação pode ser reproduzida, armazenada ou transmitida, total ou parcialmente, por quaisquer métodos ou processos, sem autorização do detentor do *copyright*.

FEDERAÇÃO ESPÍRITA BRASILEIRA – FEB
SGAN 603 – Conjunto F – Avenida L2 Norte
70830-106 – Brasília (DF) – Brasil
www.febeditora.com.br
editorial@febnet.org.br
+55 61 2101 6161

Pedidos de livros à FEB
Comercial
Tel.: (61) 2101 6161 – comercial@febnet.org.br

Adquirindo esta obra, você está colaborando com as ações de assistência e promoção social da FEB e com o Movimento Espírita na divulgação do Evangelho de Jesus à luz do Espiritismo.

Dados Internacionais de Catalogação na Publicação (CIP)
(Federação Espírita Brasileira – Biblioteca de Obras Raras)

E54e   Emmanuel (Espírito)

        O evangelho por Emmanuel: comentários ao evangelho segundo João / coordenação de Saulo Cesar Ribeiro da Silva. – 1. ed. – 10. imp. – Brasília: FEB, 2024.

        368 p.; 23 cm – (Coleção Evangelho por Emmanuel; 4)

        Compilação de textos de 138 obras e 441 artigos publicados em *Reformador* e *Brasil Espírita* ditados pelo Espírito Emmanuel e psicografados por Francisco Cândido Xavier.

        Inclui relação de comentários por ordem alfabética e índice geral

        ISBN 978-85-69452-74-4

        1. Jesus Cristo – Interpretações espíritas. 2. Bíblia e Espiritismo. 3. Espiritismo. 4. Obras psicografadas. I. Xavier, Francisco Cândido, 1910–2002. II. Silva, Saulo Cesar Ribeiro da, 1974–. III. Federação Espírita Brasileira. IV. Título. V. Coleção.

                                                                           CDD 133.93
                                                                           CDU 133.7
                                                                           CDE 20.03.00

SUMÁRIO

Agradecimentos 9
Apresentação 11
Prefácio 13
Introdução ao *Evangelho segundo João* 17

Comentários ao *Evangelho segundo João* 25
João 1:1 27
    João 1:5 30
    João 1:14 32
    João 1:23 33
    João 1:38 34
João 2:5 36
    João 2:25 38
João 3:3 39
    João 3:6 43
    João 3:7 45
    João 3:10 49
    João 3:12 50
    João 3:16 52
    João 3:29 a 30 56
    João 3:34 58
João 4:34 59
    João 4:35 60
João 5:8 62
    João 5:14 65
    João 5:17 68
    João 5:29 73
    João 5:30 74
    João 5:40 75
João 6:10 77
    João 6:12 78
    João 6:26 80
    João 6:30 81
    João 6:32 83
    João 6:48 85

    João 6:60 87
    João 6:63 88
    João 6:68 90
    João 6:70 93
João 7:6 95
    João 7:20 96
João 8:4 97
    João 8:5 99
    João 8:7 100
    João 8:8 104
    João 8:11 106
    João 8:12 108
    João 8:32 116
    João 8:35 129
    João 8:38 130
    João 8:43 131
    João 8:45 133
    João 8:46 134
    João 8:58 135
João 9:4 136
    João 9:25 138
    João 9:27 140
João 10:7 142
    João 10:9 144
    João 10:10 146
    João 10:14 148
    João 10:16 150
    João 10:25 151
    João 10:30 154
    João 10:34 159
João 11:9 160
    João 11:23 161
    João 11:43 163
    João 11:44 164
João 12:10 166
    João 12:11 168
    João 12:26 169
    João 12:27 170

- João 12:35 172
- João 12:40 177
- João 12:43 178

João 13:4 179
- João 13:5 180
- João 13:8 182
- João 13:17 183
- João 13:34 184
- João 13:35 196

João 14:1 200
- João 14:2 203
- João 14:6 209
- João 14:10 218
- João 14:15 219
- João 14:16 222
- João 14:21 223
- João 14:22 225
- João 14:26 226
- João 14:27 228
- João 14:31 236

João 15:1 237
- João 15:4 238
- João 15:5 240
- João 15:7 243
- João 15:8 247
- João 15:10 250
- João 15:12 252
- João 15:13 254
- João 15:14 256
- João 15:15 259
- João 15:17 261

João 16:1 263
- João 16:3 265
- João 16:4 266
- João 16:7 268
- João 16:13 269
- João 16:20 272
- João 16:24 274

 João 16:27 276
 João 16:32 278
 João 16:33 280
João 17:14 286
 João 17:15 288
 João 17:16 291
 João 17:17 293
 João 17:18 295
 João 17:22 299
 João 17:24 301
João 18:11 303
 João 18:34 305
 João 18:36 306
João 19:5 310
João 20:1 311
 João 20:16 312
 João 20:19 314
 João 20:20 316
 João 20:21 318
 João 20:22 323
 João 20:24 325
João 21:6 327
 João 21:17 328
 João 21:22 331

Relação de comentários por ordem alfabética.... 333
Índice geral 337

Agradecimentos

Ao chegarmos ao quarto volume da coleção, é preciso reconhecer que grandes e pequenas contribuições se somaram neste que é o resultado de muitas mãos e corações. Por isso, queremos deixar grafados aqui nossos agradecimentos.

Em primeiro lugar, queremos registrar nossa gratidão à Federação Espírita Brasileira, particularmente à diretoria da instituição pelo apoio e incentivo com que nos acolheram; às pessoas responsáveis pela biblioteca e arquivos, que literalmente abriram todas as portas para que tivéssemos acesso aos originais de livros, revistas e materiais de pesquisa, e à equipe de editoração pelo carinho, zelo e competência demonstrados durante o projeto.

Aos nossos companheiros e companheiras da Federação Espírita do Distrito Federal, que nos ofereceram o ambiente propício ao desenvolvimento do estudo e reflexão sobre o Novo Testamento à luz da Doutrina Espírita. Muito do que consta nas introduções aos livros e identificação dos comentários tiveram origem nas reuniões de estudo ali realizadas.

Aos nossos familiares, que souberam compreender-nos as ausências constantes, em especial ao João Vitor e à Ana Clara, que por mais de uma vez tiveram que acompanhar intermináveis reuniões de pesquisa, compilação e conferência de textos. Muito do nosso esforço teve origem no desejo sincero de que os ensinos aqui compilados representem uma oportunidade para que nos mantenhamos cada vez mais unidos em torno do Evangelho.

A Francisco Cândido Xavier, pela vida de abnegação e doação que serviu de estrada luminosa através da qual foram vertidas do alto milhares de páginas de esclarecimento e conforto que permanecerão como luzes eternas a apontar-nos o caminho da redenção.

A Emmanuel, cujas palavras e ensinos representam o contributo de uma alma profundamente comprometida com a essência do Evangelho.

A Jesus que, na qualidade de Mestre e Irmão Maior, soube ajustar-se a nós, trazendo-nos o Seu sublime exemplo de vida e fazendo reverberar em nosso íntimo a sinfonia imortal do amor. Que a semente plantada por esse excelso Semeador cresça e se converta na árvore frondosa da fraternidade, sob cujos galhos possa toda a humanidade se reunir um dia.

A Deus, inteligência suprema, causa primeira de todas as coisas e Pai misericordioso e bom de todos nós.

Apresentação[1]

O Novo Testamento constitui uma resposta sublime de Deus aos apelos aflitos das criaturas humanas.

Constituído por 27 livros, que são: os quatro evangelhos, um registro dos Atos dos apóstolos, uma carta do apóstolo Paulo aos romanos, duas aos coríntios, uma aos gálatas, uma aos efésios, uma aos filipenses, uma aos colossenses, duas aos tessalonicenses, duas a Timóteo, uma a Tito, uma a Filemon, uma aos hebreus, uma carta de Tiago, duas de Pedro, três de João, uma de Judas e o Apocalipse, de João.

A obra, inspirada pelo Senhor Jesus, vem atravessando os dois primeiros milênios sob acirradas lutas históricas e teológicas, e pode ser considerada como um escrínio de gemas preciosas que rutilam sempre quando observadas.

Negada a sua autenticidade por uns pesquisadores e confirmada por outros, certamente que muitas apresentam-se com lapidação muito especial defluente da época e das circunstâncias em que foram grafadas em definitivo, consideradas algumas como de natureza canônica e outras deuterocanônicas, são definidas como alguns dos mais lindos e profundos livros que jamais foram escritos. Entre esses, o evangelho de Lucas, portador de beleza incomum, sem qualquer demérito para os demais.

Por diversas décadas, o nobre Espírito Emmanuel, através do mediumato do abnegado discípulo de Jesus, Francisco Cândido Xavier, analisou incontáveis e preciosos versículos que constituem o Novo Testamento, dando-lhe a dimensão merecida e o seu significado na atualidade para o comportamento correto de todos aqueles que amam o Mestre ou o não conhecem, sensibilizando os leitores que se permitiram penetrar pelas luminosas considerações.

---
[1] Página psicografada pelo médium Divaldo Pereira Franco, na Mansão do Caminho, em Salvador, Bahia.

Sucederam-se centenas de estudos, de pesquisas preciosas e profundas, culminando em livros que foram sendo publicados à medida que eram concluídos.

Nos desdobramentos dos conteúdos de cada frase analisada, são oferecidos lições psicológicas modernas e psicoterapias extraordinárias, diretrizes de segurança para o comportamento feliz, exames e soluções para as questões sociológicas, econômicas, étnicas, referente aos homens e às mulheres, aos grupos humanos e às Nações, ao desenvolvimento tecnológico e científico, às conquistas gloriosas do conhecimento, tendo como foco essencial e transcendente o amor conforme Jesus ensinara e vivera.

Cada página reflete a claridade solar na escuridão do entendimento humano, contribuindo para que o indivíduo não mais retorne à caverna em sombras de onde veio.

Na condição de hermeneuta sábio, o nobre Mentor soube retirar a *ganga* que envolve o diamante estelar da revelação divina, apresentando-o em todo o seu esplendor e atualidade, porque os ensinamentos de Jesus estão dirigidos a todas as épocas da humanidade.

Inegavelmente, é o mais precioso conjunto de estudos do Evangelho de que se tem conhecimento através dos tempos, atualizado pelas sublimes informações dos Guias da sociedade, conforme a revelação espírita.

Dispondo dos originais que se encontram na Espiritualidade superior, Emmanuel legou à posteridade este inimaginável contributo de luz e de sabedoria.

Agora enfeixados em novos livros, para uma síntese final, sob a denominação *O Evangelho por Emmanuel*, podem ser apresentados como o melhor roteiro de segurança para os viandantes terrestres que buscam a autoiluminação e a conquista do reino dos céus a expandir-se do próprio coração.

Que as claridades miríficas destas páginas que se encontram ao alcance de todos que as desejem ler, possam incendiar os sentimentos com as chamas do amor e da caridade, iluminando o pensamento para agir com discernimento e alegria na conquista da plenitude!

Salvador (BA), 15 de agosto de 2013.

JOANNA DE ÂNGELIS

Prefácio

O Novo Testamento é a base de uma das maiores religiões de nosso tempo. Ele traz a vida e os ensinos de Jesus da forma como foram registrados por aqueles que, direta ou indiretamente, tiveram contato com o Mestre de Nazaré e sua mensagem de amor, que reverbera pelos corredores da história.

Ao longo dos séculos, esses textos são estudados por indivíduos e comunidades, com o propósito de melhor compreender o seu conteúdo. Religiosos, cientistas, linguistas e devotos, de variados credos, lançaram e lançam mão de suas páginas, ressaltando aspectos diversos, que vão desde a história e confiabilidade das informações nelas contidas, até padrões desejáveis de conduta e crença.

Muitas foram as contribuições que, ao longo de quase dois mil anos, surgiram para o entendimento do Novo Testamento. Essa, que agora temos a alegria de entregar ao leitor amigo, é mais uma delas, que merece especial consideração. Isso porque representa o trabalho amoroso de dois benfeitores, que, durante mais de 70 anos, se dedicaram ao trabalho iluminativo da senda da criatura humana. Emmanuel e Francisco Cândido Xavier foram responsáveis por uma monumental obra de inestimável valor para nossos dias, particularmente no que se refere ao estudo e interpretação da mensagem de Jesus.

Os comentários de Emmanuel sobre o Evangelho encontram-se distribuídos em 138 livros e 441 artigos publicados ao longo de 39 anos nas revistas *Reformador* e *Brasil Espírita*. Por essa razão, talvez poucos tenham a exata noção da amplitude desse trabalho que totaliza 1.616 mensagens sobre mais de mil versículos. Todo esse material foi agora compilado, reunido e organizado em uma coleção, cujo quarto volume é o que ora apresentamos ao público.

Essa coletânea proporciona uma visão ampliada e nova do que representa a contribuição de Emmanuel para o entendimento e resgate do Novo Testamento. Em primeiro lugar, porque possibilita uma abordagem diferente da que encontramos nos livros e artigos, que trazem, em sua maioria, um versículo e um comentário em cada capítulo. Neste trabalho, os comentários foram agrupados pelos versículos a que se referem, possibilitando o estudo e a reflexão sobre os diferentes aspectos abordados pelo autor. Encontraremos, por exemplo, 21 comentários sobre *Mateus*, 5:44; 11 comentários sobre *João*, 8:32 e 8 sobre *Lucas*, 17:21. Ao todo, 305 versículos receberam do autor mais de um comentário. Relembrando antigo ditado judaico, "a Torá tem setenta faces", Emmanuel nos mostra que o Evangelho tem muitas faces, que se aplicam às diversas situações da vida, restando-nos a tarefa de exercitar a nossa capacidade de apreensão e vivência das lições nele contidas. Em segundo lugar, porque a ordem dos comentários obedece a sequência dos 27 textos que compõem o Novo Testamento. Isso possibilitará ao leitor localizar mais facilmente os comentários sobre um determinado versículo. O projeto gráfico foi idealizado também com este fim.

A coleção é composta de sete volumes:
Volume 1 – Comentários ao Evangelho Segundo Mateus.
Volume 2 – Comentários ao Evangelho Segundo Marcos.
Volume 3 – Comentários ao Evangelho Segundo Lucas.
Volume 4 – Comentários ao Evangelho Segundo João.
Volume 5 – Comentários aos Atos dos Apóstolos.
Volume 6 – Comentários às cartas de Paulo.
Volume 7 – Comentários às cartas universais e ao Apocalipse.

Em cada volume foram incluídas introduções específicas, com o objetivo de familiarizar o leitor com a natureza e características dos escritos do Novo Testamento, acrescentando, sempre que possível, a perspectiva espírita.

Metodologia

O conjunto das fontes pesquisadas envolveu toda a obra em livros de Francisco Cândido Xavier publicada durante a sua vida; todas as revistas *Reformador*, de 1927 até 2002 e todas as edições da revista *Brasil Espírita*. Dos 412 livros de Chico Xavier, foram identificados 138 com comentários de Emmanuel sobre o Novo Testamento.

A equipe organizadora optou por atualizar os versículos comentados de acordo com as traduções mais recentes. Isso se justifica porque, a partir da década de 60, os progressos na área da crítica textual possibilitaram um avanço significativo no estabelecimento de um texto grego do Novo Testamento que estivesse o mais próximo possível do original. Esses avanços deram origem a novas traduções, como a *Bíblia de Jerusalém*, bem como correções e atualizações de outras já existentes, como a de João Ferreira de Almeida. Todo esse esforço tem por objetivo resgatar o sentido original dos textos bíblicos. Os comentários de Emmanuel apontam na mesma direção, razão pela qual essa atualização foi considerada adequada. Nas poucas ocorrências em que essa opção pode suscitar questões mais complexas, as notas auxiliarão o entendimento. A tradução utilizada para os Evangelhos e Atos foi a de Haroldo Dutra Dias.

Foram incluídos todos os comentários que indicavam os versículos de maneira destacada ou que faziam referência a eles no título ou no corpo da mensagem.

Nos casos em que o mesmo versículo aparece em mais de uma parte do Novo Testamento e que o comentário não deixa explícito a qual delas ele se refere, optou-se por uma, evitando a repetição desnecessária do comentário em mais de uma parte do trabalho.

Os textos transcritos tiveram como fonte primária os livros e artigos publicados pela FEB. Nos casos em que um mesmo texto foi publicado em outros livros, a referência desses está indicada em nota.

A história do projeto *O Evangelho por Emmanuel*

Esse trabalho teve duas fases distintas. A primeira iniciou em 2010, quando surgiu a ideia de estudarmos o Novo Testamento nas reuniões do culto no lar. Com o propósito de facilitar a localização dos comentários de Emmanuel, foi elaborada uma primeira relação ainda parcial. Ao longo do tempo, essa relação foi ampliada e compartilhada com amigos e trabalhadores do movimento espírita.

No dia 2 de março de 2013, iniciou-se a segunda e mais importante fase. Terezinha de Jesus, que já conhecia a relação através de palestras e estudos que desenvolvemos no Grupo Espírita Operários da Espiritualidade, comentou com o então e atual vice-presidente da FEB, Geraldo Campetti Sobrinho, que havia um trabalho sobre os comentários de Emmanuel que merecia ser conhecido. Geraldo nos procurou e marcamos uma reunião para o dia seguinte, na sede da FEB, às nove horas da manhã. Nessa reunião, o que era apenas uma relação de 29 páginas tornou-se um projeto de resgate, compilação e organização do que é um dos maiores acervos de comentários sobre o Evangelho. A realização dessa empreitada seria impensável para uma só pessoa, por isso uma equipe foi reunida e um intenso cronograma de atividades foi elaborado. As reuniões para acompanhamento, definições de padrões, escolhas de metodologias e análise de situações ocorreram praticamente todas as semanas desde o início do projeto até a sua conclusão.

O que surgiu inicialmente em uma reunião familiar composta por algumas pessoas em torno do Evangelho hoje está colocado à disposição do grande público, com o desejo sincero de que a imensa família humana se congregue cada vez mais em torno desse que é e será o farol imortal a iluminar o caminho de nossas vidas. Relembrando o Mestre Inesquecível em sua confortadora promessa: "Pois onde dois ou três estão reunidos em meu nome, aí estou no meio deles" (MT 17:20).

Brasília (DF), 29 de setembro de 2015
SAULO CESAR RIBEIRO DA SILVA
Coordenador

Introdução ao *Evangelho segundo João*

O chamado quarto Evangelho possui essa denominação, não somente pela sua posição na sequência dos escritos do Novo Testamento, mas, também, pela impressionante diferença que guarda em relação aos três primeiros que o antecedem e que são conhecidos como sinóticos pelas semelhanças que trazem entre si.

Uma aproximação, mesmo que superficial, do texto de João deixará transparecer os elementos marcantes e distintivos desse Evangelho, nem sempre bem compreendidos e que já suscitaram várias críticas ao longo da história. Isso, contudo, em nada diminuiu a força desse texto, principalmente no que se refere a demonstrar uma face de Jesus e seus ensinos que não se pode obter pela leitura exclusiva de Mateus, Marcos e Lucas.

Não deixa de ter uma certa ironia o fato de que justamente esse texto, que é o mais criticado em termos de estudos históricos críticos sobre a figura de Jesus, seja o que possui a atestação mais antiga. O fragmento de manuscrito mais antigo do Novo Testamento, descoberto até o momento, é o P52, que data de cerca do ano 125 e contém 5 versículos do Evangelho de João, sugerindo que, desde muito cedo, esse Evangelho já era uma importante fonte para o conhecimento da Boa-Nova.

Autoria

Embora a crítica textual atual alegue fortemente que o texto de João foi produzido por uma "escola joanina" ou por um discípulo do apóstolo, os autores dos primeiros anos do Cristianismo concordam, em sua quase totalidade, em afirmar que foi o "apóstolo amado" o autor desse texto e que o teria escrito na comunidade de Éfeso.

João é talvez o apóstolo mais jovem sobre o qual temos referências nos outros sinóticos. Filho de Salomé e Zebedeu, tinha como irmão Tiago Maior e trabalhava em Betsaída como pescador, provavelmente junto de Pedro e André.

A personalidade desse apóstolo pode ser, ainda que superficialmente, inferida por algumas ocorrências peculiares narradas no Novo Testamento: é de sua mãe que Jesus recebe o pedido para que seus dois filhos se assentassem um ao lado direito e outro ao lado esquerdo do Cristo, quando Ele estivesse no seu Reino; é dele a pergunta na ceia final sobre quem seria o traidor; é também um importante ator na Casa do Caminho em Jerusalém; redigiu boa parte dos escritos atribuídos a ele em Éfeso e na ilha de Patmos; recebe de Jesus a alcunha de filho do trovão; junto com Tiago e Pedro é uma das testemunhas da transfiguração; é o único dos doze que segue Jesus até o último momento da crucificação, ficando ao lado de sua mãe e recebendo do Mestre a incumbência de dela cuidar.

Em termos de importância, considerando a legitimidade da autoria, João é responsável por 5 escritos dos 27 do Novo Testamento. Além do Evangelho, três epístolas e o peculiar livro da Revelação, mais conhecido como Apocalipse, são atribuídos a esse autor.

Características distintivas

Nada menos do que cerca de 80% do Evangelho de João se constitui de material exclusivo desse texto, não tendo paralelo com os demais Evangelhos. Por isso, mais do que relacionar as principais narrativas exclusivas, é importante considerar as características gerais desse texto.

Em primeiro lugar é um Evangelho mais espiritual do que os demais; o texto nada registra sobre a infância de Jesus e inicia com os célebres versículos sobre o verbo e seu papel desde o princípio da criação do mundo; atribui uma grande importância à figura de outro João, o Batista; demonstra uma profunda

reverência pela figura de Jesus, o que pode ser atestado pelas expressões εγω ειμι (ego eimi – eu sou) atribuídas a Jesus:
- Eu sou o pão da vida (JO 6:48);
- Eu sou a luz do mundo (JO 8:12);
- Eu sou a porta das ovelhas (JO 10:7 a 9);
- Eu sou o bom pastor (JO 10:11);
- Eu sou a ressurreição e a vida (JO 11:25);
- Eu sou o caminho, a verdade e a vida (JO 14:6).

Dignos de notas são os grandes discursos de Jesus, ausentes nos demais Evangelhos. Em nenhum outro texto temos narrativas tão extensas do que o Cristo fala.

Peculiar também é a forma como esse Evangelho narra os chamados milagres. Em primeiro lugar, somente a multiplicação dos pães encontra paralelo nos demais Evangelhos. Todos os demais feitos extraordinários atribuídos a Jesus, narrados neste texto, são encontrados exclusivamente aí, tais como: a ressurreição de Lázaro (JO 11:1 a 45) e a transformação da água em vinho nas bodas de Caná (JO 2:1 a 11). Além disso, a forma pela qual João denomina esses feitos distingue-se dos demais. Enquanto nos sinóticos os feitos extraordinários de Jesus são denominados de δύναμις (dýnamis) ou θαυμαστός (thaumatós) e traduzidos frequentemente como "milagres" ou "coisas maravilhosas", em João eles são chamados de σημεῖον (sêmeíon) "sinais" ou "eventos que têm um significado especial".

A passagem da mulher pega em adultério também merece destaque. Embora em alguns manuscritos importantes, como o Codex Sinaiticus, essa perícope não esteja incluída no Evangelho de João ou apareça em locais diferentes, a beleza dessa narrativa chegou até nós quase exclusivamente através desse Evangelho. O fato de ela não fazer parte de alguns manuscritos aponta para a possibilidade de interpolações e inclusões posteriores, mas sem comprometer a unidade desse Evangelho, que é um dos seus elementos característicos.

Esse Evangelho também é o único que traz a promessa da vinda do παράκλητος (parácletos) em JO 14:16. Essa palavra merece alguns esclarecimentos, pela forma algumas vezes simplória com que é tratada. Ela está entre as mais difíceis de serem traduzidas, face a vasta gama de significados que ela traz[2] e que dificilmente encontra uma única palavra que possa traduzir todos os seus sentidos nos idiomas modernos. Normalmente traduzida por consolador, que remete ao ato de levar consolo a alguém que sofre, seus significados vão muito além disso, envolvendo, também, o de esclarecer, de defender e de estar ao lado[3].

A estrutura do Evangelho de João também já foi objeto de várias propostas, embora nenhuma delas possa ser considerada absoluta e definitiva. Uma das mais comuns é que esse texto teria uma forma semelhante ao templo de Jerusalém, dividido em três partes, sendo a primeira aberta a todos, correspondendo à pregação pública de Jesus (Capítulos 1 a 12); uma mais interna, restrita somente aos sacerdotes, cujo paralelo seria os ensinos do Cristo aos seus apóstolos e discípulos mais íntimos (Capítulos 13 a 17); e uma terceira (Capítulos 18 a 19), acessível somente ao sumo sacerdote, que corresponderia ao sacrifício de Jesus na cruz. Outros ainda propõem uma estrutura baseada nas festas judaicas, que recebem nesse texto uma atenção superior a que está presente nos demais. Ainda existem os que o distinguem pelos "9 dias", fazendo referência a que um terço das narrativas se passa nos nove dias que antecedem a crucificação. Em função das divergências, essas propostas devem ser vistas mais como apoio ao estudo e às possibilidades interpretativas do que representações conclusivas da intencionalidade autoral.

A grande quantidade de material exclusivo tem suscitado várias hipóteses sobre qual teria sido a razão que justificou um texto tão distinto dos demais. Uma dessas hipóteses baseia-se no fato de que, salvo raras exceções, o Evangelho de João é tido como sendo o último dos quatro Evangelhos a ser escrito, o que teria ocorrido entre os anos 70 e 90. Dessa forma, os outros Evangelhos já estavam em circulação e as narrativas neles presentes seriam de conhecimento da maioria dos seguidores de

---

[2] Para um boa referência sobre a gama de significados desta palavra, ver *Léxico grego-português do novo testamento*, edição de 2013, pág. 410 – nota de rodapé 4 no domínio semântico 35.16.

[3] Ver o comentário de Allan Kardec no capítulo VI item 4 de *O evangelho segundo o espiritismo*.

Jesus. João teria, segundo essa hipótese, desejado complementar e incluir narrativas que não eram tão conhecidas, bem como sustentar a fé na figura de Jesus, ressaltando o seu aspecto divino, o que seria muito útil em um momento no qual se exacerbava o antagonismo aos cristãos.

Perspectiva espírita

Tanto a figura de João Evangelista quanto o próprio texto do seu Evangelho tiveram, desde cedo, papéis importantes na Codificação Espírita. Ele é o primeiro nome a fazer parte da lista que Allan Kardec apresenta nos prolegômenos de *O livro dos espíritos*, relacionando os Espíritos que contribuíram com a Codificação. Em *O evangelho segundo o espiritismo*, Cap. VIII, item 18, há uma mensagem atribuída a João Evangelista.

O livro *Boa nova*, de Humberto de Campos, pela psicografia de Francisco Cândido Xavier, traz importantes informações sobre João e a narrativa que ele nos legou. Em relação à personalidade dele e do irmão Tiago, Humberto de Campos nos informa que eram "[...] de temperamento apaixonado. Profundamente generosos, tinham carinhosas e simples, ardentes e sinceras as almas".[4] Em relação ao texto do quarto Evangelho, há também contribuições. Muitos estudiosos já observaram o caráter às vezes dualista de algumas passagens, atribuindo, principalmente após a descoberta dos manuscritos do Mar Morto, e de maneira quase sempre exagerada, uma forte influência da seita sectária dos essênios sobre o texto do quarto Evangelho. Os laços de João com os essênios se tornaram, então, motivo de especulações variadas. Humberto de Campos, na referida obra, narra que de fato João ficará interessado em conhecer a doutrina dos essênios e que procurara um amigo que com eles se instruía a fim de conhecer, "de perto, os pontos de vista, em matéria das relações da comunidade com Deus [...]".[5] O quanto isso influenciou algumas passagens do *Evangelho de João* é ainda uma questão em aberto.

---

[4] XAVIER, Francisco Cândido – *Boa nova* – pelo Espírito Humberto de Campos, cap. 4.
[5] Id. Ibid., cap. 19.

A partir da perspectiva espírita, talvez o elemento que mereça maior destaque é que a própria Doutrina Espírita, no seu tríplice aspecto, realiza a promessa de Jesus registrada no Evangelho de João de que mais tarde enviaria um outro consolador, que faria lembrar tudo o que Ele havia dito e ensinaria muito do que àquele tempo não lhe foi possível esclarecer.[6]

O Evangelho de João é o registro de alguém que, desde jovem, recolheu com entusiasmo e admiração a mensagem eterna da Boa-Nova. É um repositório de impressões pessoais e profundas dos momentos de convivência íntima em que o Mestre legava aos mais próximos as luzes do Seu ensino. É ainda o testemunho de alguém que, diante das amarguras da cruz, vencendo o ímpeto inicial de fugir, manteve-se fiel até o fim de seus dias. É, por isso, um convite aos sentimentos de entusiasmo e otimismo, gratidão e perseverança, fé e esperança, em todos os momentos de nossas vidas, porque ao nosso lado está a figura que congrega, ao mesmo tempo, a direção dos destinos humanos e a posição de amigo sincero e próximo, como Ele mesmo nos disse: "Não mais vos chamo de servos, porque o servo não sabe o que faz o seu senhor. [Eu] vos tenho chamado de amigo [...]." (JO 15:15)

---

[6] Ver *O evangelho segundo o espiritismo* – Cap. VI – *O Cristo consolador* – item "O Consolador Prometido".

ANO LVIII   **Reformador**   Nº 11

FUNDADO EM 1883

Carlos Imbassahy — SECRETARIO   Guillon Ribeiro — DIRETOR   A. Wantuil de Freitas — GERENTE

Comungar com Deus

A fidelidade a Deus e a comunhão com o seu amor são virtudes que se completam, mas que se singularizam, no quadro de suas legitimas expressões.

Job foi fiel a Deus quando afirmou, no torvelinho do sofrimento: — "Ainda que me mate, n'Ele confiarei."

Jesus comungou de modo perfeito com o amor divino, quando acentuou: — "Eu e meu Pai somos um."

A fidelidade precede a comunhão verdadeira com a fonte de toda a sabedoria e misericordia.

As lutas do mundo representam a sagrada oportunidade oferecida ao homem para ser perfeitamente fiel ao Creador.

Aos que se mostram leais no "pouco", é concedido o "muito" das grandes tarefas. O Pai reparte os talentos preciosos de sua dedicação com todas as creaturas.

Fidelidade, pois, é compreensão do dever.

Comunhão com Deus é aquisição de direitos sagrados.

Não ha direitos sem deveres. Não ha comunhão sem fidelidade.

Eis a razão pela qual, para que o homem se integre no recebimento da herança divina, não pode dispensar as certidões de trabalho proprio.

Antes de tudo, é imprescindivel que o discipulo saiba organizar os seus esforços, operando no caminho do aperfeiçoamento individual, para a aquisição dos bens eternos.

Existiram muitos homens de vida interior iluminada, que podem ter sido mais ou menos fieis, porém, só Jesus pôde apresentar ao mundo o estado de perfeita comunhão com o Pai que está nos céus.

O Mestre veiu trazer-nos a imensa oportunidade de compreender e edificar. E, se confiamos em Jesus, é porque, apesar de todas as nossas quedas, nas existencias sucessivas, o Cristo espera dos homens e confia em seu porvir.

Sua exemplificação foi, em todas as circunstancias, a do Filho de Deus, na posse de todos os direitos divinos. E' justo reconhecermos que essa conquista foi a sagrada resultante de sua fidelidade real.

E o Cristo se nos apresentou no mundo, em toda a resplendencia de sua gloria espiritual, para que aprendessemos com Ele a comungar com o Pai. Sua palavra é a do convite ao banquete de luz eterna e de amor imortal.

Eis porque, em nosso proprio beneficio, conviria fossemos perfeitamente fieis a Deus, desde hoje.

EMMANUEL.

(Mensagem recebida em Pedro Leopoldo, pelo medium Francisco Candido Xavier, em outubro de 1940, e enviada exclusivamente para "Reformador".)

JESUS

Quanta vez, neste mundo, em rumo escuro e incerto,
O homem vive a tatear na treva em que se cria!
Em torno, tudo é vão, sobre a estrada sombria,
No pavor de esperar a angustia que vem perto!...

Entre as vascas da morte, o peito exangue e aberto,
Desgraçado viajor rebelado ao seu guia,
Desespera, soluça, anseia e balbucia
A suprema oração, na dor de seu deserto.

Nessa grande amargura, a alma pobre entre es-
                                  [combros,
Sente o mestre do amor que lhe mostra nos ombros
A grandeza da cruz que ilumina e socorre.

Do mundo é a escuridão que sepulta a quiméra...
No negro turbilhão só Jesus persevera,
Como a luz imortal do amor que nunca morre.

ALBERTO DE OLIVEIRA.

(Recebido em Pedro Leopoldo, pelo medium Francisco Candido Xavier, em outubro de 1940, e enviado exclusivamente para "Reformador".)

5

Fac *símile* do comentário mais antigo a fazer parte da coleção referente a (JO 10:30), publicada em novembro de 1940 na revista *Reformador*.

COMENTÁRIOS AO EVANGELHO SEGUNDO JOÃO

No princípio havia o Verbo [...].

João 1:1

A ascendência do Evangelho

Nenhuma expressão fornece imagem mais justa do poder daquele a quem todos os espíritos da Terra rendem culto do que a de João, no seu Evangelho "No princípio era o Verbo...".

Jesus, cuja perfeição se perde na noite imperscrutável das eras, personificando a sabedoria e o amor, tem orientado todo o desenvolvimento da humanidade terrena, enviando os seus iluminados mensageiros, em todos os tempos, aos agrupamentos humanos e, assim como presidiu à formação do orbe, dirigindo, como divino Inspirador, a quantos colaboraram na tarefa da elaboração geológica do planeta e da disseminação da vida em todos os laboratórios da natureza, desde que o homem conquistou a racionalidade, vem-lhe fornecendo a ideia da sua divina origem, o tesouro das concepções de Deus e da imortalidade do espírito, revelando-lhe, em cada época, aquilo que a sua compreensão pode abranger.

Em tempos remotos, quando os homens, fisicamente, pouco dessemelhavam dos antropopitecos, suas manifestações de religiosidade eram as mais bizarras, até que, transcorridos os anos, no labirinto dos séculos, vieram entre as populações do orbe os primeiros organizadores do pensamento religioso que, de acordo com a mentalidade geral, não conseguiram escapar das concepções de ferocidade que caracterizavam aqueles seres egressos do egoísmo animalesco da irracionalidade. Começaram aí os primeiros sacrifícios de sangue aos ídolos de cada facção, crueldades mais longínquas que as praticadas nos tempos de Baal, das quais tendes notícia pela História.

(*Emmanuel.* FEB Editora. Cap. 2 – "Ascendência do Evangelho")

Pergunta 261 do livro *O consolador*

Pergunta: "No princípio era o Verbo..." Como deveremos entender esta afirmativa do texto sagrado?

Jo 1:1

Resposta: O apóstolo João ainda nos adverte que "o Verbo era Deus e estava com Deus".

Deus é amor e vida e a mais perfeita expressão do Verbo para o orbe terrestre era e é Jesus, identificado com a Sua Misericórdia e Sabedoria, desde a organização primordial do planeta.

Visível ou oculto, o Verbo é o traço da Luz divina em todas as coisas e em todos os seres, nas mais variadas condições do processo de aperfeiçoamento.

(*O consolador*. FEB Editora. Pergunta 261)

Fermento verbal

Aprendamos a sentir com amor, a fim de que venhamos a pensar com justiça e a falar para o bem.

O próprio Testamento divino assegura que "no princípio era o verbo".

Depois do amor e da justiça do Criador, apareceu a expressão verbal como fermento vivo da Criação.

Em todos os avisos da caridade não nos esqueçamos da boa palavra que socorre e ilumina sempre.

Para usá-la com segurança, não é preciso assumas posição compulsória de santidade, transformando a frase em látego de chamas sobre os enganos que ainda entenebrecem o roteiro do próximo.

Basta que a tua diligência no bem se faça incessante.

À frente do comentário calunioso, lembra alguma virtude da criatura visada pela chuva injustificável de lodo e lama.

Perante as anotações do desânimo, fala acerca das esperanças do Céu que ainda não apagou o Sol com que nos clareia o caminho.

Diante da delinquência, recorda a Misericórdia celestial que a todos nos provê de recursos para o pagamento das próprias faltas.

Ante a irritação e a crítica, não pronuncies o venenoso apontamento que dilacera à distância, mas sim procura algum fato ou alguma lição em que a pessoa reprovada encontre alívio e consolo.

Jo
1:1

Sobretudo, auxilia aos ausentes que não podem cogitar da própria defesa.

Lembra-te de que todo aquele que hoje desaprova os outros contigo, amanhã te desaprovará também diante dos outros.

Guarda-te contra a insinuação maledicente que supõe encontrar serpente e lagarto, pedra e espinho no roteiro dos semelhantes e, procurando o bem sem desfalecer, através da boa palavra constante, atingirás o rio abençoado da simpatia, em cuja corrente límpida alcançarás o porto da paz, com a vitória de tuas esperanças mais belas, então convertidas em verdadeira felicidade na Vida superior.

(*Taça de luz*. Ed. LAKE. Cap. 35)

E a luz brilha na treva, e a treva não a reteve.

João 1:5

Sirvamos ao Bem

Não te aflijas porque estejas aparentemente só no serviço do bem.

Jesus era sozinho, antes de reunir os companheiros para o serviço apostólico. Sozinho, à frente do mundo vasto, à maneira de um lavrador, sem instrumentos de trabalho, diante da selva imensa...

Nem por isso o Cristianismo deixou de surgir, por templo vivo do amor, ainda hoje em construção na Terra, para a felicidade humana.

Jesus, porém, não obstante conhecer a força da verdade que trazia consigo, não se prevaleceu da sua superioridade para humilhar ou ferir.

Acima de todas as preocupações, buscou invariavelmente o bem, através de todas as situações e em todas as criaturas.

Não perdeu tempo em reprovações descabidas.

Não se confiou a polêmicas inúteis.

Instituiu o reinado salvador de que se fizera mensageiro, servindo e amando, ajudando sempre e alicerçando cada ensinamento com a sua própria exemplificação.

Continuemos, pois, em nossa marcha regenerativa para a frente, ainda mesmo quando nos sintamos a sós.

Sirvamos ao bem, acima de tudo, entretanto, evitemos discussões e agitações em que o mal possa expandir-se.

Foge a sombra ao fulgor da luz.

Não nos esqueçamos de que milhares de quilômetros de treva, no seio da noite, não conseguem apagar alguns milímetros da chama brilhante de uma vela, contudo, basta um leve sopro de vento para extingui-la.

(*Fonte viva*. FEB Editora. Cap. 106)

Pergunta 308 do livro *O consolador*

Pergunta: As palavras de João: "A luz brilhou nas trevas e as trevas não a compreenderam", tiveram aplicação somente quando da exemplificação do Cristo, há dois mil anos, ou essa aplicação é extensiva à nossa era?

Resposta: As palavras do apóstolo referiam-se à sua época; todavia, o simbolismo evangélico do seu enunciado estende-se aos tempos modernos, nos quais a lição do Senhor permanece incompreendida para a maioria dos corações, que persistem em não ver a luz, fugindo à verdade.

Jo 1:5

(*O consolador*. FEB Editora. Pergunta 308)

E o Verbo se fez carne e tabernaculou entre nós, e contemplamos a sua glória, semelhante à de unigênito junto do Pai, pleno de graça e verdade.

João 1:14

Pergunta 283 do livro *O consolador*

Pergunta: Com referência a Jesus, como interpretar o sentido das palavras de João: "E o Verbo se fez carne e habitou entre nós, cheio de graça e verdade"?

Resposta: Antes de tudo, precisamos compreender que Jesus não foi um filósofo e nem poderá ser classificado entre os valores propriamente humanos, tendo-se em conta os valores divinos de sua hierarquia espiritual, na direção das coletividades terrícolas.

Enviado de Deus, Ele foi a representação do Pai junto do rebanho de filhos transviados do seu amor e da sua sabedoria, cuja tutela lhe foi confiada nas ordenações sagradas da vida no Infinito.

Diretor angélico do orbe, seu coração não desdenhou a permanência direta entre os tutelados míseros e ignorantes, dando ensejo às palavras do apóstolo, acima referidas.

(*O consolador*. FEB Editora. Pergunta 283)

[...] Endireitai o caminho do Senhor, como disse o profeta Isaías.

João 1:23

Endireitai os caminhos

A exortação do Precursor permanece no ar, convocando os homens de boa vontade à regeneração das estradas comuns.

Em todos os tempos, observamos criaturas que se candidatam à fé, que anseiam pelos benefícios do Cristo. Clamam pela sua paz, pela Presença divina e, por vezes, após transformarem os melhores sentimentos em inquietação injusta, acabam desanimadas e vencidas.

Onde está Jesus que não lhes veio ao encontro dos rogos sucessivos? Em que esfera longínqua permanecerá o Senhor, distante de suas amarguras? Não compreendem que, por intermédio de mensageiros generosos do seu amor, o Cristo se encontra, em cada dia, ao lado de todos os discípulos sinceros. Falta-lhes dedicação ao bem de si mesmos. Correm ao encalço do Mestre divino, desatentos ao conselho de João: "endireitai os caminhos".

Para que alguém sinta a influência santificadora do Cristo, é preciso retificar a estrada em que tem vivido. Muitos choram em veredas do crime, lamentam-se nos resvaladouros do erro sistemático, invocam o céu sem o desapego às paixões avassaladoras do campo material. Em tais condições, não é justo dirigir-se a alma ao Salvador, que aceitou a humilhação e a cruz sem queixas de qualquer natureza.

Se queres que Jesus venha santificar as tuas atividades, endireita os caminhos da existência, regenera os teus impulsos. Desfaze as sombras que te rodeiam e senti-lo-ás, ao teu lado, com a sua bênção.

(*Caminho, verdade e vida*. FEB Editora. Cap. 16)

E Jesus, voltando-se e vendo que eles o seguiam, diz-lhes: que buscais?

João 1:38

Que buscais?

A vida em si é conjunto divino de experiências.

Cada existência isolada oferece ao homem o proveito de novos conhecimentos. A aquisição de valores religiosos, entretanto, é a mais importante de todas, em virtude de constituir o movimento de iluminação definitiva da alma para Deus.

Os homens, contudo, estendem a esse departamento divino a sua viciação de sentimentos, no jogo inferior dos interesses egoísticos.

Os templos de pedra estão cheios de promessas injustificáveis e de votos absurdos.

Muitos devotos entendem encontrar na divina Providência uma força subornável, eivada de privilégios e preferências. Outros se socorrem do plano espiritual com o propósito de solucionar problemas mesquinhos.

Esquecem-se de que o Cristo ensinou e exemplificou.

A cruz do Calvário é símbolo vivo.

Quem deseja a liberdade precisa obedecer aos desígnios supremos. Sem a compreensão de Jesus, no campo íntimo, associada aos atos de cada dia, a alma será sempre a prisioneira de inferiores preocupações.

Ninguém olvide a verdade de que o Cristo se encontra no umbral de todos os templos religiosos do mundo, perguntando, com interesse, aos que entram: "Que buscais?"

(*Caminho, verdade e vida*. FEB Editora. Cap. 22)

Que buscais?

Essa simples indagação do Senhor aos dois discípulos que o seguiam é dirigida presentemente a todos os lidadores do Espiritismo diante da Boa-Nova renascente no mundo.

Ao obreiro modesto da assistência fraternal, exprime a Voz superior a reclamar-lhe os frutos na colheita do bem.

Jo 1:38

Ao colaborador da propaganda doutrinária, representa a interpelação incessante acerca da tarefa de resguardar a pureza dos postulados que consolam e instruem.

Ao orientador das assembleias de nossa fé, é a pergunta judiciosa quanto à qualidade do esforço no cumprimento dos deveres que lhe competem.

Ao servidor da evangelização infantil, surge a interrogação do divino Mestre qual brado de alerta relativamente ao rumo escolhido para a sementeira de luz.

Ao portador da responsabilidade mediúnica, inquire Jesus pela aplicação dos talentos que lhe foram confiados.

Ao aprendiz incipiente da oficina espírita cristã constitui adequada sindicância quanto à sinceridade que traz consigo, alertando-o para os deveres justos.

A cada criatura que desperta em mais altos níveis da fé raciocinada, soa a interpelação do Senhor como sendo convite às obras em que se afirme a caridade real.

Assim, escuta no íntimo, em cada lance das próprias atividades, a austera palavra do Condutor divino, convocando-te à coerência entre o ideal e o esforço, entre a promessa e a realização.

Analisa o que fazes.

Observa o que dizes.

Medita em torno de tuas aspirações mais ocultas.

Que resposta forneces à indagação do Senhor?

Quem segue o Cristo, vive-lhe o apostolado.

Serve, coopera e caminha avante, sem temor ou vacilação, lembrando-te de que o Verbo da Verdade incide sobre nós, cada dia, perguntando incessantemente:

Que buscais?

(*O espírito da verdade*. FEB Editora. Cap. 54)

Diz a mãe dele aos servidores: fazei o que ele vos disser.

João 2:5

Palavras de mãe[7]

O Evangelho é roteiro iluminado do qual Jesus é o centro divino. Nessa Carta da Redenção, rodeando-lhe a figura celeste, existem palavras, lembranças, dádivas e indicações muito amadas dos que lhe foram legítimos colaboradores no mundo.

Recebemos aí recordações amigas de Paulo, de João, de Pedro, de companheiros outros do Senhor, e que não poderemos esquecer. Temos igualmente, no Documento sagrado, reminiscências de Maria. Examinemos suas preciosas palavras em Caná, cheias de sabedoria e amor materno.

Geralmente, quando os filhos procuram a carinhosa intervenção de mãe é que se sentem órfãos de ânimo ou necessitados de alegria. Por isso mesmo, em todos os lugares do mundo, é comum observarmos filhos discutindo com os pais e chorando ante corações maternos.

Interpretada com justiça por anjo tutelar do Cristianismo, às vezes é com imensas aflições que recorremos a Maria.

Em verdade, o versículo do apóstolo João não se refere a paisagens dolorosas. O episódio ocorre numa festa de bodas, mas podemos aproveitar-lhe a sublime expressão simbólica.

Também nós estamos na festa de noivado do Evangelho com a Terra. Apesar dos quase vinte séculos decorridos, o júbilo ainda é de noivado, porquanto não se verificou até agora a perfeita união... Nesse grande concerto da ideia renovadora, somos serventes humildes. Em muitas ocasiões, esgota-se o vinho da esperança. Sentimo-nos extenuados, desiludidos... Imploramos

---

[7] Texto publicado em *Mãe:* antologia mediúnica. Ed. O Clarim. Cap. "Palavras de mãe", com pequenas alterações.

ternura maternal e eis que Maria nos responde: "Fazei tudo quanto Ele vos disser."

O conselho é sábio e profundo e foi colocado no princípio dos trabalhos de salvação.

Escutando semelhante advertência de Mãe, meditemos se realmente estaremos fazendo tudo quanto o Mestre nos disse.

Jo 2:5

(*Caminho, verdade e vida*. FEB Editora. Cap. 171)

[...] pois ele mesmo sabia o que havia no homem.

João 2:25

A exemplo do Cristo

Sim, Jesus não ignorava o que existia no homem, mas nunca se deixou impressionar negativamente.

Sabia que a usura morava com Zaqueu, contudo, trouxe-o da sovinice para a benemerência.

Não desconhecia que Madalena era possuída pelos gênios do mal, entretanto, renovou-a para o amor puro.

Reconheceu a vaidade intelectual de Nicodemos, mas deu-lhe novas concepções da grandeza e da excelsitude da vida.

Identificou a fraqueza de Simão Pedro, todavia, pouco a pouco instala no coração do discípulo a fortaleza espiritual que faria dele o sustentáculo do Cristianismo nascente.

Vê as dúvidas de Tomé, sem desampará-lo.

Conhece a sombra que habita em Judas, sem negar-lhe o culto da afeição.

Jesus preocupou-se, acima de tudo, em proporcionar a cada alma uma visão mais ampla da vida e em quinhoar cada espírito com eficientes recursos de renovação para o bem.

Não condenes, pois, o próximo porque nele observes a inferioridade e a imperfeição.

A exemplo do Cristo, ajuda quanto possas.

O Amigo divino sabe o que existe em nós... Ele não desconhece a nossa pesada e escura bagagem do pretérito, nas dificuldades do nosso presente, recheado de hesitações e de erros, mas nem por isso deixa de estender-nos amorosamente as mãos.

(*Fonte viva*. FEB Editora. Cap. 109)

Em resposta, Jesus lhe disse: amém, amém, [Eu] te digo que se alguém não for gerado de novo [ou do alto] não pode ver o reino de Deus.

João 3:3

Renasce agora

A própria natureza apresenta preciosas lições, nesse particular. Sucedem-se os anos com matemática precisão, mas os dias são sempre novos. Dispondo, assim, de 365 ocasiões de aprendizado e recomeço, anualmente, quantas oportunidades de renovação moral encontrará a criatura, no abençoado período de uma existência?

Conserva do passado o que for bom e justo, belo e nobre, mas não guardes do pretérito os detritos e as sombras, ainda mesmo quando mascarados de encantador revestimento.

Faze por ti mesmo, nos domínios da tua iniciativa pela aplicação da fraternidade real, o trabalho que a tua negligência atirará fatalmente sobre os ombros de teus benfeitores e amigos espirituais.

Cada hora que surge pode ser portadora de reajustamento.

Se é possível, não deixes para depois os laços de amor e paz que podes criar agora, em substituição às pesadas algemas do desafeto.

Não é fácil quebrar antigos preceitos do mundo ou desenovelar o coração, a favor daqueles que nos ferem. Entretanto, o melhor antídoto contra os tóxicos da aversão é a nossa boa vontade, em benefício daqueles que nos odeiam ou que ainda não nos compreendem.

Enquanto nos demoramos na fortaleza defensiva, o adversário cogita de enriquecer as munições, mas se descemos à praça, desassombrados e serenos, mostrando novas disposições na luta, a ideia de acordo substitui, dentro de nós e em torno dos nossos passos, a escura fermentação da guerra.

Alguém te magoa? Reinicia o esforço da boa compreensão.

Alguém te não entende? Persevera em demonstrar os intentos mais nobres.

Deixa-te reviver, cada dia, na corrente cristalina e incessante do bem.

Não olvides a assertiva do Mestre: "Aquele que não nascer de novo não pode ver o reino de Deus."

Jo 3:3

Renasce agora em teus propósitos, deliberações e atitudes, trabalhando para superar os obstáculos que te cercam e alcançando a antecipação da vitória sobre ti mesmo, no tempo...

Mais vale auxiliar, ainda hoje, que ser auxiliado amanhã.

(*Fonte viva*. FEB Editora. Cap. 56)

Evolução e aprimoramento

Decididamente, em nome da eterna Sabedoria, o homem é o senhor da evolução da Terra.

Todos os elementos se lhe sujeitam à discrição.

Todos os reinos do planeta rendem-lhe vassalagem.

Montanhas ciclópicas sofrem-lhe a carga de explosivos, transfigurando-se em matéria-prima destinada à edificação de cidades prestigiosas.

Minérios por ele arrancados às entranhas do globo, suportam-lhe os fornos incandescentes, a fim de lhe garantirem utilidade e conforto.

Rios e fontes obedecem-lhe as determinações, transferindo-se de leito, com vistas à fertilização da gleba sedenta.

Florestas atendem-lhe a derrubada, favorecendo o progresso.

Animais, ainda mesmo aqueles de mais pujança e volume, obedecem-lhe as ordens, quedando-se integralmente domesticados.

A eletricidade e o magnetismo plasma-lhe os desejos.

E o próprio átomo, síntese de força cósmica, descerra-lhe os segredos, aceitando-lhe as rédeas.

Mas não é só no domínio dos recursos materiais que o homem governa, soberano.

Ele pesquisa as reações populares e comanda a política; investiga os fenômenos da natureza e levanta a ciência; estuda as manifestações do pensamento e cria a instrução; especializa o trabalho e faz a indústria; relaciona as imposições do comércio e controla a economia.

Claramente, nós, os espíritos em aperfeiçoamento, no aperfeiçoamento terrestre, conseguimos alterar ou manobrar as energias e os seres inferiores do orbe a que transitoriamente, nos ajustamos, e do qual nos é possível catalogar os impérios da luz infinita, estuantes no universo.

Jo 3:3

À face disso, não obstante sustentados pelo Apoio divino, nas lides educativas que nos são necessárias, o aprimoramento moral corre por nossa conta.

O professor ensina, mas o aluno deve realizar-se.

Os espíritos superiores nos amparam e esclarecem, no entanto, é disposição da Lei que cada consciência responda pelo próprio destino.

Meditemos nisso, valorizando as oportunidades em nossas mãos.

Por muito alta que seja a quota de trabalho corretivo que tragas dos compromissos assumidos em outras reencarnações, possuis determinadas sobras de tempo, — do tempo que é patrimônio igual para todos, — e, com o tempo de que dispões, basta usares sabiamente a vontade, que tanta vez manejamos para agravar nossas dores, a fim de te consagrares ao serviço do bem e ao estudo iluminativo, quando quiseres, como quiseres e quanto quiseres, melhorando-te sempre.

(*Livro da esperança*. Ed. Comunhão Espírita Cristã. Cap. 6)

Problemas conosco

Não os criaria Deus à parte.

Os gênios perversos das interpretações religiosas somos nós mesmos, quando adotamos conscientemente a crueldade por trilha de ação.

Jo
3:3

Observa as lágrimas dos órfãos e das viúvas ao desamparo.

Há quem as faça correr.

Repara os apetrechos de guerra, estruturados para assaltar populações indefesas.

Há quem os organize.

Anota as rebeliões que se transfiguram em crimes.

Há quem as prepare.

Pensa nos delitos que levantam as penitenciárias de sofrimento.

Há quem os promova.

Medita nas indústrias do aborto.

Há quem as garanta.

Pondera quanto aos movimentos endinheirados do lenocínio.

Há quem os resguarde.

Reflete nos mercados de entorpecentes.

Há quem os explore.

Enunciando, porém, semelhantes verdades, não acusamos senão a nós mesmos.

A condição moral da Terra é o nosso reflexo coletivo.

Todos temos acertos e desacertos.

Todos temos sombra e luz.

Consciências encarnadas em desvario fazem os desvarios da esfera humana.

Consciências desencarnadas em desequilíbrio geram os desequilíbrios da esfera espiritual.

É por isso que o Evangelho assevera: "Ninguém entrará no reino de Deus sem nascer de novo".

E o Espiritismo acentua: "Nascer, viver, morrer, renascer de novo e progredir continuamente, tal é a lei".

Em suma, isso quer dizer que ninguém conseguirá desertar da luta evolutiva.

Continuemos, pois, vigilantes no serviço do próprio burilamento, na certeza de que o amor puro liquidará os infernos quando nós, que temos sido inteligências transviadas nos domínios da ignorância, estivermos sublimados pela força da educação.

(*Justiça divina*. FEB Editora. Cap. 33)

O que foi gerado da carne é carne, o que foi gerado do espírito é espírito.

João 3:6

Instituto de tratamento

Atingindo o Plano espiritual, depois da morte, sentimentos indefiníveis nos senhoreiam o coração.

Nos recessos do espírito, rebentam mágoas e júbilos, poemas de ventura e gritos de aflição, cânticos de louvor pontilhados de fel e brados de esperanças que se calam, de súbito, no gelo do sofrimento...

Rimos e choramos, livres e presos, triunfantes e derrotados, felizes e desditosos...

Bênçãos de alegria, que nos clareiam pequeninas vitórias alcançadas, desaparecem, de pronto, no fundo tenebroso das quedas que nos marcaram a vida.

Suspiramos pela ascensão sublime, sedentos de comunhão com as entidades heroicas que nos induzem aos galardões fulgentes dos cimos, todavia, trazemos o desencanto das aves cativas e mutiladas.

Ao invés de asas, carregamos grilhões, na penosa condição de almas doentes...

Na concha da saudade, ouvimos as melodias que irrompem das vanguardas de luz, entretecidas na glória dos bem-aventurados, no entanto, austeras admoestações nos chegam da Terra pelo sem-fio da consciência...

Nas faixas do mundo somos requisitados pelas obrigações não cumpridas.

Erros e deserções clamam, dentro de nós, pedindo reparos justos...

Longe das esferas superiores que ainda não merecemos e distanciados das regiões positivamente inferiores em que nossas modestas aquisições evolutivas encontraram início, concede-nos,

> Jo 3:6

então, a Providência divina, o refúgio do lar, entre as sombras da Terra e as rutilâncias do Céu, por um instituto de tratamento, em que se nos efetive a necessária restauração.

É assim que reencarnados em nova armadura física, reencontramos perseguidores e adversários, credores e cúmplices do pretérito, na forma de parentes e companheiros para o resgate de velhas contas.

Nesse cadinho esfervilhante de responsabilidades e inquietações, afetos renovados nos chamam ao reconforto, enquanto que aversões redivivas nos pedem esquecimentos...

À vista disso, no mundo, por mais atormentado nos seja o ninho familiar, abracemos nele a escola bendita do reajuste, onde temporariamente exercemos o ofício da redenção. Conquanto crucificados em suplícios anônimos, atados a postes de sacrifícios ou semi-asfixiados no pranto desconhecido das grandes humilhações, saibamos sustentar-lhe a estrutura moral, entendendo e servindo, mesmo à custa de lágrimas, porque é no lar que, esteja ele dependurado na crista de arranha-céus, ou na choça tosca de zinco, que as leis da vida nos oferecem, as ferramentas de amor e da dor para a construção e reconstrução do próprio destino entregando-nos, de berço em berço, ao carinho de Deus que verte inefável, pelo colo das mães.

(*Livro da esperança*. Ed. Comunhão Espírita Cristã. Cap. 8)

*Não te maravilhes de que eu lhe tenha dito:
é necessário a vós ser gerado de novo [ou do alto].*

João 3:7

Vidas sucessivas

A palavra de Jesus a Nicodemos foi suficientemente clara.

Desviá-la para interpretações descabidas pode ser compreensível no sacerdócio organizado, atento às injunções da luta humana, mas nunca nos espíritos amantes da verdade legítima.

A reencarnação é lei universal.

Sem ela, a existência terrena representaria turbilhão de desordem e injustiça; à luz de seus esclarecimentos, entendemos todos os fenômenos dolorosos do caminho.

O homem ainda não percebeu toda a extensão da misericórdia divina, nos processos de resgate e reajustamento.

Entre os homens, o criminoso é enviado a penas cruéis, seja pela condenação à morte ou aos sofrimentos prolongados.

A Providência, todavia, corrige, amando... Não encaminha os réus a prisões infectas e úmidas. Determina somente que os comparsas de dramas nefastos troquem a vestimenta carnal e voltem ao palco da atividade humana, de modo a se redimirem, uns à frente dos outros.

Para a Sabedoria magnânima nem sempre o que errou é um celerado, como nem sempre a vítima é pura e sincera. Deus não vê apenas a maldade que surge à superfície do escândalo; conhece o mecanismo sombrio de todas as circunstâncias que provocaram um crime.

O algoz integral como a vítima integral são desconhecidos do homem; o Pai, contudo, identifica as necessidades de seus filhos e reúne-os, periodicamente, pelos laços de sangue ou na rede dos compromissos edificantes, a fim de que aprendam a lei do amor, entre as dificuldades e as dores do destino, com a bênção de temporário esquecimento.

(*Caminho, verdade e vida*. FEB Editora. Cap. 110)

Na esfera do reajuste

Jo 3:7

Empeços e provações serão talvez os marcos que te assinalem a estrada hoje.

Diligenciemos, porém, com a reencarnação a retificar os erros e a ressarcir os débitos de ontem, para que a luz da verdade e o apoio da harmonia nos felicitem o caminho, amanhã...

A questão intrincada que te apoquenta agora, quase sempre, é o problema que abandonaste sem solução, entre os amigos que, em outro tempo, se rendiam, confiantes, ao teu arbítrio.

O parente complicado que julgas carregar, por espírito de heroísmo, via de regra, é a mesma criatura que, em outra época, arrojaste ao desespero e à perturbação.

Ideais nobilitantes pelos quais toleras agressões e zombarias, considerando-te incompreendido seareiro do progresso, em muitas ocasiões, são aqueles mesmos princípios que outrora espezinhaste, insultando a sinceridade dos companheiros que a eles se associavam.

Calúnias que arrostas, crendo-te guindado aos pináculos da virtude pela paciência que evidencias, habitualmente nada mais são que o retorno das injúrias que assacaste, noutras eras, contra irmãos indefesos.

Falhas do passado procuram-te o espírito responsável, seja no corpo, na família, na sociedade ou na profissão, pedindo-te reajuste.

"Necessário vos é nascer de novo" — disse-nos Jesus.

Bendizendo, pois, a reencarnação, empenhemo-nos a trabalhar e aprender, de novo, com atenção e sinceridade, para que venhamos a construir e acertar em definitivo.

(*Palavras de vida eterna*. Ed. Comunhão Espírita Cristã. Cap. 177)

Ante o livre arbítrio[8]

Surgem, aqui e ali, aqueles que negam o livre arbítrio, alegando que a pessoa no mundo é tão independente, quanto o pássaro no alçapão.

E, justificando a assertiva, mencionam a junção compulsória do espírito ao veículo carnal, os constrangimentos da parentela, as convenções sociais, as preocupações incessantes na preservação da energia corpórea, as imposições do trabalho e a obediência natural aos regulamentos constituídos para a garantia da ordem terrestre, esquecendo-se de que não há escola sem disciplina.

Jo 3:7

Certamente, todos os patrimônios da civilização foram erigidos pelas criaturas que usaram a própria liberdade na exaltação do bem; no entanto, para fixar as realidades do livre arbítrio, examinemos o reverso do quadro.

Reflitamos, ainda que superficialmente, em nossos irmãos menos felizes, para recolher-lhes a dolorosa lição.

Pensemos no desencanto daqueles que amontoaram moedas, por longo tempo, acumulando o suor dos semelhantes, em louvor da própria avareza, e sentem a aproximação da morte, sem migalha de luz que lhes mitigue as aflições nas trevas...

Imaginemos o suplício dos que trocaram veneráveis encargos por fantasiosos enganos, a despertarem no crepúsculo da existência, qual se fossem arremessados, sem perceber, à secura asfixiante de escabroso deserto...

Ponderemos a tortura dos que abusaram da inteligência, reconhecendo, à margem da sepultura, os deprimentes resultados do desprezo com que espezinharam a dignidade humana...

Consideremos o martírio dos que desvirtuaram a fé religiosa, anulando-se no isolamento improdutivo, ao repararem, no término da estância terrestre, que apenas disputaram a esterilidade do coração.

Meditemos no remorso dos que se renderam à delinquência, hipnotizados pela falsa adoração a si mesmos,

---

[8] Texto publicado em *Livro da esperança*. Ed. Comunhão Espírita Cristã. Cap. 7, com pequenas alterações.

acordando abatidos e segregados no fundo das penitenciárias de sofrimento...

Ninguém pode negar que todos eles, imanizados ao cativeiro da angústia, eram livres... Conquanto os empeços do aprendizado na experiência física, eram livres para construir e educar, entender e servir.

Jo 3:7

Eis porque a Doutrina Espírita fulge, na atualidade, diante da mente humana, auxiliando-nos a descobrir os Estatutos divinos, funcionando em nós próprios, no foro da consciência, a fim de aprendermos que a liberdade de fazer o que se quer está condicionada à liberdade de fazer o que se deve.

Estudemos os princípios da reencarnação, na lei de causa e efeito, à luz da justiça e da misericórdia de Deus, e perceberemos que, mesmo encarcerados agora em constringentes obrigações, estamos intimamente livres para aceitar com respeito e humildade as determinações da vida, edificando o espírito de trabalho e compreensão naqueles que nos observam e nos rodeiam, marchando, gradativamente, para a nossa emancipação integral desde hoje.

(*Reformador*, maio 1964, p. 119)

Em resposta, Jesus lhe disse: tu és Mestre em Israel e não sabes estas [coisas]?

João 3:10

Orientadores do mundo

É muito comum nos círculos religiosos, notadamente nos arraiais espiritistas, o aparecimento de orientadores do mundo, reclamando provas da existência da alma.

Tempo virá em que semelhantes inquirições serão consideradas pueris, porque, afinal, esses mentores da política, da educação, da ciência, estão perguntando, no fundo, se eles próprios existem.

A resposta de Jesus a Nicodemos, embora se refira ao problema da reencarnação, enquadra-se perfeitamente ao assunto, uma vez que os condutores da atualidade prosseguem indagando sobre realidades essenciais da vida.

Peçamos a Deus auxilie o homem para que não continue tentando penetrar a casa do progresso pelo telhado.

O médico leviano, até que verifique a verdade espiritual, será defrontado por experiências dolorosas no campo das realizações que lhe dizem respeito. O professor, apenas teórico, precipitar-se-á muitas vezes nas ilusões. O administrador improvisado permanecerá exposto a erros tremendos, até que se ajuste à responsabilidade que lhe é própria.

Por esse motivo, a resposta de Jesus aplica-se, com acerto, às interrogações dos instrutores modernos. Transformados em investigadores, dirigem-se a nós outros, muita vez com ironia, reclamando a certeza sobre a existência do espírito; entretanto, eles orientam os outros e se introduzem na vida dos nossos irmãos em humanidade. Considerando essa circunstância e se tratando de problema tão essencial para si próprios, é razoável que não perguntem, porque devem saber.

(*Caminho, verdade e vida*. FEB Editora. Cap. 111)

*Se vos falei das [coisas] terrestres e não credes,
como crereis se vos falar das [coisas] celestiais?*

João 3:12

Coisas terrestres e celestiais

No intercâmbio com o mundo espiritual, é frequente a reclamação de certos estudiosos, relativamente à ausência de informações das entidades comunicantes, no que se refere às particularidades alusivas às atividades em que se movimentam.

Por que não se fazem mais explícitos os desencarnados quanto ao novo gênero de vida a que foram chamados? Como serão suas cidades, suas casas, seus processos de relações comuns? Por que meios se organizam hierarquicamente? Terão governos nos moldes terrestres?

Indagam outros, relativamente às razões pelas quais os cientistas libertos do plano físico não voltam aos antigos centros de pesquisas e realizações, vulgarizando métodos de cura para as chamadas moléstias incuráveis ou revelando invenções novas que acelerem o progresso mundial.

São esses os argumentos apressados da preguiça humana.

Se os Espíritos comunicantes têm tratado quase que somente do material existente a respeito das próprias criaturas terrenas, num curso metódico de introdução a tarefas mais altas e ainda não puderam ser integralmente ouvidos, que viria a acontecer se olvidassem compromissos graves, dando-se ao gosto de comentários prematuros?

É necessário compreenda o homem que Deus concede os auxílios; entretanto, cada Espírito é obrigado a talhar a própria glória.

A grande tarefa do mundo espiritual, em seu mecanismo de relações com os homens encarnados, não é a de trazer conhecimentos sensacionais e extemporâneos, mas a de ensinar os homens a ler os sinais divinos que a vida terrestre contém em si mesma, iluminando-lhes a marcha para a espiritualidade superior.

(*Caminho, verdade e vida*. FEB Editora. Cap. 136)

Jo
3:12

Pois Deus amou de tal modo o mundo que deu seu filho unigênito, a fim de que todo aquele que nele crê não pereça, mas tenha a vida eterna.

João 3:16

Terra – bênção divina[9]

Não amaldiçoes o mundo que te acolhe.

Nele encontras a Bênção divina, envolvente e incessante, nas bênçãos que te rodeiam.

O regaço materno...
O refúgio do corpo...
O calor do berço...
O conforto do lar...
O privilégio da oração...
O apoio do alfabeto...
A luz do conhecimento...
A alegria do trabalho...
A riqueza da experiência...
O amparo das afeições...

Do mundo recebes o pão que te alimenta e o fio que te veste.

No mundo, respiraram os heróis de teu ideal, os santos de tua fé, os apóstolos de tua inspiração e as inteligências que te traçaram roteiro.

O Criador não no-lo ofertou por exílio ou prisão, mas por escola regenerativa e abrigo santo, qual divino jardim a pleno céu, esmaltado de sol, durante o dia, e envolvido de estrelas, durante a noite.

Se algo nele existe que o tisna de lágrimas e empesta de inquietação, é a dor de nossos erros...

Não te faças, assim, causa do mal no mundo, que, em todas as expressões essenciais, consubstancia o Bem maior em si mesmo.

---

[9] Texto publicado em *Palavras de vida eterna*. Ed. Comunhão Espírita Cristã. Cap. 60.

Lembra-te de que "Deus amou o mundo de tal maneira que deu o seu Filho unigênito, para que todo aquele que nele crê não pereça, mas tenha a vida eterna".

(*Reformador*, set. 1959, p. 194)

Ante o poder do amor[10]

Jo 3:16

Ninguém conseguiria manter a ordem sem a justiça, mas ninguém constrói a paz sem amor.

Não se negará merecimento à colônia penal que reúne os doentes de espírito, como não se recusa apreço ao hospital que congrega os doentes do corpo; mas, assim como na instituição de saúde somente o desvelo do amor é capaz de assegurar o preciso êxito às instruções da medicina, nos estabelecimentos de regeneração apenas o trabalho do amor garante a recuperação da lei que traça disposições para o equilíbrio social.

Muitos falarão de esforço corretivo, perante os erros do mundo; não lhes desconsiderarás as razões, quando justas, todavia, precedendo quaisquer medidas de coerção, referir-te-ás ao amor que restaura.

Muitos apontarão os perigos resultantes das deficiências do próximo; não lhes desrespeitarás a argumentação, quando sincera, mas, antes de tudo, providenciarás a obtenção de remédio que as reduza.

Assim deve ser, de vez que por enquanto, na Terra, para legiões de acusadores, diante das vítimas do mal, existem raros advogados para o socorro do bem.

Ama sempre e, quando estiveres a ponto de descrer do poder do amor, lembra-te do Cristo; o Senhor sabia que o mundo de seu tempo estava repleto de espíritos endividados perante a Lei, que Ele não poderia invalidar os arestos da Justiça para o reajustamento dos culpados, compreendia que as criaturas hipnotizadas pelo vício não lhe dariam atenção, que deveria contar com a hostilidade daqueles mesmos a quem se propunha beneficiar e

---

[10] Texto publicado em *Bênção de paz*. Ed. GEEM. Cap. 19, com pequenas alterações.

permanecia convicto de que o extremo sacrifício lhe seria o coroamento da obra; entretanto, consubstanciando em si mesmo o infinito amor que Deus consagra à humanidade, veio ao mundo, mesmo assim.

(*Reformador*, dez. 1965, p. 268)

Jo 3:16

Do lado de Deus[11]

Ainda que muita gente haja adicionado parcelas do mal, na definição desse ou daquele acontecimento menos feliz, não sigas a corrente condenatória e faze por tua conta o lançamento do bem.

Por muito se atribua à divina Providência juízos fulminativos, ante os erros dos homens, e embora nos reconheçamos retificados em nossos desvios pela Justiça perfeita, Deus é o perfeito Amor, garantindo-nos segurança e equilíbrio.

Basta ligeiro olhar no campo humano para certificar-nos quanto a isso.

Escolas dissipam as trevas da ignorância.

Trabalho suprime tédio e insipiência.

Máquinas diminuem esforço.

Veículos eliminam distâncias.

A Ciência, a cada dia novo, reduz cada vez mais o poder da enfermidade, neutralizando o sofrimento.

E, tanto quanto possível, conforme os desígnios da lei das reparações necessárias, essa mesma Ciência, mobilizando recursos diversos, afasta a cegueira e a surdez, extingue inibições, oferece agentes mecânicos aos mutilados e corrige, pela plástica cirúrgica, certos tipos de expiação, quando os interessados já fazem por merecer a cessação da prova que os aflige.

Assim como vemos o Sol atuando continuamente na massa planetária, tudo reconstituindo em louvor da harmonia e da evolução, igualmente encontramos o Amor onipresente que

---

[11] Texto publicado em *Segue-me!...* Ed. O Clarim. Cap. "Do lado de Deus".

dirige o universo, tudo refazendo a benefício do burilamento e da felicidade de todas as criaturas.

Em qualquer circunstância, aparentemente desfavorável, não te fixes no mal, seja ele qual for. Reconhecendo que Deus está ao lado de todos, procura o bem, faze o bem, salienta o bem e segue o bem, porquanto somente assim estaremos nós realmente do lado de Deus.

Jo
3:16

(*Reformador*, jul. 1970, p. 147)

O que tem a noiva é o noivo. O amigo do noivo, que está presente e o ouve, se alegra profundamente por causa da voz do noivo. Portanto, esta alegria se completou em mim. É necessário ele crescer e eu diminuir.

João 3:29-30

Na propaganda eficaz[12]

Há sempre um desejo forte de propaganda construtiva no coração dos crentes sinceros.

Confortados pelo pão espiritual de Jesus, esforçam-se os discípulos novos por estendê-lo aos outros. Mas, nem sempre acertam na tarefa. Muitas vezes, movidos de impulsos fortes, tornam-se exigentes ou precipitados, reclamando colheitas prematuras.

O Evangelho, porém, está repleto de ensinamentos nesse sentido.

A assertiva de João Batista, nesta passagem, é significativa. Traça um programa a todos os que pretendam funcionar em serviço de precursores do Mestre, nos corações humanos.

Não vale impor os princípios da fé.

A exigência, ainda que indireta, apenas revela seus autores. As polêmicas destacam os polemistas... As discussões intempestivas acentuam a colaboração pessoal dos discutidores. Puras pregações de palavras fazem belos oradores, com fraseologia preciosa e deslumbrantes ornatos da forma.

Claro que a orientação, o esclarecimento e o ensino são tarefas indispensáveis na extensão do Cristianismo, entretanto, é de importância fundamental para os discípulos que o Espírito de Jesus cresça em suas vidas. Revelar o Senhor na própria experiência diária é a propaganda mais elevada e eficiente dos aprendizes fiéis.

Se realmente desejas estender as claridades de tua fé, lembra-te de que o Mestre precisa crescer em teus atos, palavras

---

[12] Texto publicado em *Cartas do coração*. Ed. LAKE. Cap. "Na propaganda eficaz".

e pensamentos, no convívio com todos os que te cercam o coração. Somente nessa diretriz é possível atender ao divino Administrador e servir aos semelhantes, curando-se a hipertrofia congenial do "eu".

(*Vinha de luz*. FEB Editora. Cap. 76)

Jo
3:29-30

Pergunta 309 do livro *O consolador*

Pergunta: Em que sentido devemos interpretar as sentenças de João Batista: "A quem pertence a esposa é o esposo; mas o amigo do esposo, que com ele está e ouve, muito se regozija por ouvir a voz do esposo. Pois este gozo eu agora experimento; é preciso que ele cresça e que eu diminua"?

Resposta: O esposo da humanidade terrestre é Jesus Cristo, o mesmo Cordeiro de Deus que arranca as almas humanas dos caminhos escusos da impenitência.

O amigo do esposo é o seu precursor, cuja expressão humana deveria desaparecer, a fim de que Jesus resplandecesse para o mundo inteiro, no seu Evangelho de Verdade e Vida.

(*O consolador*. FEB Editora. Pergunta 309)

Pois aquele que Deus enviou fala as palavras de Deus, já que Deus não dá o espírito com limitação.

João 3:34

Cresçamos para o bem[13]

Observa a munificência das concessões divinas por toda a parte.

Enquanto o homem raciona a distribuição desse ou daquele recurso, Deus não altera as suas leis de abundância.

Anota na Terra em torno de ti:

O Sol magnificente nutrindo a vida em todas as direções...

O ar puro e sem medida...

A fonte que se dá sem reservas...

Tudo infinitamente doado a todos.

Tudo liberalmente repartido.

Qual ocorre às concessões do Senhor na ordem material, acontece no reino do espírito.

As portas da sabedoria e do amor jazem constantemente abertas. Os tesouros da Ciência e as alegrias da compreensão humana, as glórias da arte e as luzes da sublimação interior são acessíveis a todas as criaturas.

No entanto, do rio de graças da vida, cada alma somente retira a porção de riquezas que possa perceber e utilizar proveitosamente.

Estuda, observa, trabalha e renova-te para o bem.

Amplia a visão que te é própria e auxilia os outros, ajudando a ti mesmo.

Recorda que Deus a ninguém dá seus dons por medida, contudo, cada alma traz consigo a medida que instalou no próprio íntimo para a recepção dos dons de Deus.

(*Reformador*, jan. 1956, p. 4)

---

[13] Texto publicado em *Palavras de vida eterna*. Ed. Comunhão Espírita Cristã. Cap. 2.

Jesus lhes diz: a minha comida é: que [Eu] faça a vontade daquele que me enviou e complete sua obra.

João 4:34

Afirmação e ação

Aqui e ali, encontramos crentes do Evangelho invariavelmente prontos a alegar a boa intenção de satisfazer os ditames celestiais. Entregam-se alguns à ociosidade e ao desânimo e, com manifesto desrespeito às sagradas noções da fé, asseguram ao amigo ou ao vizinho que vivem atendendo às determinações do Todo-Poderoso.

Não são poucos os que não preveem, nem providenciam a tempo e, quando tudo desaba, quando as forças inferiores triunfam, eis que, em lágrimas, declaram que foram obedecidas as ordens do Altíssimo.

No que condiz, porém, com a atuação do Pai, urge reconhecer que, se há manifestação de sua vontade, há, simultaneamente, objetivo e finalidade que lhe são consequentes.

Programa elevado, sem concretização, é projeto morto.

Deus não expressaria propósitos a esmo.

Em razão disso, afirmou Jesus que vinha ao mundo fazer a vontade do Pai e cumprir-lhe a obra.

Segundo observamos, não se reportava somente ao desejo paternal, mas igualmente à execução que lhe dizia respeito.

Não é razoável permanecer o homem em referências infindáveis aos desígnios do Alto, quando não cogita de materializar a própria tarefa.

O Pai, naturalmente, guarda planos indevassáveis acerca de cada filho. É imprescindível, no entanto, que a criatura coopere na objetivação dos propósitos divinos em si própria, compreendendo que se trata de lamentável abuso muita alusão à vontade de Deus quando vivemos distraídos do trabalho que nos compete.

(*Vinha de luz*. FEB Editora. Cap. 42)

> [...] Eis que [Eu] vos digo: levantai os vossos olhos e contemplai os campos que já estão brancos para a colheita.

João 4:35

Levantai os olhos

O mundo está cheio de trabalhos ligados ao estômago.

A existência terrestre permanece transbordando emoções relativas ao sexo.

Ninguém contesta o fundamento sagrado de ambos, entretanto, não podemos estacionar numa ou noutra expressão.

Há que levantar os olhos e devassar zonas mais altas.

É preciso cogitar da colheita de valores novos, atendendo ao nosso próprio celeiro.

Não se resume a vida a fenômenos de nutrição, nem simplesmente à continuidade da espécie.

Laborioso serviço de iluminação espiritual requisita o homem.

Valiosos conhecimentos reclamam-no a esferas superiores.

Verdades eternas proclamam que a felicidade não é um mito, que a vida não constitui apenas o curto período de manifestações carnais na Terra, que a paz é tesouro dos filhos de Deus, que a grandeza divina é a maravilhosa destinação das criaturas; no entanto, para receber tão altos dons é indispensável erguer os olhos, elevar o entendimento e santificar os raciocínios.

É imprescindível alçar a lâmpada sublime da fé, acima das sombras.

Irmão muito amado, que te conservas sob a divina árvore da vida, não te fixes tão somente nos frutos da oportunidade perdida que deixaste apodrecer, ao abandono... Não te encarceres no campo inferior, a contemplar tristezas, fracassos, desenganos!... Olha para o alto!... Repara as frondes imortais, balouçando-se ao sopro da Providência divina! Dá-te aos labores da ceifa e observa que, se as raízes ainda se demoram presas ao solo, os ramos viridentes, cheios de frutos substanciosos, avançam no Infinito, na direção dos Céus.

(*Vinha de luz*. FEB Editora. Cap. 10)

Jo
4:35

Disse-lhe Jesus: levanta-te, toma o teu catre e anda.

João 5:8

O sublime convite

A palavra do Senhor é sempre luz direta.

A partir do momento em que fala incisivo, o doente inicia uma nova jornada.

Os músculos paralíticos vibram, fortes de novo.

O tônus orgânico circula mais ativo.

O equilíbrio ressurge no cosmo celular.

A prisão em forma de leito liberta o prisioneiro.

E múltiplas consequências são criadas no processo sublime quais sejam a responsabilidade maior para o irmão socorrido, estudo e meditação nos circunstantes admirados, reafirmação categórica das potencialidades sublimes do amor de nosso divino Mestre, através do trabalho messiânico de libertação das consciências humanas que impôs generosamente a Si Mesmo...

Em seguida, mais uma crônica ajustar-se-á aos ensinamentos narrados pelos evangelistas expressando, até hoje, lição palpitante na escola da humanidade.

Em soerguendo o enfermo desditoso do leito de provação, convoca-nos Jesus a levantar-nos, todos, do ninho de imperfeições, em que nos comprazemos, de coração cansado e mente corrompida.

Se egoísmo e orgulho, inveja e ciúme, cobiça e vaidade ainda nos prendem o coração ao catre do infortúnio, ouçamos o convite do Senhor Amorável: "Levanta-te, toma o teu leito e anda."

E erguendo-nos pela fé, saberemos sofrer a consequência ainda amarga de nossa própria sombra, caminhando, por fim, ao encontro da Luz.

(*Ideal espírita*. Ed. Comunhão Espírita Cristã. Cap. 42)

Evangelho e simpatia

Do apostolado de Jesus, destaca-se a simpatia por alicerce da felicidade humana.

A violência não consta da sua técnica de conquistar.

Ainda hoje, vemos vasta fileira de lidadores do sacerdócio usando, em nome dele, a imposição e a crueldade; todavia, o Mestre, invariavelmente, pautou os seus ensinamentos nas mais amplas normas de respeito aos seus contemporâneos.

Jo
5:8

Jamais faltou com o entendimento justo para com as pessoas e as situações.

Divino Semeador, sabia que não basta plantar os bons princípios e sim oferecer, antes de tudo, à semente favoráveis condições, necessárias à germinação e ao crescimento.

Certo, em se tratando do interesse coletivo, Jesus não menoscaba a energia benéfica.

Exprobra o comercialismo desenfreado que humilha o Templo, quanto profliga os erros de sua época.

Entretanto, diante das criaturas dominadas pelo mal, enche-se de profunda compaixão e tolerância construtiva.

Aos enfermos não indaga quanto à causa das aflições que os vergastam, para irritá-los com reclamações.

Auxilia-os e cura-os.

Os apontamentos que dirige aos pecadores e transviados são recomendações doces e sutis.

Ao doente curado no Tanque de Betesda, explica despretensioso: "Vai e não reincidas no erro para que te não aconteça coisa pior."

À pobre mulher, apedrejada na praça pública, adverte, bondoso: "Vai e não peques mais."

Não indica o inferno às vítimas da sombra. Reergue-as, compassivo, e acende-lhes nova luz.

Compreende os problemas e as lutas de cada um.

Atrai as crianças a si, compadecidamente, infundindo nova confiança aos corações maternos.

Sabe que Pedro é frágil, mas não desespera e confia nele.

Jo 5:8

Contempla o torvo drama do espírito de Judas, no entanto, não o expulsa.

Reconhece que a maioria dos beneficiários não se revelam à altura das concessões que solicitam, contudo, não lhes nega assistência.

Preso, recompõe a orelha de Malco, o soldado.

À frente de Pilatos e de Ântipas, não pede providências suscetíveis de lançar a discórdia, ainda mesmo a título de preservação da justiça.

Longe de impacientar-se com a presença dos malfeitores que também sofreram a crucificação, inclina-se amistosamente para eles e busca entendê-los e encorajá-los.

À turba que o rodeia com palavrões e cutiladas envia pensamentos de paz e votos de perdão.

E, ainda além da morte, não foge aos companheiros que fugiram. Materializa-se, diante deles, induzindo-os ao serviço da regeneração humana, com o incentivo de sua presença e de seu amor, até ao fim da luta.

Em todas as passagens do Evangelho, perante o coração humano, sentimos no Senhor o campeão da simpatia, ensinando como sanar o mal e construir o bem. E desde a manjedoura, sob a sua divina inspiração, um novo caminho redentor se abre aos homens, no rumo da paz e da felicidade, com bases no auxílio mútuo e no espírito de serviço, na bondade e na confraternização.

(*Roteiro*. FEB Editora. Cap. 19)

Depois dessas [coisas], encontrando-o no Templo, Jesus lhe disse: eis que te tornaste são, não [mais] peques para que não te suceda algo pior.

João 5:14

Lembrança fraternal aos enfermos[14]

Queres o restabelecimento da saúde do corpo e isso é justo. Mas, atende ao que te lembra um amigo que já se vestiu de vários corpos, e compreendeu, depois de longas lutas, a necessidade da saúde espiritual.

A tarefa humana já representa, por si, uma oportunidade de reerguimento aos espíritos enfermos. Lembra-te, pois, de que tua alma está doente e precisa curar-se sob os cuidados de Jesus, o nosso grande Médico.

Nunca pensaste que o Evangelho é uma receita geral para a humanidade sofredora?

É muito importante combater as moléstias do corpo; mas, ninguém conseguirá eliminar efeitos, quando as causas permanecem. Usa os remédios humanos, porém, inclina-te para Jesus e renova-te, espiritualmente, nas lições de seu amor. Recorda que Lázaro, não obstante voltar do sepulcro, em sua carne, pela poderosa influência do Cristo, teve de entregar seu corpo ao túmulo, mais tarde. O Mestre chamava-o a novo ensejo de iluminação da alma imperecível, mas não ao absurdo privilégio da carne imutável.

Não somos as células orgânicas que se agrupam, a nosso serviço, quando necessitamos da experiência terrestre. Somos espíritos imortais e esses micro-organismos são naturalmente intoxicados, quando os viciamos ou aviltamos, em nossa condição de rebeldia ou de inferioridade.

Os estados mórbidos são reflexos ou resultantes de nossas vibrações mais íntimas. Não trates as doenças com pavor e

---

[14] Texto publicado em *Coletânea do além*. Ed. LAKE. Cap. "Lembrança fraternal aos enfermos", com pequenas alterações.

desequilíbrio das emoções. Cada uma tem sua linguagem silenciosa e se faz acompanhar de finalidades especiais.

Jo 5:14

A hepatite, a indigestão, a gastralgia, o resfriado são ótimos avisos contra o abuso e a indiferença. Por que preferes bebidas excitantes, quando sabes que a água é a boa companheira, que lava os piores detritos humanos? Por que o excesso dos frios no verão e a demasia de calor nos tempos de inverno? Acaso ignoras que o equilíbrio é filho da sobriedade? O próprio irracional tem uma lição de simples impulso, satisfazendo-se com a sombra das árvores na secura do estio e com a bênção do sol nas manhãs hibernais. Pela tua inconformação e indisciplina, desordenas o fígado, estragas os órgãos respiratórios, aborreces o estômago. Observamos, assim, que essas doenças-avisos se verificam por causas de ordem moral. Quando as advertências não prevalecem, surgem as úlceras, as congestões, as nefrites, os reumatismos, as obstruções, as enxaquecas. Por não se conformar o homem com os desígnios do Pai, que criou as leis da natureza como regulamentos naturais para a sua casa terrestre, submete as células que o servem ao desregramento, velha causa de nossas ruínas.

E que dizermos da sífilis e do alcoolismo, procurados além do próprio abuso?

Entretanto, no capítulo das enfermidades que buscam a criatura, necessitamos considerar que cada uma tem sua função justa e definida.

As moléstias dificilmente curáveis, como a tuberculose, a lepra, a cegueira, a paralisia, a loucura, o câncer, são escoadouros das imperfeições. A epidemia é uma provação coletiva, sem que essa afirmativa, no entanto, dispense o homem do esforço para o saneamento e higiene de sua habitação. Há dores íntimas, ocultas ao público, que são aguilhões salvadores para a existência inteira. As enfermidades oriundas dos acidentes imprevistos são resgates justos. Os aleijões são parte integrante das tabelas expiatórias. A moléstia hereditária assinala a luta merecida.

Vemos, portanto, que a doença, quando não seja a advertência das células queixosas do tirânico senhor que as domina, é a mensageira amiga, convidando a meditações necessárias.

Desejas a cura; é natural; mas, precisas tratar-te a ti mesmo, para que possas remediar ao teu corpo. Nos pensamentos ansiosos, recorre ao exemplo de Jesus. Não nos consta que o Mestre estivesse algum dia de cama; todavia, sabemos que ele esteve na cruz. Obedece, pois, a Deus e não te rebeles contra os aguilhões. Socorre-te do médico do mundo ou de teu irmão do plano espiritual, mas não exijas milagres, que esses benfeitores da terra e do céu não podem fazer. Só Deus te pode dar acréscimo de misericórdia, quando te esforçares por compreendê-lo.

Não deixes de atender às necessidades de teus órgãos materiais, que constituem a tua vestimenta no mundo; mas, lembra-te do problema fundamental que é a posse da saúde para a vida eterna. Cumpre teus deveres, repara como te alimentas, busca prever antes de remediar e, pelas muitas experiências dolorosas que já vivi no mundo terrestre, recorda comigo aquelas sábias palavras do Senhor ao paralítico de Jerusalém: "Eis que já estás são; não peques mais, para que te não suceda alguma coisa pior."

Jo
5:14

(*Reformador*, set. 1941, p. 219)

Ele, porém, lhes respondeu: o meu Pai trabalha até agora, eu também trabalho.

João 5:17

Trabalho

Em todos os recantos, observamos criaturas queixosas e insatisfeitas.

Quase todas pedem socorro. Raras amam o esforço que lhes foi conferido. A maioria revolta-se contra o gênero de seu trabalho.

Os que varrem as ruas querem ser comerciantes; os trabalhadores do campo prefeririam a existência na cidade.

O problema, contudo, não é de gênero de tarefa, mas o de compreensão da oportunidade recebida.

De modo geral, as queixas, nesse sentido, são filhas da preguiça inconsciente. É o desejo ingênito de conservar o que é inútil e ruinoso, das quedas no pretérito obscuro.

Mas Jesus veio arrancar-nos da "morte no erro". Trouxe-nos a bênção do trabalho, que é o movimento incessante da vida.

Para que saibamos honrar nosso esforço, referiu-se ao Pai que não cessa de servir em sua obra eterna de amor e sabedoria e à sua tarefa própria, cheia de imperecível dedicação à humanidade.

Quando te sentires cansado, lembra-te de que Jesus está trabalhando. Começamos ontem nosso humilde labor e o Mestre se esforça por nós, desde quando?

(*Caminho, verdade e vida*. FEB Editora. Cap. 4)

Burilamento[15]

Muitas vezes, entregas-te a melancólicas reflexões, em torno de transformações espirituais que inutilmente intentaste.

Deste o máximo de abnegação ao filho estremecido para quem planejaste luminoso futuro, sem conseguir talvez arrancá-lo à rebeldia em que persiste; ofertaste a própria existência aos pais queridos, ornamentando-lhes o caminho de auxílio e ternura, e, provavelmente, nem de leve pudeste arredá-los da discórdia a que jazem atrelados por longo tempo; situaste todo o coração no carinho por esse ou aquele companheiro, aguardando-lhes em vão qualquer concurso nas tarefas edificantes que te felicitam a alma; empenhaste os mais nobres sentimentos na melhoria desse ou daquele grupo de entes amados, seja no lar ou na organização de serviço a que te afeiçoas, e, por maior o esforço despendido, nada colheste, até agora, senão amargura e negação.

Jo 5:17

Em meio do trabalho absorvente, costumas interromper as próprias atividades, indagando de ti mesmo se vale a pena continuar no esforço renovador... Semelhante introdução ao desespero comumente aparece, porque, em muitas ocasiões, experimentas o desencanto de quem cava num monte de pedras, procurando debalde o fio d'água que lhe foge à sede, ou a fadiga de quem cruza o deserto, em todas as direções, sem achar caminho para vanguarda libertadora... Ainda assim, persevera nos bons propósitos e colabora, quanto possível, pela consecução dos objetivos de fraternidade e aprimoramento a que devemos todos visar.

Uma pergunta só dar-nos-á reconforto: se Jesus, há milênios, trabalha por nós, para que tenhamos o pequenino clarão de conhecimento com que hoje tentamos dissipar as sombras que ainda trazemos, por que desanimar na obra de amparo aos que amamos, se apenas agora começamos a servir no terreno da luz?

(*Reformador*, nov. 1967, p. 243)

---

[15] Texto publicado em *Bênção de paz*. Ed. GEEM. Cap. 8, com pequenas alterações.

Na hora da fadiga

Jo
5:17

Quando o cansaço te procure no serviço do bem, reflete naqueles irmãos que suspiram pelo mínimo das facilidades que te enriquecem as mãos.

Pondera não apenas as dificuldades dos que, ainda em plenitude das forças físicas, se viram acometidos por lesões cerebrais, mas também no infortúnio dos que se acham em processos obsessivos, vinculados às trevas da delinquência.

Observa não somente a tortura dos paralíticos, reclusos em leitos de provação, mas igualmente a dor dos que não souberam entender a função educativa das lutas terrestres e caminham, estrada afora, de coração enrijecido na indiferença.

Considera não apenas o suplício dos que renasceram em dolorosas condições de idiotia, reclamando o concurso alheio nas menores operações da vida orgânica, mas também o perigoso desequilíbrio daqueles que, no fastígio do conforto material, resvalam em ateísmo e vaidade, fugindo deliberadamente às realidades do espírito.

Medita não somente na aflição dos que foram acidentados em desastres terríveis, mas igualmente na angústia dos que foram atropelados pela calúnia, tombando moralmente em revolta e criminalidade, por não saberem assimilar o benefício do sofrimento.

Quando a fadiga te espreite a esfera de ação, pensa naqueles companheiros ilhados em padecimentos do corpo e da alma, a esperarem pelo auxílio, ainda que ligeiro, de teu pensamento, de tua palavra, de tua providência, de tuas mãos...

Se o desânimo te ameaça, examina se o abatimento não será unicamente anseio de repousar antes do tempo, e se te reconheces conscientemente dotado de energias para ser útil, não te confies à inércia ou à lamentação.

Quando a fadiga apareça, recorda que alguém existe, a orientar-te e a fortalecer-te na execução das tarefas que o Alto te confiou; alguém com suficiente amor e poder, a esperar-te os recursos e dons na construção da Vida melhor... Esse alguém é Jesus, a quem aceitamos por Mestre e que, certa feita, asseverou, positivo, à frente dos seguidores espantados por vê-lo a servir num dia consagrado ao descanso: "Meu Pai trabalha até hoje e eu trabalho também".

(*Estude e viva*. FEB Editora. Cap. 28)

Trabalho, solidariedade, tolerância[16]

Jo 5:17

O trabalho edifica.
A solidariedade aperfeiçoa.
A tolerância eleva.
Trabalhando, melhoramos a nós mesmos.
Solidarizando-nos, enriqueceremos o mundo.
Tolerando-nos, engrandeceremos a vida.
Para trabalhar, com êxito, é necessário obedecer a lei.
Para solidarizar-nos, com proveito, é indispensável compreender o bem e cultivá-lo.
Para tolerar-nos, em sentido construtivo, é imprescindível amar.
Em vista disso, o Mestre divino, há quase dois milênios, afirmou para o mundo:
"Meu Pai trabalha até hoje, e eu trabalho também.
Estarei convosco até o fim dos séculos.
Amai-vos uns aos outros, como eu vos amei".
Trabalhemos, então, construindo.
Solidarizemo-nos, beneficiando.
Toleremo-nos, amando sempre.
Vinculada aos fundamentos divinos, a sublime trilogia de Allan Kardec é plataforma permanente, em nossos círculos doutrinários, constituindo lema substancial que não pode morrer.

(*Luz no caminho*. Ed. Cultura Espírita União. Cap. "Trabalho, solidariedade, tolerância")

---

[16] Texto publicado em *Trevo de ideias*. Ed. GEEM. Cap. "Tolerância", com pequenas alterações.

Nossa casa[17]

Jo
5:17

A mente é a casa viva onde cada um de nós reside, segundo as nossas próprias concepções.

A imaginação é o arquiteto de nosso verdadeiro domicílio.

Se julgarmos que o ouro é o material adequado à nossa construção, cedo sofremos a ventania destruidora ou enregelante da ambição e da inveja, do remorso e do tédio, que costuma envolver a fortuna, em seu castelo de imprevidência.

Se supomos que o poder humano deve ser o agasalho de nosso espírito, somos apressadamente defrontados pela desilusão que habitualmente coroa a fronte das criaturas enganadas pelos desvarios da autoridade.

Se encontramos alegria na crítica ou na perversidade, naturalmente nos demoramos no cárcere escuro da maledicência ou do crime.

Moramos, em espírito, onde projetamos nosso pensamento.

Respiramos o bem ou o mal, de acordo com as nossas preferências na vida.

Na Terra, muitas vezes temos a máscara física emoldurada em honrarias e esplendores, guardando nossa alma em deploráveis cubículos de padecimentos e trevas.

Só o trabalho incessante no bem pode oferecer-nos a milagrosa química do amor para a sublimação de nosso lar interno.

Por isso mesmo, disse Jesus: "meu Pai trabalha até hoje e eu trabalho também".

Idealizemos mais luz para o nosso caminho.

Abracemos o serviço infatigável aos nossos semelhantes e a nossa experiência, de alicerces na Terra, culminará feliz e vitoriosa, nos esplendores do Céu.

(*Reformador*, fev. 1956, p. 39)

---

[17] Texto publicado em *Coragem*. Ed. Comunhão Espírita Cristã. Cap. 10, com pequenas alterações.

E sairão: os que fizeram [coisas] boas para a ressureição da vida e os que praticaram [coisas] malévolas para a ressureição do juízo.

João 5:29

Lei de retorno

Em raras passagens do Evangelho, a lei reencarnacionista permanece tão clara quanto aqui, em que o ensino do Mestre se reporta à ressurreição da condenação.

Como entenderiam estas palavras os teólogos interessados na existência de um inferno ardente e imperecível?

As criaturas dedicadas ao bem encontrarão a fonte da vida banhando-se nas águas da morte corporal. Suas realizações do porvir seguem na ascensão justa, em correspondência direta com o esforço perseverante que desenvolveram no rumo da espiritualidade santificadora; todavia, os que se comprazem no mal cancelam as próprias possibilidades de ressurreição na luz.

Cumpre-lhes a repetição do curso expiatório.

É a volta à lição ou ao remédio.

Não lhes surge diferente alternativa.

A lei de retorno, pois, está contida amplamente nessa síntese de Jesus.

Ressurreição é ressurgimento. E o sentido de renovação não se compadece com a teoria das penas eternas.

Nas sentenças sumárias e definitivas não há recurso salvador. Por intermédio da referência do Mestre, contudo, observamos que a Providência divina é muito mais rica e magnânima que parece.

Haverá ressurreição para todos, apenas com a diferença de que os bons tê-la-ão em vida nova e os maus em nova condenação, decorrente da criação reprovável deles mesmos.

(*Pão nosso*. FEB Editora. Cap. 127)

Eu não posso fazer nada por mim mesmo [...].

João 5:30

Tudo em Deus

Constitui ótimo exercício contra a vaidade pessoal a meditação nos fatores transcendentes que regem os mínimos fenômenos da vida.

O homem nada pode sem Deus.

Todos temos visto personalidades que surgem dominadoras no palco terrestre, afirmando-se poderosas sem o amparo do Altíssimo; entretanto, a única realização que conseguem efetivamente é a dilatação ilusória pelo sopro do mundo, esvaziando-se aos primeiros contatos com as verdades divinas. Quando aparecem, temíveis, esses gigantes de vento espalham ruínas materiais e aflições de espírito; todavia, o mesmo mundo que lhes confere pedestal projeta-os no abismo do desprezo comum; a mesma multidão que os assopra incumbe-se de repô-los no lugar que lhes compete.

Os discípulos sinceros não ignoram que todas as suas possibilidades procedem do Pai amigo e sábio, que as oportunidades de edificação na Terra, com a excelência das paisagens, recursos de cada dia e bênçãos dos seres amados, vieram de Deus que os convida, pelo espírito de serviço, a ministérios mais santos; agirão, desse modo, amando sempre, aproveitando para o bem e esclarecendo para a verdade, retificando caminhos e acendendo novas luzes, porque seus corações reconhecem que nada poderão fazer de si próprios e honrarão o Pai, entrando em santa cooperação nas suas obras.

(*Caminho, verdade e vida*. FEB Editora. Cap. 101)

Mas não quereis vir a mim para terdes vida.

João 5:40

Afirmação esclarecedora

Quantos procuram a sublimação da individualidade precisam entender o valor supremo da vontade no aprimoramento próprio.

Os templos e as escolas do Cristianismo permanecem repletos de aprendizes que vislumbram os poderes divinos de Jesus e lhe reconhecem a magnanimidade, caminhando, porém, ao sabor de vacilações cruéis.

Creem e descreem, ajudam e desajudam, organizam e perturbam, iluminam-se na fé e ensombram-se na desconfiança...

É que esperam a proteção do Senhor para desfrutarem o contentamento imediato no corpo, mas não querem ir até Ele para se apossarem da vida eterna.

Pedem o milagre das mãos do Cristo, mas não lhe aceitam as diretrizes. Solicitam-lhe a presença consoladora, entretanto, não lhe acompanham os passos. Pretendem ouvi-lo, à beira do lago sereno, em preleções de esperança e conforto, todavia, negam-se a partilhar com Ele o serviço da estrada, por meio do sacrifício pela vitória do bem. Cortejam-no em Jerusalém, adornada de flores, mas fogem aos testemunhos de entendimento e bondade, à frente da multidão desvairada e enferma. Suplicam-lhe as bênçãos da ressurreição, no entanto, odeiam a cruz de espinhos que regenera e santifica.

Podem ir na vanguarda edificante, mas não querem.

Clamam por luz divina, entretanto, receiam abandonar as sombras.

Suspiram pela melhoria das condições em que se agitam, todavia, detestam a própria renovação.

Jo
5:40

Vemos, pois, que é fácil comer o pão multiplicado pelo infinito amor do Mestre divino ou regozijar-se alguém com a sua influência curativa, mas, para alcançar a Vida Abundante de que Ele se fez o embaixador sublime, não basta a faculdade de poder e o ato de crer, mas também a vontade perseverante de quem aprendeu a trabalhar e servir, aperfeiçoar e querer.

(*Fonte viva*. FEB Editora. Cap. 36)

Disse Jesus: fazei recostarem-se os homens [...].

João 6:10

Tende calma

Esta passagem do Evangelho de João é das mais significativas. Verifica-se quando a multidão de quase cinco mil pessoas tem necessidade de pão, no isolamento da natureza.

Os discípulos estão preocupados.

Filipe afirma que duzentos dinheiros não bastarão para atender à dificuldade imprevista.

André conduz ao Mestre um jovem que trazia consigo cinco pães de cevada e dois peixes.

Todos discutem.

Jesus, entretanto, recebe a migalha sem descrer de sua preciosa significação e manda que todos se assentem, pede que haja ordem, que se faça harmonia. E distribui o recurso com todos, maravilhosamente.

A grandeza da lição é profunda.

Os homens esfomeados de paz reclamam a assistência do Cristo. Falam n'Ele, suplicam-lhe socorro, aguardam-lhe as manifestações. Não conseguem, todavia, estabelecer a ordem em si mesmos, para a recepção dos recursos celestes. Misturam Jesus com as suas imprecações, suas ansiedades loucas e seus desejos criminosos. Naturalmente se desesperam, cada vez mais desorientados, porquanto não querem ouvir o convite à calma, não se assentam para que se faça a ordem, persistindo em manter o próprio desequilíbrio.

(*Caminho, verdade e vida*. FEB Editora. Cap. 25)

E, como estavam fartos, diz aos seus discípulos: recolhei os pedaços {de pães} que sobraram, para que nada se perca.

João 6:12

Lei do uso

Observada a lei do uso, a miséria fugirá do caminho humano.

Contra o desperdício e a avareza, é imperioso o trabalho de cada um, porque, identificado o equilíbrio, o serviço da justiça econômica estará completo, desde que a boa vontade habite com todos.

A passagem evangélica que descreve o trabalho de alimento à multidão assinala significativas palavras do Senhor quanto às sobras de pão, transmitindo ensinamento de profunda importância aos discípulos.

Geralmente, o aprendiz sincero, nos primeiros deslumbramentos da fé reveladora, deseja desfazer-se nas atividades de benemerência, sem base na harmonia real.

Aí temos, indiscutivelmente, louvável impulso, mas, ainda mesmo na distribuição dos bens materiais, é indispensável evitar o descontrole e o excesso.

O Pai não suprime o inverno, porque alguns dos seus filhos se queixam do frio, mas equilibra a situação, dando-lhes coberturas.

A caridade reclama entusiasmo; entretanto, exige também discernimento generoso, que não incline o coração à secura.

Na grande assembleia de necessitados do monte, por certo, não faltariam preguiçosos e perdulários prontos a inutilizar a parte restante de pão, sem necessidade justa. Jesus, porém, antes que os levianos se manifestassem, recomendou claramente: "Recolhei os pedaços que sobejaram, para que nada se perca."

É que, em todas as coisas, o homem deverá reconhecer que o

uso é compreensível na Lei, desprezando o abuso que é veneno mortal nas fontes da vida.

(*Pão nosso*. FEB Editora. Cap. 171)

Jo
6:12

> *Em resposta a eles, disse Jesus: amém, amém, vos digo: buscais a mim não porque vistes sinais mas porque comestes dos pães e vos saciastes.*

João 6:26

Sinais do céu[18]

Como ao tempo do Cristo, numerosas pessoas se acercam dos círculos religiosos, pedindo as provas do céu.

Comumente, os católicos romanos rogam "milagres", os espiritistas esperam "fenômenos", os protestantes reclamam "experiências".

Os raciocínios que chegam do exterior, entretanto, cooperam no esforço, mas não resolvem o problema da vida.

O homem está sempre rodeado de sinais do céu. A questão não é de exibir fatos: resume-se em possuir a necessária visão espiritual para compreendê-los.

A operação mais simples da natureza revela o mecanismo sagrado que a fez surgir, na vibração do poder criador da Divindade. Mas, são raros os homens que observam além da superfície. Eis porque, entendendo as criaturas, afirmou o Mestre que seus discípulos sinceros não o procuram pelos sinais que hajam visto, fortuitamente, mas pelo pão de vida e de bom ânimo que receberam de suas mãos generosas.

Depois de provar-lhe a excelência divina, no santuário da vida interior, compreendem que só o Cristo ensina, com eficácia, só ele sugere com sabedoria, só ele exemplifica o amor sem mácula.

Atingindo essa compreensão, o discípulo conhece que a Terra oferece muito pão para o corpo, mas que a fome da alma só o do Cristo sacia.

(*Reformador*, fev. 1941, p. 32)

---

[18] Texto publicado em *Segue-me!...* Ed. O Clarim. Cap. "Sinais do céu", com pequenas alterações.

Então disseram-lhe: que sinal, pois, fazes tu para que vejamos e creiamos em ti? [...]

João 6:30

Demonstrações do céu

Em todos os tempos, quando alguém na Terra se refere às coisas do Céu, verdadeira multidão de indagadores se adianta pedindo demonstrações objetivas das verdades anunciadas.

Assim é que os médiuns modernos são constantemente assediados pelas exigências de quantos se colocam à procura da vida espiritual.

Esse é vidente e deve dar provas daquilo que identifica.

Aquele escreve em condições supranormais e é constrangido a fornecer testemunho das fontes de sua inspiração.

Aquele outro materializa os desencarnados e, por isso, é convocado ao teste público.

Todavia, muita gente se esquece de que todas as criaturas do Senhor exteriorizam os sinais que lhes dizem respeito.

O mineral é reconhecido pela utilidade.

A árvore é selecionada pelos frutos.

O firmamento espalha mensagens de luz.

A água dá notícias do seu trabalho incessante.

O ar esparge informações, sem palavras, do seu poder na manutenção da vida.

E entre os homens prevalecem os mesmos imperativos.

Cada irmão de luta é examinado pelas suas características.

O tolo dá-se a conhecer pelas puerilidades.

O entendido revela mostras de prudência.

O melhor demonstra as virtudes que lhe são peculiares.

Desse modo, o aprendiz do Evangelho, ao solicitar revelações do Céu para a jornada da Terra, não deve olvidar as necessidades de revelar-se firmemente disposto a caminhar para o Céu.

Houve dia em que a turba vulgar dirigiu-se ao próprio Salvador que a beneficiava, perguntando: "Que sinal fazes Tu para que o vejamos, e creiamos em ti?"

Imagina, pois, que, se ao Senhor da Vida foi dirigida semelhante interrogativa, que indagação não se fará do Alto a nós outros, toda vez que rogarmos sinais do Céu, a fim de atendermos ao nosso simples dever?

Jo 6:30

(*Fonte viva*. FEB Editora. Cap. 92)

[...] Moisés não vos deu o pão do céu, mas meu Pai vos dá o verdadeiro pão do céu.

João 6:32

O pão divino

Toda arregimentação religiosa na Terra não tem escopo maior que o de preparar as almas, ante a grandeza da vida espiritual.

Templos de pedra arruínam-se.
Princípios dogmáticos desaparecem.
Cultos externos modificam-se.
Revelações ampliam-se.
Sacerdotes passam.

Todos os serviços da fé viva representam, de algum modo, aquele pão que Moisés dispensou aos hebreus, alimento valioso sem dúvida, mas que sustentava o corpo apenas por um dia, e cuja finalidade primordial é a de manter a sublime oportunidade da alma em busca do verdadeiro pão do Céu.

O Espiritismo Evangélico, nos dias que correm, é abençoado celeiro desse pão. Em suas linhas de trabalho, há mais certeza e esperança, mais entendimento e alegria.

Esteja, porém, cada companheiro convencido de que o esforço pessoal no pão divino para a renovação, purificação e engrandecimento da alma há de ser culto dominante no aprendiz ou prosseguiremos nas mesmas obscuridades mentais e emocionais de ontem.

Observações de ordem fenomênica destinam-se ao olvido.
Afirmativas doutrinárias elevam-se para o bem.
Horizontes do conhecimento dilatam-se ao infinito.
Processos de comunicação com o invisível progridem sempre.
Médiuns sucedem-se uns aos outros.

Se procuras, pois, a própria felicidade, aplica-te com todas as energias ao aproveitamento do pão divino que desce do Céu para o teu coração, por meio da palavra dos benfeitores espirituais, e aprende a subir, com a mente inflamada de amor e luz, aos inesgotáveis celeiros do pão celestial.

Jo 6:32

(*Vinha de luz*. FEB Editora. Cap. 173)

Eu sou o pão da vida.

João 6:48

Pão[19]

Importante considerar a afirmativa de Jesus, comparando-se ao pão.

Todos os povos, em todos os tempos, se ufanam dos pratos nacionais.

As mesas festivas, em todas as épocas, banqueteiam-se com viandas exóticas. Condimentação excitante, misturas complicadas, confeitos extravagantes, grande cópia de animais sacrificados.

Às vezes, depois das iguarias tóxicas, as libações de entontecer.

O pão, no entanto, é o alimento popular. Ainda mesmo quando varie nos ingredientes que o compõem e nos métodos de confecção em que se configura, é constituído de farinha amassada e vulgarmente fermentada e que, depois de submetida ao calor do forno, se transforma em fator do sustento mundial. Sempre o mesmo, na avenida ou na favela, na escola ou no hospital. Se lhe adicionam outra espécie de quitute, entre duas fatias, deixa de ser pão. É sanduíche. Se lançado à formação de acepipe que o absorva, naturalmente desaparece.

O pão é invariavelmente pão.

Quando alguém te envolva no confete da lisonja, insuflando-te vaidade, não te dês à superestimação dos próprios valores. Não te acredites em condições excepcionais e nem te situes acima dos outros.

Abraça nos deveres diários o caminho da ascensão, recordando que Jesus — o Enviado divino e Governador espiritual da

---

[19] Texto publicado em *Palavras de vida eterna*. Ed. Comunhão Espírita Cristã. Cap. 134.

Terra — não achou para si mesmo outra imagem mais nobre e mais alta que a do pão puro e simples.

(*Reformador*, abr. 1963, p. 74)

Jo
6:48

[...] Dura é esta palavra; quem pode ouvi-la?

João 6:60

Lição viva

O Cristianismo é a suprema religião da verdade e do amor, convocando corações para a vida mais alta.

Em vista de religião traduzir religamento, é primordial voltarmo-nos para Deus, tornarmos ao campo da Divindade.

Jesus apresentou a sua plataforma de princípios imortais. Rasgou os caminhos. Não enganou a ninguém, relativamente às dificuldades e obstáculos.

É necessário, esclareceu o Senhor, negarmos a vaidade própria, arrependermo-nos de nossos erros e convertermo-nos ao bem.

O Evangelista assinalou a observação de muitos dos discípulos: "Duro é este discurso; quem o pode ouvir?"

Sim, efetivamente é indispensável romper com as alianças da queda e assinar o pacto da redenção. É imprescindível seguir nos caminhos daquele que é a luz de nossa vida.

Para isso, as palavras brilhantes e os artifícios intelectuais não bastam. O problema é de "quem pode ouvir" a divina Mensagem, compreendendo-a com o Cristo e seguindo-lhe os passos.

(*Caminho, verdade e vida*. FEB Editora. Cap. 176)

[...] as palavras que eu vos disse são espírito e são vida.

João 6:63

Ante a palavra do Cristo[20]

Em todos os tempos surgem no mundo grandes Espíritos que manejam a palavra, impressionando multidões; entretanto, falam em âmbito circunscrito, ainda quando se façam ouvidos em vários continentes.

Dante define uma época.

Camões exalta uma raça.

Shakespeare configura as experiências de um povo.

Voltaire exprime determinada transformação social.

A palavra de Jesus, no entanto, transcende lavores artísticos, joias literárias, plataformas políticas, postulados filosóficos, fórmulas estanques. Dirige-se a todas as criaturas da Terra, com absoluta oportunidade, estejam elas nesse ou naquele campo de evolução.

É por isso que a Doutrina Espírita a reflete, não por mera reforma dos conceitos superficiais do movimento religioso, à maneira de quem desmontasse antigo prédio para dar disposição diferente aos materiais que o integram, em novo edifício destinado a simples efeitos exteriores.

Os ensinamentos do Mestre, nos princípios espíritas-cristãos, constituem sistema renovador, indicação de caminho, roteiro de ação, diretriz no aperfeiçoamento de cada ser.

Quando os manuseies, não te julgues, assim, apenas como quem se vê à frente de um espetáculo de beleza, junto do qual devas tão somente chorar, seja nutrindo a fonte da própria emotividade ou penitenciando-te, quanto aos próprios erros.

Além das lágrimas, aprendamos igualmente a pensar, a purificar-nos, a reerguer-nos e servir.

---

[20] Texto publicado em *Palavras de vida eterna*. Ed. Comunhão Espírita Cristã. Cap. 118.

A necessidade da alma é semelhante à sede ou à fome, ao desajuste moral ou à moléstia, que são iguais em qualquer clima.

A lição do Cristo é também comparável à fonte e ao pão, ao fator equilibrante e ao medicamento, que são fundamentalmente os mesmos, em toda parte.

No trato, pois, de nós ou dos outros, é forçoso não olvidar que o próprio Senhor nos avisou de que as suas palavras são espírito e vida.

Jo 6:63

(*Reformador*, ago. 1962, p. 170)

Respondeu-lhe Simão Pedro: Senhor, a quem iremos? Tens palavras de vida eterna.

João 6:68

Palavras da Vida Eterna

Rodeiam-te as palavras, em todas as fases da luta e em todos os ângulos do caminho.

Frases respeitáveis que se referem aos teus deveres.

Verbo amigo trazido por dedicações que te reanimam e consolam.

Opiniões acerca de assuntos que te não dizem respeito.

Sugestões de variadas origens.

Preleções valiosas.

Discursos vazios que os teus ouvidos lançam ao vento.

Palavras faladas... Palavras escritas...

Dentre as expressões verbalistas articuladas ou silenciosas, junto das quais a tua mente se desenvolve, encontrarás, porém, as palavras da vida eterna.

Guarda teu coração à escuta.

Nascem do amor insondável do Cristo, como a água pura do seio imenso da Terra.

Muitas vezes te manténs despercebido e não lhes assinalas o aviso, o cântico, a lição e a beleza.

Vigia no mundo, isolado de ti mesmo, para que lhes não percas o sabor e a claridade.

Exortam-te a considerar a grandeza de Deus e a viver de conformidade com as Suas leis.

Referem-se ao planeta como sendo o nosso lar e à Humanidade como sendo a nossa família.

Revelam no amor o laço que nos une a todos.

Indicam no trabalho o nosso roteiro de evolução e aperfeiçoamento.

Descerram os horizontes divinos da vida e ensinam-nos a levantar os olhos para o mais alto e para o mais além.

"Palavras, palavras, palavras..."

Esquece aquelas que te incitam à inutilidade, aproveita quantas te mostram as obrigações justas e te ensinam a engrandecer a existência, mas não olvides as frases que te acordam para a luz e para o bem; elas podem penetrar o nosso coração, por meio de um amigo, de uma carta, de uma página ou de um livro, mas, no fundo, procedem sempre de Jesus, o Divino Amigo das Criaturas.

Jo 6:68

Retém contigo as palavras da vida eterna, porque são as santificadoras do espírito, na experiência de cada dia, e, sobretudo, o nosso seguro apoio mental nas horas difíceis das grandes renovações.

(Fonte viva. FEB Editora. Cap. 59)

Ninguém se retira

À medida que o Mestre revelava novas características de sua doutrina de amor, os seguidores, então numerosos, penetravam mais vastos círculos no domínio da responsabilidade. Muitos deles, em razão disso, receosos do dever que lhes caberia, afastaram-se, discretos, do cenáculo acolhedor de Cafarnaum.

O Cristo, entretanto, consciente das obrigações de ordem divina, longe de violar os princípios da liberdade, reuniu a pequena assembleia que restava e interrogou aos discípulos: "Também vós quereis retirar-vos?"

Foi nessa circunstância que Pedro emitiu a resposta sábia, para sempre gravada no edifício cristão.

Realmente, quem começa o serviço de espiritualidade superior com Jesus jamais sentirá emoções idênticas à distância d'Ele. A sublime experiência, por vezes, pode ser interrompida, mas nunca aniquilada. Compelido em várias ocasiões por impositivos da zona física, o companheiro do Evangelho sofrerá acidentes espirituais, submetendo-se a ligeiro estacionamento; contudo, não perderá definitivamente o caminho.

Quem comunga efetivamente no banquete da revelação cristã em tempo algum olvidará o Mestre amoroso que lhe endereçou o convite.

Jo 6:68

Por esse motivo, Simão Pedro perguntou com muita propriedade: "Senhor, para quem iremos nós?"

É que o mundo permanece repleto de filósofos, cientistas e reformadores de toda espécie, sem dúvida respeitáveis pelas concepções humanas avançadas de que se fazem pregoeiros; na maioria das situações, todavia, não passam de meros expositores de palavras transitórias, com reflexos em experiências efêmeras. Cristo, porém, é o Salvador das almas e o Mestre dos corações e, com Ele, encontramos os roteiros da vida eterna.

(*Pão nosso*. FEB Editora. Cap. 151)

Respondeu-lhes Jesus: não vos escolhi, os doze? Contudo, um de vós é o diabo.

João 6:70

O diabo

Quando a teologia se reporta ao diabo, o crente imagina, de imediato, o senhor absoluto do mal, dominando num inferno sem-fim.

Na concepção do aprendiz, a região amaldiçoada localiza-se em esfera distante, no seio de tormentosas trevas...

Sim, as zonas purgatoriais são inúmeras e sombrias, terríveis e dolorosas; entretanto, consoante a afirmativa do próprio Jesus, o diabo partilhava os serviços apostólicos, permanecia junto dos aprendizes e um deles se constituíra em representação do próprio gênio infernal. Basta isto para que nos informemos de que o termo "diabo" não indicava, no conceito do Mestre, um gigante de perversidade, poderoso e eterno, no espaço e no tempo. Designa o próprio homem quando algemado às torpitudes do sentimento inferior.

Daí concluirmos que cada criatura humana apresenta certa percentagem de expressão diabólica na parte inferior da personalidade.

Satanás simbolizará então a força contrária ao bem.

Quando o homem o descobre, no vasto mundo de si mesmo, compreende o mal, dá-lhe combate, evita o inferno íntimo e desenvolve as qualidades divinas que o elevam à espiritualidade superior.

Grandes multidões mergulham em desesperos seculares, porque não conseguiram ainda identificar semelhante verdade.

E, comentando esta passagem de João, somos compelidos a ponderar: "Se, entre os doze apóstolos, um havia que se convertera em diabo, não obstante a missão divina do círculo que se destinava à transformação do mundo, quantos existirão em cada grupo de homens comuns na Terra?"

(*Pão nosso*. FEB Editora. Cap. 164)

Jo
6:70

Então Jesus lhes diz: o meu tempo ainda não chegou, mas o vosso tempo está sempre pronto.

João 7:6

Oportunidade

O mau trabalhador está sempre queixoso. Quando não atribui sua falta aos instrumentos em mão, lamenta a chuva, não tolera o calor, amaldiçoa a geada e o vento.

Esse é um cego de aproveitamento difícil, porquanto somente enxerga o lado arestoso das situações.

O bom trabalhador, no entanto, compreende, antes de tudo, o sentido profundo da oportunidade que recebeu. Valoriza todos os elementos colocados em seus caminhos, como respeita as possibilidades alheias. Não depende das estações. Planta com o mesmo entusiasmo as frutas do frio e do calor. É amigo da natureza, aproveita-lhe as lições, tem bom ânimo, encontra na aspereza da semeadura e no júbilo da colheita igual contentamento.

Nesse sentido, a lição do Mestre reveste-se de maravilhosa significação. No torvelinho das incompreensões do mundo, não devemos aguardar o reino do Cristo como realização imediata, mas a oportunidade dos homens é permanente para a colaboração perfeita no Evangelho, a fim de edificá-lo.

Os cegos de espírito continuarão queixosos; no entanto, os que acordaram para Jesus sabem que sua época de trabalho redentor está pronta, não passou, nem está por vir. É o dia de hoje, é o ensejo bendito de servir, em nome do Senhor, aqui e agora...

(*Caminho, verdade e vida*. FEB Editora. Cap. 73)

Respondeu a turba: tens daimon. Quem procura te matar?

João 7:20

Opiniões convencionais

Não te prendas excessivamente aos juízos da multidão. O convencionalismo e o hábito possuem sobre ela forças vigorosas.

Se toleras ofensas com amor, chama-te covarde.

Se perdoas com desinteresse, considera-te tolo.

Se sofres com paciência, nega-te valor.

Se espalhas o bem com abnegação, acusa-te de louco.

Se adquires característicos do amor sublime e santificante, julga-te doente.

Se desestimas os gozos vulgares, classifica-te de anormal.

Se te mostras piedoso, assevera que te envelheceste e cansaste antes do tempo.

Se adotas a simplicidade por norma, ironiza-te às ocultas.

Se respeitas a ordem e a hierarquia, qualifica-te de bajulador.

Se reverencias a Lei, aponta-te como medroso.

Se és prudente e digno, chama-te fanático e perturbado.

No entanto, essa mesma multidão, pela voz de seus maiorais, ensina o amor aos semelhantes, o culto da legalidade e a religião do dever. Em seus círculos, porém, o excesso de palavras não permite, por enquanto, o reinado da compreensão.

É indispensável suportar-lhe a inconsciência para atendermos com proveito às nossas obrigações perante Deus.

Não te irrites, nem desanimes.

O próprio Jesus foi alvo, sem razão de ser, dos sarcasmos da opinião pública.

(*Caminho, verdade e vida*. FEB Editora. Cap. 177)

Dizem a ele: Mestre, esta mulher foi apanhada, em flagrante, adulterando.

João 8:4

E o adúltero?

O caso da pecadora apresentada pela multidão a Jesus envolve considerações muito significativas, referentemente ao impulso do homem para ver o mal nos semelhantes, sem enxergá-lo em si mesmo.

Entre as reflexões que a narrativa sugere, identificamos a do errôneo conceito de adultério unilateral.

Se a infeliz fora encontrada em pleno delito, onde se recolhera o adúltero que não foi trazido a julgamento pelo cuidado popular? Seria ela a única responsável? Se existia uma chaga no organismo coletivo, requisitando intervenção a fim de ser extirpada, em que furna se ocultava aquele que ajudava a fazê-la?

A atitude do Mestre, naquela hora, caracterizou-se por infinita sabedoria e inexcedível amor. Jesus não podia centralizar o peso da culpa na mulher desventurada e, deixando perceber o erro geral, indagou dos que se achavam sem pecado.

O grande e espontâneo silêncio que então se fez constituiu resposta mais eloquente que qualquer declaração verbal.

Ao lado da mulher adúltera permaneciam também os homens pervertidos, que se retiraram envergonhados.

O homem e a mulher surgem no mundo com tarefas específicas que se integram, contudo, num trabalho essencialmente uno, dentro do plano da evolução universal. No capítulo das experiências inferiores, um não cai sem o outro, porque a ambos foi concedido igual ensejo de santificar.

Se as mulheres desviadas da elevada missão que lhes cabe prosseguem sob triste destaque no caminho social, é que os adúlteros continuam ausentes da hora de juízo, tanto quanto no momento da célebre sugestão de Jesus.

(*Pão nosso*. FEB Editora. Cap. 85)

Jo
8:4

Na Lei, nos ordenou Moisés serem apedrejadas tais [mulheres]. Portanto, que dizes tu?

João 8:5

Consultas

Várias vezes o espírito de má-fé cercou o Mestre, com interrogações, aguardando determinadas respostas pelas quais o ridicularizaria. A palavra d'Ele, porém, era sempre firme, incontestável, cheia de sabor divino.

Referimo-nos ao fato para considerar que semelhantes anotações convidam o discípulo a consultar sempre a sabedoria, o gesto e o exemplo do Mestre.

Os ensinamentos e atos de Jesus constituem lições espontâneas para todas as questões da vida.

O homem costuma gastar grandes patrimônios financeiros nos inquéritos da inteligência. O parecer dos profissionais do direito custa, por vezes, o preço de angustioso sacrifício.

Jesus, porém, fornece opiniões decisivas e profundas, gratuitamente. Basta que a alma procure a oração, o equilíbrio e a quietude. O Mestre falar-lhe-á na Boa-Nova da redenção.

Frequentemente, surgem casos inesperados, problemas de solução difícil. Não ignora o homem o que os costumes e as tradições mandam resolver, de certo modo; no entanto, é indispensável que o aprendiz do Evangelho pergunte, no santuário do coração: "Tu, porém, Mestre, que me dizes a isto?"

E a resposta não se fará esperar como divina luz no grande silêncio.

(*Caminho, verdade e vida*. FEB Editora. Cap. 43)

Mas como continuavam a interrogá-lo, desencurvou-se e lhes disse: quem dentre vós estiver sem pecado atire sobre ela a primeira pedra.

João 8:7

Pena de morte

Todos os fundadores das grandes instituições religiosas, que ainda hoje influenciam ativamente a comunidade humana, partiram da Terra com a segurança do trabalhador ao fim do dia.

Moisés, ancião, expira na eminência do Nebo, contemplando a Canaã prometida.

Sidarta, o iluminado construtor do Budismo, depois de abençoada peregrinação entre os homens, abandona o corpo físico, num horto florido de Kucinagara.

Confúcio, o sábio que plasmou todo um sistema de princípios morais para a vida chinesa, encontra a morte num leito pacífico, sob a vigilância de um neto afetuoso.

E, mais tarde, Maomé, o criador do Islamismo, que consentiu em ser adorado pelos discípulos, na categoria de imortal, sucumbe em Medina, dentro de sólida madureza, atacado pela febre maligna.

Com Jesus, entretanto, a despedida é diferente.

O divino fundador do Cristianismo, que define a Religião universal do Amor e da Sabedoria, em plena vitalidade juvenil, é detido pela perseguição gratuita e trancafiado no cárcere.

Ninguém lhe examina os antecedentes, nem lhe promove recursos à defensiva.

Negado pelos melhores amigos, encontra-se sozinho, entre juízes astuciosos, qual ovelha esquecida em meio de chacais.

Aliam-se o egoísmo e a crueldade para sentenciá-lo ao sacrifício supremo.

Herodes, patrono da ordem pública, chamado a pronunciar-se em seu caso, determina se lhe dê o tratamento cabível aos histriões.

Pilatos, responsável pela justiça, abstém-se de conferir-lhe o direito natural.

E, entregue à multidão amotinada na cegueira de espírito, é preferido a Barrabás, o malfeitor, para sofrer a condenação insólita.

Decerto, para induzir-nos à compaixão, aceitou Jesus padecer em silêncio os erros da justiça terrestre, alinhando-se, na cruz, entre os injuriados e as vítimas sem razão, de todos os tempos da humanidade.

Jo 8:7

Cristãos de todas as interpretações do Evangelho e de todos os quadrantes do mundo, atentos à exemplificação do eterno Benfeitor, apartai o criminoso do crime, como aprendestes a separar o enfermo da enfermidade!

Educai o irmão transviado, quanto curais o companheiro doente!

Desterrai, em definitivo, a espada e o cutelo, o garrote e a forca, a guilhotina e o fuzil, a cadeira elétrica e a câmara de gás dos quadros de vossa penologia, e oremos, todos juntos, suplicando a Deus nos inspire paciência e misericórdia, uns para com os outros, porque, ainda hoje, em todos os nossos julgamentos, será possível ouvir, no ádito da consciência, o aviso celestial do nosso divino Mestre, condenado à morte sem culpa: "Quem estiver sem pecado, atire a primeira pedra!".

(*Religião dos espíritos*. FEB Editora. Cap. "Pena de morte")

Pergunta 63 do livro *O consolador*

Pergunta: Considerando a determinação positiva do *não julgueis*, como poderemos discernir o bem do mal, sem julgamento?

Resposta: Entre julgar e discernir, há sempre grande distância. O ato de julgar para a especificação de consequências definitivas pertence à Autoridade divina, porém, o direito da análise está instituído para todos os Espíritos, de modo que, discernindo o bem e o mal, o erro e a verdade, possam as criaturas traçar as diretrizes do seu melhor caminho para Deus.

(*O consolador*. FEB Editora. Pergunta 63)

Jo 8:7

Pergunta 64 do livro *O consolador*

Pergunta: Em face da lei dos homens, quando em presença do processo criminal, deve dar-se o voto condenativo, em concordância com o processo-crime, ou absolver o réu em obediência ao *não julgueis*?

Resposta: Na esfera de nossas experiências, consideramos que, à frente dos processos humanos, ainda quando as suas peças sejam condenatórias, deve-se recordar a figura do Cristo junto da pecadora apedrejada, pois que Jesus estava também perante um júri.

"Quem estiver sem pecado atire a primeira pedra" é a sentença que deveria lembrar, sempre, a nossa situação comum de Espíritos decaídos, para não condenar esse ou aquele dos nossos semelhantes. "Vai e não peques mais" deve ser a nossa norma de conduta dentro do próprio coração, afastando-se a erva do mal que nele viceje.

Nos processos públicos, a autoridade judiciária, como peça integrante da máquina do Estado no desempenho de suas funções especializadas, deve saber onde se encontra o recurso conveniente para o corretivo ou para a reeducação do organismo social, mobilizando, nesse mister, os valores de sua experiência e de suas responsabilidades.

Individualmente, porém, busquemos aprender que se podemos "julgar" alguma coisa, julguemo-nos, sempre, em primeiro lugar, como o irmão mais próximo daquele a quem se atribui um crime ou uma falta, a fim de estarmos acordes com Aquele que é a luz dos nossos corações.

Nas horas comuns da existência, procuremos a luz evangélica para analisar o erro e a verdade, discernir o bem e o mal; todavia, no instante dos julgamentos definitivos, entreguemos os processos a Deus, que, antes de nós, saberá sempre o melhor caminho da regeneração dos seus filhos transviados.

(*O consolador*. FEB Editora. Pergunta 64)

Lesões afetivas[21]

Jo 8:7

(*Momentos de ouro*. Ed. GEEM. Cap. 31)

---

[21] N.E.: A GEEM não autorizou a cessão de direito de uso para transcrição desta mensagem. Para facilitar o acesso à informação, a FEB Editora manteve a indicação da fonte referente àquela instituição.

> *E, inclinando-se novamente, escrevia na terra.*

João 8:8

Como falas? Como escreves?[22]

Quanta gente não abusará dos recursos da escrita, por veicular imposições e difundir enganos na Terra? Quantos espíritos, mesmo desencarnados, valem-se dessa possibilidade para atender a venenosos caprichos individuais? Aqui escreve-se para a consecução de determinados objetivos inferiores, além, aproveitam-se publicações para o mercado de propósitos subalternos.

Quantas vezes, nós mesmos, teremos movimentado o jornal ou o livro, pretendendo impor nossa interpretação individual?

Quem escreve precisará lutar contra numerosas leviandades que ameaçam o espírito. É indispensável guardar-se todos os dias. E, nessa vigilância justa, será razoável lembrar a posição de Jesus que não deixou livros ou pergaminhos, legando-nos, apesar disso, os tesouros da vida imperecível.

Importa considerar, no entanto, que o Mestre divino escreveu na Terra.

Nunca encontraste o simbolismo profundo desse gesto de Cristo?

Quem poderá passar no planeta sem grafar alguma ideia nos caminhos do mundo? Nem todo homem gravará páginas, mas todos escreverão na Terra a história de sua passagem comum.

No campo, traçará leiras, plantará árvores, modificará paisagens; nas cidades construirá oficinas, instituirá universidades, levantará edifícios.

---

[22] Texto publicado em *Plantão da paz*. Ed. GEEM. Cap. "Escrever na terra", com pequenas alterações.

A Terra é o grande livro que o Senhor nos deu aos serviços de formação espiritual.

Ainda que não percebas, estás escrevendo diariamente. Se és a criatura de entendimento frágil, se ainda não tens o contato com os ensinamentos do Cristo, não te descuides da escrita diária.

Vê o que gravas nas páginas da vida.

Tuas mãos e atitudes gravam sempre, a todo minuto, com as tintas luminosas ou sombrias do coração.

A Terra está registrando o que fazes.

Não manches o livro que o Pai nos confiou.

Auxilia, perdoa, trabalha, ama e serve, gastando sensatamente os recursos que o Céu te situou no caminho e nas mãos, como quem sabe que a Contabilidade divina a todos nos procura no grave instante do acerto justo.

(*Nós*. Ed. Cultura Espírita União. Cap. "Como falas? Como escreves?")

Jo 8:8

> *[...] Vai, e a partir de agora não peques mais.*

João 8:11

Preserva a ti próprio[23]

A semente valiosa que não ajudas pode perder-se.

A árvore tenra que não proteges permanece exposta à destruição.

A fonte que não amparas poderá secar-se.

A água que não distribuis forma pântanos.

O fruto não aproveitado apodrece.

A terra boa que não defendes é asfixiada pela erva inútil.

A enxada que não utilizas cria ferrugem.

As flores que não cultivas nem sempre se repetem.

O amigo que não conservas foge do teu caminho.

A medicação que não respeitas na dosagem e na oportunidade que lhe dizem respeito não te beneficia o campo orgânico.

Assim também é a Graça divina.

Se não guardas o favor do Alto, respeitando-o em ti mesmo, se não usas os conhecimentos elevados que recebes para benefício da própria felicidade, se não prezas a contribuição que te vem de cima, não te vale a dedicação dos mensageiros espirituais. Debalde improvisarão eles milagres de amor e paciência na solução de teus problemas, porque sem a adesão de tua vontade ao programa regenerativo, todas as medidas salvadoras resultarão imprestáveis.

"Vai, e não peques mais."

O ensinamento de Jesus é suficiente e expressivo.

O Médico divino proporciona a cura, mas se não a conservamos, dentro de nós, ninguém poderá prever a extensão

---

[23] Texto publicado em *Segue-me!...* Ed. O Clarim. Cap. "Não peques mais!".

e as consequências dos novos desequilíbrios que nos sitiarão a invigilância.

(*Pão nosso*. FEB Editora. Cap. 50)

Jo
8:11

Então novamente Jesus lhes falou, dizendo: Eu sou a Luz do mundo; quem me segue não anda em treva, mas terá a luz da vida.

João 8:12

Sigamo-lo

Há quem admire a glória do Cristo. Mas a admiração pura e simples pode transformar-se em êxtase inoperante.

Há quem creia nas promessas do Senhor. Todavia, a crença só por si pode gerar o fanatismo e a discórdia.

Há quem defenda a revelação de Jesus. Entretanto, a defesa considerada isoladamente pode gerar o sectarismo e a cegueira.

Há quem confie no divino Mestre. Contudo, a confiança estagnada pode ser uma força inerte.

Há quem espere pelo Eterno Benfeitor. No entanto, a expectativa sem trabalho pode ser ansiedade inútil.

Há quem louve o Salvador. Louvor exclusivo, porém, pode coagular a adoração improdutiva.

A palavra do Enviado Celeste, entretanto, é clara e incisiva: "Aquele que me segue não andará em trevas."

Se te afeiçoaste ao Evangelho não te situes por fora do serviço cristão.

Procuremos o Senhor, seguindo-lhe os passos.

Somente assim estaremos com o Cristo, recebendo-lhe a excelsa luz.

(*Fonte viva*. FEB Editora. Cap. 166)

Quem segue[24]

Há crentes que se não esquivam às imposições do culto exterior.

---

[24] Texto publicado em Harmonização. Ed. GEEM. Cap. "Quem siga", com alterações.

Reclamam a genuflexão e o público trovejante, de momento a momento.

Preferem outros o comentário leviano, acerca das atividades gerais da fé religiosa, confiando-se a querelas inúteis ou barateando os recursos divinos.

A multidão dos seguidores, desse tipo, costuma declarar que as atitudes externas e as discussões doentias representam para ela sacrossanto dever; contudo, tão logo surgem inesperados golpes do sofrimento ou da experiência na estrada vulgar, precipita-se em sombrio desespero, recolhendo-se em abismos sem esperança.

Jo 8:12

Nessas horas cinzentas, os aprendizes sentem-se abandonados e oprimidos, mostrando a insuficiência interna. Muitos se fazem relaxados nas obrigações, afirmando-se desprotegidos de Jesus ou esquecidos do Céu.

Isso ocorre, porém, porque não ouviram a revelação divina, qual se faz necessário.

O Mestre não prometeu claridade à senda dos que apenas falam e creem. Assinou, no entanto, real compromisso de assistência contínua aos discípulos que o seguem. Nesse passo, é importante considerar que Jesus não se reporta a lâmpadas de natureza física, cujas irradiações ferem os olhos orgânicos. Assegurou a doação de luz da vida. Quem efetivamente se dispõe a acompanhá-lo, não encontrará tempo a gastar com exames particularizados de nuvens negras e espessas, porque sentirá a claridade eterna dentro de si mesmo.

Quando fizeres, pois, o costumeiro balanço de tua fé, repara, com honestidade imparcial, se estás falando apenas do Cristo ou se procuras seguir-lhe os passos, no caminho comum.

(*Vinha de luz*. FEB Editora. Cap. 146)

União em Jesus

Em matéria de fé, cremos, discutimos, pregamos, ensinamos, advertimos, confrontamos, estudamos, anotamos, titulamos, criticamos, julgamos, analisamos, apreciamos, imaginamos,

Jo
8:12

polemizamos, criamos artigos de crença, mas, em verdade, somos informados e instruídos, no entanto, estamos conscientes com relação aos princípios e designações que assumimos?

Raros amigos poderão responder afirmativamente. [...]

Para conscientizarmo-nos, porém, será preciso acompanhar Jesus, assimilando-lhe os ensinamentos.

Entendendo a complexidade da conscientização, acolhemo-nos, assim, às lições vivas do divino Mestre e, respeitosamente, retiramos nossas elucidações de significativo trecho do Evangelho do Apóstolo João, quando o Senhor nos assevera, categórico, no versículo 12 do Capítulo VIII, do Evangelho do Apóstolo referido:

"Eu sou a luz do mundo; quem me segue não andará em trevas, mas, pelo contrário terá a luz da vida — João: Cap. VIII — vers. 12". [...]

Falar em conscientização mais do que o eterno Amigo seria para nós pretensão ou desperdício verbal.

Estudemos, trabalhemos, compreendamos e sirvamos, seguindo realmente os ensinos e exemplos do Cristo de Deus.

Conscientizemo-nos, pois.

(*União em Jesus*. Ed. Cultura Espírita União. Prefácio – "União em Jesus")

Conduta espírita

Abraçando o Espiritismo, pedes, a cada passo, orientação para as atitudes que a vida te solicita. [...]

Certa feita, disse o divino Mestre: "Quem me serve, siga-me", e, noutra circunstância, afirmou: "Quem me segue não anda em trevas."

Reconhecemos, assim, que não basta admirar o Cristo e divulgar-lhe os preceitos. É imprescindível acompanhá-lo para que estejamos na bênção da luz.

Para isso, é imperioso lhe busquemos a lição pura e viva. De igual modo acontece na Doutrina Espírita, que lhe revive o apostolado de redenção.

Quem procure servi-la, deve atender-lhe as indicações. E quem assim proceda, em parte alguma sofrerá dúvidas e sombra. [...]

(*Conduta espírita*. FEB Editora. Prefácio.)

Na Lei do auxílio

Jo 8:12

Quando pedimos auxílio, é justo pensar no auxílio imprescindível que devemos a nós.

Tudo indica, nos caminhos da vida, que as regras do bem somente valem se a criatura lhes substancializa os princípios.

O esquema de estudo, no educandário, é o mesmo tesouro de luz para a comunidade dos aprendizes, no entanto, cada jovem revela um tipo determinado de aproveitamento das lições recebidas.

Os estatutos de uma organização policial, de natureza superior, constituem avisos da justiça, mas a aplicação deles varia, segundo a diretriz das autoridades que os representam.

O regime do hospital é conjunto de instruções enobrecidas, visando a proteção dos enfermos, todavia, o êxito delas reclama a disciplina e o concurso dos internados.

As disposições do trânsito definem as sugestões valiosas daqueles que se desvelam pela tranquilidade pública, no entanto, a segurança geral depende do respeito com que as observem pedestres e motoristas.

O plano de um estabelecimento industrial lança normas corretas para a dignificação do trabalho, mas a eficiência da fábrica se desenvolve na medida do serviço dos braços que a servem.

É naturalmente da Vontade divina que todos sejamos auxiliados, entretanto, é forçoso convir que a nossa vontade humana deve dispor-se a ser auxiliada para que a divina Vontade nos auxilie.

Prometeu-nos Jesus: "Quem me segue não anda em trevas". O Senhor não se obrigava a clarear aos que apenas lhe aceitassem as verdades e sim aos que lhe aderissem ao próprio caminho. E, confirmando-lhe o enunciado, Kardec insculpiu, na codificação da Doutrina Espírita, o preceito insofismável: "Ajuda a ti mesmo e o Céu te ajudará".

(*Canais da vida*. Ed. Cultura Espírita União. Cap. 7)

Jo
8:12

Benfeitores desencarnados

Perceberás, sem dificuldade, a presença deles.

Onde as vozes habituadas a escarnecer se mostram a ponto de condenar, eles falam a palavra da compaixão e do entendimento.

Onde as cruzes se destacam, massacrando ombros doridos, eles surgem, de inesperado, por cireneus silenciosos, amparando os que caíram em desagrado e abandono.

Onde os problemas repontam, graves, prenunciando falência, eles semeiam a fé, cunhando valores novos de trabalho e esperança.

Onde as chagas se aprofundam, dilacerando corpo e alma, eles se convertem no remédio que sustenta a força e restaura a vida.

Onde o enxurro da ignorância cria a erosão do sofrimento, no solo do espírito, eles plantam a semente renovadora da elevação, regenerando o destino.

Onde os homens desistem de auxiliar, eles encontram vias diferentes de ação para a vitória do Amor infinito.

Anseias pela convivência dos benfeitores desencarnados, com residência nos Planos superiores, e tê-los-ás contigo, se quiseres.

Guarda, porém, a convicção de que todos eles são agentes do bem para todos e com todos, buscando agir através de todos em favor de todos.

Disse Jesus: "Quem me segue não anda em trevas."

Se acompanhas os bons Espíritos que, em tudo e por tudo, se revelam companheiros fiéis do Cristo, deixarás para sempre as sombras da retaguarda e avançarás para Deus, sob a glória da luz.

(*Seara dos médiuns*. FEB Editora. Cap. "Benfeitores desencarnados")

Seguirás a luz[25]

Jo 8:12

Reconhecerás os potenciais divinos do coração humano, não só para que não faltes ao culto da gratidão, mas também para que não falhes à expectativa do Mestre e Senhor que te permitiu lhe trouxesses o nome na fachada dos compromissos.

Muitos dirão que a humanidade atingiu a bancarrota moral, que a civilização retrocedeu, que o mal invadiu a moradia terrestre, que nenhum bem resta mais a fazer...

Continuarás, porém, crendo no homem e na sua capacidade infinita de renovação e sublimação.

Muitos desancam. De tua parte, servirás, leal ao teu posto.

Esquecerás os profetas do desânimo e os mentores do pessimismo, que despendem o tesouro das horas comprando arrependimento com a palavra corrompida em torno dos problemas da Terra em transição, e cumprirás os deveres que assumiste, ainda que para isso te vejas sob o imperativo de jugular os teus ímpetos à reação, diante do mal, com o que apenas favorecerias a desordem.

Armar-te-ás de entendimento e abnegação, tolerância e conformidade, a fim de que possas formar entre os lidadores que sustentam o combate multissecular e incessante da criatura humana contra a força das trevas.

Inspirar-te-ás naqueles a quem os povos de hoje devem a sua estabilidade e grandeza!... Lembrar-te-ás desses milhões de apóstolos desconhecidos!... Dos professores que se apagaram para que os discípulos fulgurassem; dos pais que se esqueceram entre as paredes domésticas, para que os filhos conseguissem crescer, cooperando no levantamento de um mundo melhor; dos que retiveram o ouro sem egoísmo,

---

[25] Texto publicado em *Alma e coração*. Ed. Pensamento. Cap. 15, com pequenas alterações.

Jo
8:12

empregando-o, criteriosamente, na formação do trabalho e do progresso, da beneficência e da instrução; dos que se ofereceram em holocausto à ciência, para que os hospitais defendessem a vida contra a morte; dos que desistiram do conforto pessoal a fim de se consagrarem à palavra ou à pena, em horários de sacrifício, sem remuneração estabelecida na Terra, para que não escasseassem esclarecimento e consolo à mente popular; dos que desencarnaram fiéis às responsabilidades que esposaram pelo bem dos outros, conquanto pudessem haver repousado nos dias que os aproximavam da morte, pela imposição do cansaço físico; dos que voluntariamente tomaram sobre os próprios ombros os encargos dos companheiros que desertaram das boas obras; dos que não permitiram que a injúria e a incompreensão, a calúnia ou a acusação indébita lhes impedissem o trabalho no amparo aos semelhantes!...

Não somente recordarás esses justos que acenderam a luz de teu caminho, mas igualmente segui-los-ás, amando e servindo sempre!...

Corrigirás o mal com o bem, afastarás a agressão com a paciência, extinguirás o ódio com o amor, desfarás a condenação com a bênção.

Embora te sangrem os pés, palmilha com eles, os heróis anônimos do Bem eterno, a estrada íngreme da ascensão, na certeza de que à frente de todos esses pioneiros da imortalidade vitoriosa caminha Jesus, o excelso Amigo, que, um dia, nos prometeu com clareza e segurança: "Aquele que me segue não anda em trevas."

(*Reformador*, abr. 1968, p. 80)

Sigamos com Jesus

Perdidos no vale das sombras, padecíamos dolorosa cegueira espiritual, quando o Vidente divino veio até nós, fazendo claridade em nosso caminho para Deus.

O amor e o sacrifício, no trabalho do bem aos semelhantes, foram a senha de seu apostolado.

Não obstante nossos desvios e enfermidades, apesar das trevas em que nos mergulhávamos, não nos considerou imprestáveis para a continuação do reino celeste na Terra. Estendeu-nos mãos salvadoras e abriu-nos sublime campo de atividade renovadora.

Jo 8:12

Por que não imitarmos o exemplo do Mestre, diante dos companheiros temporariamente privados da luz?

O cego não é inválido, nem inútil. É nosso irmão aguardando concurso fraterno, a fim de habilitar-se para mais amplo serviço ao Senhor, à humanidade e a si mesmo.

Ampará-lo é simplesmente dever.

Auxiliemo-lo, assim, a vencer na jornada sombria, seguindo os passos d'Aquele que nos declarou há quase vinte séculos: "Eu sou a luz do mundo – quem me segue não anda em trevas."

(*Saudação do Natal*. Ed. Cultura Espírita União. Cap. "Sigamos com Jesus")

E conhecereis a Verdade e a Verdade vos libertará.

João 8:32

Ante a luz da Verdade

A palavra do Mestre é clara e segura.

Não seremos libertados pelos "aspectos da verdade" ou pelas "verdades provisórias" de que sejamos detentores no círculo das afirmações apaixonadas a que nos inclinemos.

Muitos, em política, filosofia, ciência e religião, se afeiçoam a certos ângulos da verdade e transformam a própria vida numa trincheira de luta desesperada, a pretexto de defendê-la, quando não passam de prisioneiros do "ponto de vista".

Muitos aceitam a verdade, estendem-lhe as lições, advogam-lhe a causa e proclamam-lhe os méritos, entretanto, a verdade libertadora é aquela que conhecemos na atividade incessante do eterno Bem.

Penetrá-la é compreender as obrigações que nos competem.

Discerni-la é renovar o próprio entendimento e converter a existência num campo de responsabilidade para com *o melhor.*

Só existe verdadeira liberdade na submissão ao dever fielmente cumprido.

Conhecer, portanto, a verdade é perceber o sentido da vida.

E perceber o sentido da vida é crescer em serviço e burilamento constantes.

Observa, desse modo, a tua posição diante da Luz...

Quem apenas vislumbra a glória ofuscante da realidade, fala muito e age menos. Quem, todavia, lhe penetra a grandeza indefinível, age mais e fala menos.

(*Fonte viva*. FEB Editora. Cap. 173)

Na luz da verdade[26]

Nenhuma espécie de amor humano pode comparar-se ao divino Amor.

Semelhante apontamento deve ser mencionado, toda vez que nos inclinemos a violentar o pensamento alheio.

A Bondade suprema, que é sempre a bondade invariável, deixa livres as criaturas para a aquisição do conhecimento.

Jo 8:32

A vontade do Espírito é acatada pela Providência, em todas as manifestações, incluindo aquelas em que o homem se extravia na criminalidade, esposando obscuros compromissos.

A pessoa converte, pois, a vida naquilo que deseje, sob a égide da Justiça perfeita que reina em todos os distritos do universo, determinando seja concedido a cada um por suas obras.

Elegemos os tipos de experiência em que nos propomos estagiar, nessa ou naquela fase da evolução. Discórdia e tranquilidade, ação e preguiça, erro e corrigenda, débito e resgate são frutos de nossa escolha.

Respeitemo-nos, assim, uns aos outros.

Não intentes constranger o próximo a ler a cartilha da realidade por teus olhos, nem a interpretar os ensinamentos do cotidiano com a cabeça que te pertence.

A emancipação íntima surgirá para a consciência, à medida que a consciência se disponha a buscá-la.

Rememoremos as palavras do Cristo: "conhecereis a verdade e a verdade vos libertará." Note-se que o Mestre não designou lugar, não traçou condições, não estatuiu roteiros, nem especificou tempo. Prometeu simplesmente — "conhecereis a verdade", e, para o acesso à verdade, cada um tem o seu dia.

(*Reformador*, fev. 1963, p. 26)

---

[26] Texto publicado em *Palavras de vida eterna*. Ed. Comunhão Espírita Cristã. Cap. 130.

Ante os incrédulos[27]

Jo
8:32

Compadeçamo-nos dos incrédulos que se arremetem contra as verdades do espírito, intentando penetrá-las à força.

Semelhantes necessitados chegam de todas as procedências... De paisagens calcinadas pelo fogo do sofrimento, de caminhos que a provação encharca de pranto, de furnas da aflição em que jaziam acorrentados ao desespero. Outros existem que nos atingem as portas, conturbados pelo clima de irreflexão a que se afaziam, ou trazendo sarcasmos no pensamento imaturo, quais crianças bulhentas em recintos graves da escola.

Muitas vezes, nas trilhas da atividade cotidiana, somos tentados a categorizá-los por viajores de indesejável convívio; entretanto, os que surgem dementados pela dor e aqueles outros que se acomodam com a leviandade pela força da própria inexperiência, não serão igualmente nossos irmãos, diante de Deus? Certo que não nos é lícito entregar-lhes, em vão, energia e tempo, quando se mostrem distantes da sinceridade que devemos uns aos outros, mas, se anelam realmente aprendizado e renovação, saibamos auxiliá-los a compreender que pesquisa e curiosidade somente valem se acompanhadas de estudo sério e trabalho digno.

Estendamos, aos companheiros que o ateísmo enrijece, algo de nossas convicções que os ajude a refletir na própria imortalidade. Diligenciemos partilhar com eles o alimento da fé, na mesma espontaneidade de quem divide os recursos da mesa.

Todavia — perguntarás —, e se recusam, obstinados e irônicos, os bens que lhes ofertamos? e se nos apagam, a golpes de violência, as lanternas de amor que lhes acendamos na estrada?

Se indagações assim podem ser formuladas por nossa consciência tranquila, após o desempenho do nosso dever de fraternidade, será preciso consultar a lógica e a lógica nos dirá que eles são cegos de espírito que nos cabe amparar, em silêncio, na clínica da oração.

(*Reformador*, maio 1964, p. 121)

---

[27] Texto publicado em *Livro da esperança*. Ed. Comunhão Espírita Cristã. Cap. 63, com pequenas alterações.

Diante da fé[28]

(*Seguindo juntos*. Ed. GEEM. Cap. 5)

O caminho da paz

Jo 8:32

Dos grandes flagelos do mundo antigo, salientavam-se dez que rebaixavam a vida humana:
A barbárie, que perpetuava os desregramentos do instinto.
A fome, que atormentava o grupo tribal.
A peste, que dizimava populações.
O primitivismo, que irmanava o engenho do homem e a habilidade do castor.
A ignorância, que alentava as trevas do espírito.
O insulamento, que favorecia as ilusões do feudalismo.
A ociosidade, que categorizava o trabalho à conta de humilhação e penitência.
O cativeiro, que vendia homens livres nos mercados da escravidão.
A imundície, que relegava a residência terrestre ao nível dos brutos.
A guerra, que suprime a paz e justifica a crueldade e o crime entre as criaturas.

* * *

Veio a política e, instituindo vários sistemas de governo, anulou a barbárie.
Apareceu o comércio e, multiplicando as vias de transporte, dissipou a fome.
Surgiu a ciência, e exterminou a peste.
Eclodiu a indústria, e desfez o primitivismo.
Brilhou a imprensa, e proscreveu-se a ignorância.
Criaram-se o telégrafo sem fio e a navegação aérea, e acabou-se o insulamento.

---

[28] N.E.: Vide nota 21.

Progrediram os princípios morais, e o trabalho fulgiu como estrela na dignidade humana, desacreditando a ociosidade.

Cresceu a educação espiritual, e aboliu-se o cativeiro.

Agigantou-se a higiene, e removeu-se a imundície.

Jo 8:32

Mas nem a política, nem o comércio, nem a ciência, nem a indústria, nem a imprensa, nem a aproximação entre os povos, nem a exaltação do trabalho, nem a evolução do direito individual e nem a higiene conseguem resolver o problema da paz, porquanto a guerra — monstro de mil faces que começa no egoísmo de cada um, que se corporifica na discórdia do lar, e se prolonga na intolerância da fé, na vaidade da inteligência e no orgulho das raças, alimentando-se de sangue e lágrimas, violência e desespero, ódio e rapina, tão cruel entre as nações supercivilizadas do século XX, quanto já o era na corte obscurantista de Ramsés II — somente desaparecerá quando o Evangelho de Jesus iluminar o coração humano, fazendo que os habitantes da Terra se amem como irmãos.

É por isso que a Doutrina Espírita no-lo revela, atualmente, sob a luz da Verdade, fiel ao próprio Cristo que nos advertiu, convincente: "Conhecereis a Verdade e a Verdade vos fará livres."

(*Religião dos espíritos*. FEB Editora. Cap. "O caminho da paz")

Livres, mas responsáveis

A quem nos pergunte se a criatura humana é livre, respondamos afirmativamente.

Acrescentemos, porém, que o homem é livre, mas responsável, e pode realizar o que deseje, mas estará ligado inevitavelmente ao fruto de suas próprias ações.

Para esclarecer o assunto, tanto quanto possível, examinemos, em resumo, alguns dos setores de sementeira e colheita ou, melhor, de livre-arbítrio e destino em que o espírito encarnado transita no mundo.

POSSE – O homem é livre para reter quaisquer posses que as legislações terrestres lhe facultem, de acordo com a sua diligência na ação ou seu direito transitório, e será considerado mordomo respeitável pelas forças superiores da vida se as utiliza a benefício de todos, mas, se abusa delas, criando a penúria dos semelhantes, de modo a favorecer os próprios excessos, encontrará nas consequências disso a fieira de provações com que aprenderá a acender em si mesmo a luz da abnegação.

Jo 8:32

NEGÓCIO – O homem é livre para efetuar as transações que lhe apraza e granjeará o título de benfeitor, se procura comerciar com real proveito da clientela que lhe é própria, mas, se arrasa a economia dos outros com o fim de auferir lucros desnecessários, com prejuízo evidente do próximo, encontrará nas consequências disso a fieira de provações com que aprenderá a acender em si mesmo a luz da retidão.

ESTUDO – O homem é livre para ler e escrever, ensinar ou estudar tudo o que quiser, e conquistará a posição de sábio se mobiliza os recursos culturais em auxílio daqueles que lhe partilham a romagem terrestre; mas, se coloca os valores da inteligência em apoio do mal, deteriorando a existência dos companheiros da humanidade com o objetivo de acentuar o próprio orgulho, encontrará nas consequências disso a fieira de provações com que aprenderá a acender em si mesmo a luz do discernimento.

TRABALHO – O homem é livre para abraçar as tarefas a que se afeiçoe e será honorificado por seareiro do progresso se contribui na construção da felicidade geral; mas, se malversa o dom de empreender e de agir, esposando atividades perturbadoras e infelizes para gratificar os seus interesses menos dignos, encontrará nas consequências disso a fieira de provações com que aprenderá a acender em si mesmo a luz do serviço aos semelhantes.

SEXO – O homem é livre para dar às suas energias e impulsos sexuais a direção que prefira e será estimado por veículo de bênçãos quando os emprega na proteção sadia do lar, na formação da família, seja na paternidade ou na maternidade com o dever cumprido, ou, ainda, na sustentação das obras de arte e cultura,

Jo
8:32

benemerência e elevação do espírito; mas, se para lisonjear os próprios sentidos transforma os recursos genésicos em dor e desequilíbrio, angústia ou desesperação para os semelhantes, pela injúria aos sentimentos alheios ou pela deslealdade e desrespeito nos compromissos e ajustes afetivos, depois de havê-los proposto ou aceitado, encontrará nas consequências disso a fieira de provações com que aprenderá a acender em si mesmo a luz do amor puro.

O homem é livre até mesmo para receber ou recusar a existência, mas recolherá invariavelmente os bens ou os males que decorram de sua atitude, perante as concessões da Bondade divina.

Todos somos livres para desejar, escolher, fazer e obter, mas todos somos também constrangidos a entrar nos resultados de nossas próprias obras.

Cabe à Doutrina Espírita explicar que os princípios da Justiça eterna, em todo o universo, não funcionam simplesmente à base de paraísos e infernos, castigos e privilégios de ordem exterior, mas, acima de tudo, através do instituto da reencarnação, em nós, conosco, junto de nós e por nós. Foi por isso que Jesus, compreendendo que não existe direito sem obrigação e nem equilíbrio sem consciência tranquila, nos afirmou, claramente: "Conhecereis a verdade e a verdade vos fará livres".

(*Encontro marcado*. FEB Editora. Cap. 53)

Nos círculos da fé

Acende a flama da reverência, onde observes lisura na ideia religiosa.

Lembremo-nos, com o devido apreço aos irmãos que esposam princípios diferentes dos nossos, de que existem tantos modos de expressar confiança no Criador quantos são os estágios evolutivos das criaturas.

Há os que pretendem louvar a infinita Bondade, manejando borés; há os que se supõem plenamente desobrigados de todos os compromissos com a própria crença, tão somente por se entregarem a bailados exóticos; há os que se cobrem de amuletos, admitindo que o eterno Poder vibre absolutamente concentrado nas figurações geométricas; há os que fazem votos de solidão, crendo agradar aos Céus, fugindo de trabalhar; há os que levantam santuários de ouro e pedrarias, julgando homenagear o divino Amor; e há, ainda, os que se presumem detentores de prerrogativas e honras especiais, pondo e dispondo nos assuntos da alma, como se Deus não passasse de arruinado ancião ao sabor do capricho de filhos egoístas e intransigentes...

Jo 8:32

Ainda assim, toda vez que se mostrem sinceros, não lhes negues consideração e respeito.

Quase sempre, são corações infantis, usando símbolos como exercícios da escola ou sofrendo sugestões de terror para se acomodarem à disciplina.

Contudo, não lhes abraces as ilusões a pretexto de honorificar a fraternidade, porque a verdadeira fraternidade se movimenta a favor dos companheiros de evolução, clareando-lhes o raciocínio sem violentar-lhes o sentimento.

É preciso não engrossar hoje as amarras do preconceito para que o preconceito não se faça crueldade amanhã, perseguindo em nome da caridade ou supliciando em nome da fé.

Se a Doutrina Espírita já te alcançou o entendimento, apoiando-te a libertação interior e ensinando-te a Religião natural da responsabilidade com Deus em ti mesmo, recorda a promessa do Cristo: "Conhecereis a verdade e a verdade, afinal, vos fará livres".

(*Justiça divina*. FEB Editora. Cap. 27)

Crenças

Declara Allan Kardec: "A crença é um ato de entendimento que, por isso mesmo, não pode ser imposto".

E ousamos acrescentar que isso ocorre porquanto cada consciência cultiva a fé segundo o degrau evolutivo em que se coloca ou de conformidade com a posição circunstancial em que vive.

> Jo
> 8:32

Não seria justo violentar o cérebro da criança ao peso de indagações filosóficas, porque lhe não aceitemos as convicções infantis. Faz-se imperioso ouvi-la com paciência, guiando-lhe os raciocínios para os objetivos da lógica.

É crueldade censurar o náufrago porque se agarre à tábua lodosa, provisoriamente incapaz de partilhar-nos a embarcação confortável. Em vez disso, é forçoso que lhe estendamos concurso fraterno.

Excessos dogmáticos, lances de fanatismo, opiniões prepotentes, medidas de intolerância e injúrias teológicas podem ser hoje considerados por enfermidades das instituições humanas, destinadas a desaparecer com a terapêutica silenciosa da evolução e do tempo, embora constituam para todos nós, os espíritas-cristãos encarnados e desencarnados, constantes desafios a mais amplo serviço na sementeira da luz.

Sabemos que a individualidade consciente é responsável pelos próprios destinos; que a lei funciona em cada espírito, atribuindo isso ou aquilo a cada um, conforme as próprias obras; que Deus é o infinito amor e a justiça perfeita, e que as forças do universo não acalentam favoritismo para ninguém. Todavia, conquanto sustentando a fé raciocinada, nos alicerces do livre-exame, cabe-nos, sem qualquer atitude louvaminheira para com os tabus e preconceitos que ainda enxameiam no campo religioso da Terra, o dever de clarear o caminho dos nossos irmãos de humanidade, em bases de auxílio, uma vez que o Criador concede à criatura os meios indispensáveis para que efetue, por si mesma, a própria libertação.

É por isso que Jesus proclamou: "Conhecereis a verdade e a verdade vos fará livres".

Não disse o Mestre que o mundo já conhecia a verdade, nem precisou a ocasião em que a verdade será geralmente conhecida entre os homens. Mas dando a entender que a verdade é luz divina, conquistada pelo trabalho e pelo merecimento de cada um, afirmou, simplesmente: "conhecereis".

(*Justiça divina*. FEB Editora. Cap. 75)

Renovação

Ante os conflitos mentais com que somos defrontados, habituamo-nos a falar em desobsessão, liberação, cura espiritual, sedação, socorro magnético e, efetivamente, é impossível negar o valor dessas formas de auxílio.

Cabe-nos, porém, reconhecer que a renovação íntima é o fator básico de todo reequilíbrio nesse sentido. [...]

Jo 8:32

Compreendamos que atuar no rendimento do bem de todos; projetar a luz da instrução sobre os labirintos da ignorância; efetuar o próprio burilamento; promover iniciativas de solidariedade; praticar a abnegação e realizar o melhor que possamos fazer de nós, onde estejamos, são alguns dos programas de ação que a todos nós compete.

Por isso mesmo, todos aqueles companheiros da humanidade que não mais desejam:

– zelar pela própria apresentação;
– aprender uma lição nova;
– multiplicar os interesses de viver;
– acentuar estudos para discernir com mais segurança;
– partilhar campanhas de educação e beneficência;
– aperfeiçoar-se na profissão;
– prestar serviço ao próximo;
– adaptar-se a novidades construtivas;
– acompanhar o progresso;
– aprimorar expressões e maneiras;
– altear ideias e emoções;
– ler um livro recente;
– adquirir mais cultura;
– recomeçar um empreendimento que o fracasso esmagou;
– aumentar o número das afeições;
– sofrer complicações em favor dos amigos;
– criar novos recursos de atividade edificante, em torno de si mesmo;
– todos aqueles, enfim, que desistiram de qualquer transformação na própria senda, renunciando no dever de melhorar-se, mais e sempre, se fazem menos permeáveis ao

apoio curativo ou libertador, seja com a intervenção da Ciência ou com o amparo da Religião. [...]

E estejamos convencidos de que marchar para a verdade será sempre transitar para diante nos caminhos do burilamento e do trabalho, da renovação e da luz.

Jo 8:32

(*Paz e renovação*. Ed. IDE. Prefácio – "Renovação")

Inimigos outros[29]

Mencionamos com muita frequência que os inimigos exteriores são os piores expoentes de perturbação que operam em nosso prejuízo. Urge, porém, olhar para dentro de nós, de modo a descobrir que os adversários mais difíceis são aqueles de que não nos podemos afastar facilmente, por se nos alojarem no cerne da própria alma. Dentre eles, os mais implacáveis são o egoísmo, que nos tolhe a visão espiritual, impedindo vejamos as necessidades daqueles que mais amamos; o orgulho, que não nos permite acolher a luz do entendimento, arrojando-nos a permanente desequilíbrio; a vaidade, que nos sugere a superestimação do próprio valor, induzindo-nos a desprezar o merecimento dos outros; o desânimo, que nos impele aos precipícios da inércia; a intemperança mental, que nos situa na indisciplina; o medo de sofrer, que nos subtrai as melhores oportunidades de progresso, e tantos outros agentes nocivos que se nos instalam no Espírito, corroendo-nos as energias e depredando-nos a estabilidade mental.

Para a transformação dos adversários exteriores contamos, geralmente, com o amparo de amigos que nos ajudam a revisar relações, colaborando conosco na constituição de novos caminhos; entretanto, para extirpar os que moram em nós, vale tão somente o auxílio de Deus com o laborioso esforço de nós mesmos.

Reportando-nos aos inimigos externos, advertiu-nos Jesus que é preciso perdoar as ofensas setenta vezes sete vezes, e

---

[29] Texto publicado em *Alma e coração*. Ed. Pensamento. Cap. 31, com pequenas alterações.

decerto que para nos descartarmos dos inimigos internos – todos eles nascidos na trevas da ignorância – prometeu-nos o Senhor: "conhecereis a verdade e a verdade vos fará livres", o que equivale dizer que só estaremos a salvo de nossas calamidades interiores, através de árduo trabalho na oficina da educação.

(*Reformador*, abr. 1969, p. 86)

Jo
8:32

Doutos e simples

Há doutos – pretensiosos.
Há prudentes – astutos.
Há pequeninos – vilões.
Há ricos – indigentes.
Há pobres – insanos.
Há mendigos – desordeiros.
Há sábios – santos.
Há cientistas – angélicos.
Há humildes – iluminados.
Há milionários – beneméritos.
Há servos – sublimados.
Há pedintes – que distribuem amor.

Jesus não malsinou a inteligência e a cultura quando se referiu aos tesouros da sabedoria, ocultos aos "doutos e prudentes" e revelados aos "humildes e pequeninos."

Encarecia que o espírito enquistado na vaidade é semelhante ao canal obstruído, incapaz de servir à condução de água nutriente.

Destacava os preconceitos como pedras da senda, entravando o passo de quantos se propõem seguir à frente.

E, acima de tudo, nos rogava simplicidade nos fundamentos da vida, para que não nos furtemos, cada dia, à revelação da beleza eterna a exprimir-se em nossa conquista gradual de sublimação.

Saibamos exumar a essência da forma para que não venhamos a esquecer o impositivo da escola em nossa experiência

Jo
8:32

diária, mesmo porque foi o próprio Senhor quem nos advertiu, certa feita: "Conhecereis a verdade e a verdade vos fará livres."

E, realmente, nenhuma liberdade edificante pode existir sem o pão do trabalho e sem o esforço da educação.

(*Viajor*. Ed. IDE. Cap. 6)

O escravo não permanece para sempre na casa, o filho permanece para sempre.

João 8:35

Filhos e servos

Na sua exemplificação, ensinou-nos Jesus como alcançar o título de filiação a Deus.

O trabalho ativo e incessante, o desprendimento dos interesses inferiores do mundo, a perfeita submissão aos Desígnios divinos, constituíram traços fundamentais de suas lições na Terra.

Muitos homens, notáveis pela bondade, pelo caráter adamantino, sacerdotes dignos e crentes sinceros, poderão ser dedicados servos do Altíssimo. Mas o Cristo induziu-nos a ser mais alguma coisa. Convidou-nos a ser filhos, esclarecendo que esses ficam "para sempre na casa".

E os servos? Esses, muita vez, experimentam modificações. Nem sempre permanecerão, ao lado do Pai.

Mas não é a Terra igualmente uma dependência, ainda que humilde, da casa de Deus? Aí palpita a essência da lição.

O Mestre aludiu aos servos como pessoas suscetíveis de vários interesses próprios. Os filhos, todavia, possuem interesses em comum com o Pai. Os primeiros, servindo a Deus e a si mesmos, porque como servidores aguardam remuneração, podem sofrer ansiedades, aflições, delírios e dores ásperas. Os filhos, porém, estão sempre "na casa", isto é, permanecerão em paz, superiores às circunstâncias mais duras, porquanto reconhecem, acima de tudo, que pertencem a Deus.

(*Caminho, verdade e vida*. FEB Editora. Cap. 125)

[...] vós, no entanto, fazeis as [coisas] que ouvistes do vosso pai.

João 8:38

Educação no lar

Preconiza-se na atualidade do mundo uma educação pela liberdade plena dos instintos do homem, olvidando-se, pouco a pouco, os antigos ensinamentos quanto à formação do caráter no lar; a coletividade, porém, cedo ou tarde, será compelida a reajustar seus propósitos.

Os pais humanos têm de ser os primeiros mentores da criatura. De sua missão amorosa, decorre a organização do ambiente justo. Meios corrompidos significam maus pais entre os que, a peso de longos sacrifícios, conseguem manter, na invigilância coletiva, a segurança possível contra a desordem ameaçadora.

A tarefa doméstica nunca será uma válvula para gozos improdutivos, porque constitui trabalho e cooperação com Deus. O homem ou a mulher que desejam ao mesmo tempo ser pais e gozadores da vida terrestre, estão cegos e terminarão seus loucos esforços, espiritualmente falando, na vala comum da inutilidade.

Debalde se improvisarão sociólogos para substituir a educação no lar por sucedâneos abstrusos que envenenam a alma. Só um espírito que haja compreendido a paternidade de Deus, acima de tudo, consegue escapar à lei pela qual os filhos sempre imitarão os pais, ainda quando estes sejam perversos.

Ouçamos a palavra do Cristo e, se tendes filhos na Terra, guardai a declaração do Mestre como advertência.

(*Caminho, verdade e vida*. FEB Editora. Cap. 12)

Por qual razão não entendeis a minha fala?
Porque não podeis ouvir a minha palavra.

João 8:43

Diante do Senhor

A linguagem do Cristo sempre se afigurou a muitos aprendizes indecifrável e estranha.

Fazer todo o bem possível, ainda quando os males sejam crescentes e numerosos.

Emprestar sem exigir retribuição.

Desculpar incessantemente.

Amar os próprios adversários.

Ajudar aos caluniadores e os maus.

Muita gente escuta a Boa-Nova, mas não lhe penetra os ensinamentos.

Isso ocorre a muitos seguidores do Evangelho, porque se utilizam da força mental em outros setores.

Creem vagamente no socorro celeste, nas horas de amargura, mostrando, porém, absoluto desinteresse ante o estudo e ante a aplicação das Leis divinas.

A preocupação da posse lhes absorve a existência.

Reclamam o ouro do solo, o pão do celeiro, o linho usável, o equilíbrio da carne, o prazer dos sentidos e a consideração social, com tamanha volúpia que não se recordam da posição de simples usufrutuários do mundo em que se encontram, e nunca refletem na transitoriedade de todos os patrimônios materiais, cuja função única é a de lhes proporcionar adequado clima ao trabalho na caridade e na luz, para engrandecimento do espírito eterno.

Registram os chamamentos do Cristo, todavia, algemam furiosamente a atenção aos apelos da vida primária.

Percebem, mas não ouvem.

Informam-se, mas não entendem.

João
8:43

Nesse campo de contradições, temos sempre respeitáveis personalidades humanas e, por vezes, admiráveis amigos.

Conservam no coração enormes potenciais de bondade, contudo, a mente deles vive empenhada no jogo das formas perecíveis.

São preciosas estações de serviço aproveitável, com o equipamento, porém, ocupado em atividades mais ou menos inúteis.

Não nos esqueçamos, pois, de que é sempre fácil assinalar a linguagem do Senhor, mas é preciso apresentar-lhe o coração vazio de resíduos da Terra, para receber-lhe, em espírito e verdade, a palavra divina.

(*Fonte viva.* FEB Editora. Cap. 48)

Eu, porém, digo a verdade e não credes em mim.

João 8:45

Verdades e fantasias

O mundo sempre distingue ruidosamente os expositores de fantasias.

É comum observar-se, quase em toda parte, a vitória dos homens palavrosos, que prometem milagres e maravilhas. Esses merecem das criaturas grande crédito. Basta encobrirem a enfermidade, a fraqueza, a ignorância ou o defeito dos homens, para receberem acatamento. Não acontece o mesmo aos cultivadores da verdade, por mais simples que esta seja. Através de todos os tempos, para esses últimos, a sociedade reservou a fogueira, o veneno, a cruz, a punição implacável.

Tentando fugir à angustiosa situação espiritual que lhe é própria, inventou o homem a buena-dicha, impondo, contudo, aos adivinhadores o disfarce dourado das realidades negras e duras. O charlatão mais hábil na fabricação de mentiras brilhantes será o senhor da clientela mais numerosa e luzida.

No intercâmbio com a esfera invisível, urge que os novos discípulos se precatem contra os perigos desse jaez.

A técnica do elogio, a disposição de parecer melhor, o prurido de caminhar à frente dos outros, a presunção de converter consciências alheias, são grandes fantasias. É necessário não crer nisso. Mais razoável é compreender que o serviço de iluminação é difícil, a principiar do esforço de regeneração de nós mesmos. Nem sempre os amigos da verdade são aceitos. Geralmente são considerados fanáticos ou mistificadores, mas... apesar de tudo, para a nossa felicidade, faz-se preciso atender à verdade enquanto é tempo.

(*Caminho, verdade e vida*. FEB Editora. Cap. 78)

> *[...] Se digo a verdade, por qual razão vós não credes em mim?*
>
> João 8:46

Verdade e crença

Jesus lecionou a verdade em todas as situações da peregrinação messiânica.

A todos concedeu Amor puro, bênçãos de luz e bens para a eternidade.

Provou com os próprios testemunhos a excelência de seus ensinos...

Ministrou a caridade simples e natural, sem melindrar ou ferir...

A cada qual apontou a lógica real das circunstâncias da vida...

A ninguém enganou...

Não sofismou por nenhuma razão...

Perdoou sem apresentar condições...

Cedeu a benefício de todos.

Não temeu, nem vacilou ao indicar a realidade, nem fugiu de demonstrá-la no próprio exemplo.

Não aguardou bonificações: serviu sempre.

De ninguém reclamou: sacrificou a si mesmo.

Não permaneceu em posição de neutralidade: definiu-se.

Cabe, portanto, a quem recolhe os dons divinos da claridade evangélica amar e perdoar, construindo o bem e a paz, esposando ostensivamente a vida cristã na elucubração da teoria e no esforço da aplicação.

Se temos a luz da verdade, por que não lhe seguir a rota de luz?

(*O espírito da verdade*. FEB Editora. Cap. 94)

*Disse-lhes Jesus: amém, amém vos digo:
antes [dele] se tornar Abraão, eu sou.*

João 8:58

Hegemonia de Jesus

É impossível localizar o Cristo na História, à maneira de qualquer personalidade humana.

A divina revelação de que foi Emissário excelso e o harmonioso conjunto de seus exemplos e ensinos falam mais alto que a mensagem instável dos mais elevados filósofos que visitaram o mundo.

Antes de Abraão, ou precedendo os grandes vultos da sabedoria e do amor na História mundial, o Cristo já era o luminoso centro das realizações humanas. De sua misericórdia partiram os missionários da luz que, lançados ao movimento da evolução terrestre, cumpriram, mais ou menos bem, a tarefa redentora que lhes competia entre as criaturas, antecedendo as eternas edificações do Evangelho.

A localização histórica de Jesus recorda a presença pessoal do Senhor da Vinha. O Enviado de Deus, o Tutor amoroso e sábio, veio abrir caminhos novos e estabelecer a luta salvadora para que os homens reconheçam a condição de eternidade que lhes é própria.

Os filósofos e amigos ilustres da humanidade falaram às criaturas, revelando em si uma luz refratada, como a do satélite que ilumina as noites terrenas; os apelos desses embaixadores dignos e esclarecidos são formosos e edificantes; todavia, nunca se furtam à mescla de sombras.

A vinda do Cristo, porém, é diversa. Em sua Presença divina, temos a fonte da verdade positiva, o sol que resplandece.

(*Caminho, verdade e vida*. FEB Editora. Cap. 133)

> *É necessário realizarmos as obras daquele que me enviou, enquanto é dia [...].*
>
> João 9:4

Trabalho e tempo[30]

(*Vereda de luz*. Ed. GEEM. Cap. "Trabalho e tempo")

Enquanto é dia

Sabemos que o labor divino do Mestre é incessante e efetua-se num dia perene e resplandecente de oportunidades; no entanto, para gravar-nos no entendimento o valor real da passagem na Terra, fala-nos Jesus de sua conveniência em aproveitar o ensejo do contato direto com as criaturas.

Se semelhante atitude constitui motivo de preocupação para o Mestre, que não dizer de nós mesmos, nos círculos carnais ou nas esferas que lhes são imediatas, dentro das obrigações que nos competem na sagrada realização do bem eterno?

Cristo não se refere à necessidade de falar das obras de Deus, mas sim de construí-las a seu tempo.

Não ignoramos que, sendo Ele o Enviado do Altíssimo no mundo, os discípulos da Boa-Nova são, a seu turno, os mensageiros do seu amor, nos mais recônditos lugares do orbe terrestre. Os que vibram de coração voltado para o Evangelho são, efetivamente, emissários da divina Lição entre os companheiros da vida material, onde quer que estejam, e bem-aventurados serão todos aqueles que aproveitarem o dia generoso, realizando em si próprios e em derredor de seus passos as obras santificadas daquele que os enviou.

---

[30] N.E.: Vide nota 21.

Jamais desdenhes, desse modo, a posição em que te encontrares. Busca valorizá-la, por todos os meios ao teu alcance, a fim de que teu esforço seja uma fonte de bênçãos para os outros e para teu próprio círculo. Nunca te esqueças de aproveitar o tempo na aquisição de luz, enquanto é dia.

(*Caminho, verdade e vida*. FEB Editora. Cap. 127)   Jo 9:4

[...] uma [coisa] sei: era cego e agora estou vendo.

João 9:25

Vê e segue

Apesar de o trabalho renovador do Evangelho, nos círculos da consolação e da pregação, desdobrar-se, diante das massas, semeando milagres de reconforto na alma do povo, o serviço sutil e quase desconhecido do aproveitamento da Boa-Nova é sempre individual e intransferível.

Os aprendizes da vida cristã, na atividade vulgar do caminho, desfrutam do conceito de normalidade, mas se não gozam de vantagens observáveis no imediatismo da experiência humana, quais sejam as da consolação, do estímulo ou da prosperidade material, de maneira a gravarem o ensinamento vivo de Jesus, nas próprias vidas, passam à categoria de pessoas estranhas, muita vez ante os próprios companheiros de ministério.

Chegado a semelhante posição, e se sabe aproveitar a sublime oportunidade pela submissão e diligência, o discípulo experimenta completa transposição de plano.

Modifica a tabela de valores que o rodeiam.

Sabe onde se ocultam os fundamentos eternos.

Descortina esferas novas de luta, por meio da visão interior que outros não compreendem.

Descobre diferentes motivos de elevação, por intermédio do sacrifício pessoal, e identifica fontes mais altas de incentivo ao esforço próprio.

Em vista disso, frequentemente provoca discussões acesas, com respeito à atitude que adota à frente de Jesus.

Por ver, com mais clareza, as instruções reveladas pelo Mestre, é tido à conta de fanático ou retrógrado, idiota ou louco.

Se, porém, procuras efetivamente a redenção com o Senhor, prossegue seguro de ti mesmo; repara, sem aflição e sem desânimo, as contendas que a ação genuína de Jesus em ti recebe de corações incompreensivos e estacionários, repete as palavras do cego que alcançou a visão e segue para diante.

(*Fonte viva.* FEB Editora. Cap. 95)

Jo 9:25

> *Respondeu-lhes: [Eu] já vos disse e não ouviste. Que quereis ouvir novamente?*

João 9:27

Seria inútil

É muito frequente a preocupação de muitos religiosos no sentido de transformarem os amigos compulsoriamente, conclamando-os às suas convicções particularistas. Quase sempre se empenham em longas e fastidiosas discussões, em contínuos jogos de palavras, sem uma realização sadia ou edificante.

O coração sinceramente renovado na fé, entretanto, jamais procede assim.

É indispensável diluir o prurido de superioridade que infesta o sentimento de grande parte dos aprendizes, tão logo se deixam conduzir a novos portos de conhecimento, nas revelações gradativas da sabedoria divina, porque os discutidores de más inclinações se incumbem de interceptar-lhes a marcha.

A resposta do cego de nascença aos judeus argutos e inquiridores é padrão ativo para os discípulos sinceros.

Lógico que o seguidor de Jesus não negará um esclarecimento acerca do Mestre, mas se já explicou o assunto, se já tentou beneficiar o irmão mais próximo com os valores que o felicitam, sem atingir o alheio entendimento, para que discutir? Se um homem ouviu a verdade e não a compreendeu, fornece evidentes sinais de paralisia espiritual. Ser-lhe-á inútil, portanto, escutar repetições imediatas, porque ninguém enganará o tempo, e o sábio que desafiasse o ignorante rebaixar-se-ia ao título de insensato.

Não percas, pois, as tuas horas em elucidações minuciosas e repetidas para quem não as pode entender, antes que lhe sobrevenham no caminho o sol e a chuva, o fogo e a água da experiência.

Tens mil recursos de trabalhar em favor de teu amigo, sem provocá-lo ao teu modo de ser e à tua fé.

(*Pão nosso*. FEB Editora. Cap. 37)

Jo
9:27

Então Jesus novamente disse: amém, amém vos digo: Eu sou a porta das ovelhas.

João 10:7

Ante o Cristo Libertador

Segundo os léxicos, a palavra "porta" designa "uma abertura em parede, ao rés do chão ou na base de um pavimento, oferecendo entrada e saída".

Entretanto, simbolicamente, o mundo está repleto de portas enganadoras. Dão entrada sem oferecerem saída.

Algumas delas são avidamente disputadas pelos homens que, afoitos na conquista de posses efêmeras, não se acautelam contra os perigos que representam.

Muitos batem à porta da riqueza amoedada e, depois de acolhidos, acordam encarcerados nos tormentos da usura.

Inúmeros forçam a passagem para a ilusão do poder humano e despertam detidos pelas garras do sofrimento.

Muitíssimos atravessam o portal dos prazeres terrestres e reconhecem-se, de um momento para outro, nas malhas da aflição e da morte.

Muitos varam os umbrais da evidência pública, sequiosos de popularidade e influência, acabando emparedados na masmorra do desespero.

O Cristo, porém, é a porta da Vida abundante.

Com Ele, submetemo-nos aos desígnios do Pai celestial e, nessa diretriz, aceitamos a existência como aprendizado e serviço, em favor de nosso próprio crescimento para a Imortalidade.

Vê, pois, a que porta recorres na luta cotidiana, porque apenas por intermédio do ensinamento do Cristo alcançarás o caminho da verdadeira libertação.

(*Fonte viva.* FEB Editora. Cap. 172)

A porta

Não basta alcançar as qualidades da ovelha, quanto à mansidão e ternura, para atingir o reino divino.

É necessário que a ovelha reconheça a porta da redenção, com o discernimento imprescindível, e lhe guarde o rumo, despreocupando-se dos apelos de ordem inferior, a eclodirem das margens do caminho.

Jo
10:7

Daí concluirmos que a cordura, para ser vitoriosa, não dispensa a cautela na orientação a seguir.

Nem sempre a perda do rebanho decorre do ataque de feras, mas sim porque as ovelhas imprevidentes transpõem barreiras naturais, surdas à voz do pastor, ou cegas quanto às saídas justas, em demanda das pastagens que lhes competem. Quantas são acometidas, de inesperado, pelo lobo terrível, porque, fascinadas pela verdura de pastos vizinhos, se desviam da estrada que lhes é própria, quebrando obstáculos para atender a destrutivos impulsos?

Assim acontece com os homens no curso da experiência.

Quantos espíritos nobres hão perdido oportunidades preciosas pela própria imprudência? Senhores de admiráveis patrimônios, revelam-se, por vezes, arbitrários e caprichosos. Na maioria das situações, copiam a ovelha virtuosa e útil que, após a conquista de vários títulos enobrecedores, esquece a porta a ser atingida e quebra as disciplinas benéficas e necessárias, para entregar-se ao lobo devorador.

(*Pão nosso*. FEB Editora. Cap. 115)

Eu sou a porta. Se alguém entrar por mim, será salvo [...].

João 10:9

A porta divina[31]

Nos caminhos da vida, cada companheiro portador de expressão intelectual um pouco mais alta converte-se naturalmente em voz imperiosa para os nossos ouvidos. E cada pessoa que segue à frente de nós abre portas ao nosso espírito.

Os inconformados abrem estradas à rebelião e à indisciplina.

Os velhacos oferecem passagem para o cativeiro em que exerçam dominação.

Os escritores de futilidades fornecem passaporte para a província do tempo perdido.

Os maledicentes encaminham quem os ouve a fontes envenenadas.

Os viciosos quebram as barreiras benéficas do respeito fraternal, desvendando despenhadeiros onde o perigo é incessante.

Os preguiçosos conduzem à guerra contra o trabalho construtivo.

Os perversos escancaram os precipícios do crime.

Ainda que não percebas, várias pessoas te abrem portas, cada dia, por meio da palavra falada ou escrita, da ação ou do exemplo.

Examina onde entras com o sagrado depósito da confiança. Muita vez, perderás longo tempo para retomar o caminho que te é próprio.

Não nos esqueçamos de que Jesus é a única porta de verdadeira libertação.

---

[31] Texto publicado em *Segue-me!...* Ed. O Clarim, cap. "A porta divina".

Através de muitas estações no campo da humanidade, é provável recebamos proveitosas experiências, amealhando-as à custa de desenganos terríveis, mas só em Cristo, no clima sagrado de aplicação dos seus princípios, é possível encontrar a passagem abençoada de definitiva salvação.

(*Caminho, verdade e vida*. FEB Editora. Cap. 178)

Jo 10:9

[...] Eu vim para que tenham vida, e a tenham em abundância.

João 10:10

Posses definitivas

Se a paz da criatura não consiste na abundância do que possui na Terra, depende da abundância de valores definitivos de que a alma é possuída.

Em razão disso, o divino Mestre veio até nós para que sejamos portadores de vida transbordante, repleta de luz, amor e eternidade.

Em favor de nós mesmos, jamais deveríamos esquecer os dons substanciais a serem amealhados em nosso próprio espírito.

No jogo de forças exteriores jamais encontraremos a iluminação necessária.

Maravilhosa é a primavera terrena, mas o inverno virá depois dela.

A mocidade do corpo é fase de embriagantes prazeres; no entanto, a velhice não tardará.

O vaso físico mais íntegro e harmonioso experimentará, um dia, a enfermidade ou a morte.

Toda a manifestação de existência na Terra é processo de transformação permanente.

É imprescindível construir o castelo interior, de onde possamos erguer sentimentos aos campos mais altos da vida.

Encheu-nos Jesus de sua presença sublime, não para que possuamos facilidades efêmeras, mas para sermos possuídos pelas riquezas imperecíveis; não para que nos cerquemos de favores externos, e sim para concentrarmos em nós as aquisições definitivas.

Sejamos portadores da vida imortal.

Não nos visitou o Cristo, como doador de benefícios vulgares. Veio ligar-nos a lâmpada do coração à usina do amor de Deus, convertendo-nos em luzes inextinguíveis.

(*Caminho, verdade e vida*. FEB Editora. Cap. 166)

Existimos[32]

Jo 10:10

Existimos.
Existem todas as criaturas saídas do Hálito criador.
A pedra existe, a planta existe, o animal existe...
Existem almas nos passos diversos da evolução.
Em sentido espiritual, no entanto, viver é algo diferente de existir.
A vida é a experiência digna da imortalidade.

Há muita gente que se esfalfa, perdendo saúde e possibilidades em movimento vazio, quando não se mergulha nas tramas do mal, entretecendo reencarnações dolorosas.

Há muita gente que destrói o próprio cérebro, escrevendo sem proveito, quando não expressa o pensamento para inspirar negação e crueldade, entrando em sofrimentos reparadores.

Há muita gente que aniquila as horas, falando a esmo, quando não se utiliza do verbo para ferir e enlouquecer os semelhantes, adquirindo débitos escabrosos.

Há muita gente que pede essa ou aquela concessão para frustrá-la em atividades sem sentido, quando não a maneja em prejuízo dos outros, criando lágrimas que empregará longo tempo para enxugar.

Todos esses agentes da inutilidade e da delinquência existem como todos nós existimos.

Observa, assim, o que fazes.

O berço confere a existência, mas a vida é obra nossa.

(*Reformador*, nov. 1961, p. 242)

---

[32] Texto publicado em *Palavras de vida eterna*. Ed. Comunhão Espírita Cristã. Cap. 104.

Eu sou o bom pastor e conheço as minhas [ovelhas], e as minhas [ovelhas] me conhecem.

João 10:14

Que ovelha somos?

O pastor atento se identifica com o rebanho de tal maneira, que define de pronto qualquer das ovelhas mantidas a seu cuidado.

Conhece as mais ativas.
Descobre as indiferentes.
Nomeia as retardatárias.
Registra as que lideram.
Classifica a lã que venham a produzir.
Tudo faz em favor de todas.

Por sua vez, as ovelhas, pouco a pouco, percebem, dentro da limitação que as caracteriza, o modo de ser do pastor que as dirige.

Habituam-se aos lugares que lhe são prediletos.
Respeitam-lhe os sinais.
Acatam-lhe as ordens.
Reconhecem-lhe o poder diretivo, sem confundir-lhe a presença.

Na imagem, temos a divina missão do Cristo para conosco.

O Pastor compassivo conhece cada uma das ovelhas do redil humano, tudo fazendo para guiá-las ao campo da luz celeste.

Incentiva as indiferentes.
Acalma as impetuosas.
Fortalece as mais fracas.
Apoia as mais responsáveis.
Sopesa o valor de todas segundo as peculiaridades e tendências de cada uma.

E, de igual modo, as ovelhas do rebanho terrestre, gradativamente, vêm a conhecer e a sentir a existência abençoada do Bom Pastor.

Entendem-lhe os ensinamentos e admoestações.

Reverenciam a excelência do seu Amor.

Confiam serenamente em sua misericórdia.

Esposam-lhe os ideais e buscam corresponder-lhe à vontade, destacando-o, nos quadros da vida, por intermediário do Pai excelso.

Jo 10:14

Desse modo, cabe-nos atender ao chamamento do Mestre, melhorando as condições da vida no mundo com base em nossa própria renovação.

Nesse programa de luta, vale indagar de nós mesmos: "Que ovelha somos?"

E com semelhante pergunta, busquemos na disciplina, ante o Cristo de Deus, a nossa posição de servidores do bem, na certeza de que a humildade conferir-nos-á sintonia com o divino Pastor, para que, sublimando e servindo, atinjamos com ele o aprisco celeste na imortalidade vitoriosa.

(*O espírito da verdade.* FEB Editora. Cap. 74)

> *Tenho também outras ovelhas que não são deste aprisco; é preciso que eu conduza também a elas; ouvirão a minha voz e haverá um [só] rebanho e um [só] pastor.*

João 10:16

Unificação

Trabalhar pela Unificação dos órgãos doutrinários do Espiritismo no Brasil é prestar relevante serviço à causa do Evangelho redentor junto à humanidade. Reunir elementos dispersos, concatená-los e estruturar-lhes o plano de ação, na ordem superior que nos orienta o idealismo, é serviço de indiscutível benemerência porque demanda sacrifício pessoal, oração e vigilância na fé renovadora e, sobretudo, elevada capacidade de renunciação.

À maneira do trabalhador fiel que se desvela no amanho da terra, subtraindo-lhe os espinheiros e drenando-lhe os pantanais, cooperar na associação de energias da fraternidade legítima — com o Espírito do Senhor —, legislando em nosso mundo íntimo, representa obrigação de quantos se propõem a contribuir na reconstrução planetária, a caminho da Terra regenerada e feliz.

Trabalhemos, pois, entrelaçando pensamentos e ações, dentro dessas diretrizes superiores de confraternização substancial. A tarefa é complexa, bem o sabemos. O ministério exige lealdade e decisão. Todavia, sem o suor do servo fiel, a casa pereceria sem pão.

Lembremo-nos de que a vitória do Evangelho, ainda não alcançada, começou com a congregação de doze aprendizes, humildes e sinceros, em torno de um Mestre sábio, paciente, generoso e justo, e continuemos, cada qual de nós, no posto de trabalho que lhe compete, atentos às determinações divinas da execução do próprio dever.

(*Reformador*, out. 1977, p. 301)

[...] As obras que eu realizo em nome do meu Pai testemunham estas [coisas] a meu respeito.

João 10:25

Pensa um pouco

É vulgar a preocupação do homem comum, relativamente às tradições familiares e aos institutos terrestres a que se prende, nominalmente, exaltando-se nos títulos convencionais que lhe identificam a personalidade.

Entretanto, na vida verdadeira, criatura alguma é conhecida por semelhantes processos. Cada Espírito traz consigo a história viva dos próprios feitos e somente as obras efetuadas dão a conhecer o valor ou o demérito de cada um.

Com o enunciado, não desejamos significar que a palavra esteja desprovida de suas vantagens indiscutíveis; todavia, é necessário compreender-se que o verbo é também profundo potencial recebido da infinita Bondade, como recurso divino, tornando-se indispensável saber o que estamos realizando com esse dom do Senhor eterno.

A afirmativa de Jesus, nesse particular, reveste-se de imperecível beleza.

Que diríamos de um Salvador que estatuísse regras para a humanidade, sem partilhar-lhe as dificuldades e impedimentos?

O Cristo iniciou a missão divina entre homens do campo, viveu entre doutores irritados e pecadores rebeldes, uniu-se a doentes e aflitos, comeu o duro pão dos pescadores humildes e terminou a tarefa santa entre dois ladrões.

Que mais desejas? Se aguardas vida fácil e situações de evidência no mundo, lembra-te do Mestre e pensa um pouco.

(*Pão nosso*. FEB Editora. Cap. 2)

Marcos indeléveis

Jo
10:25

Cada trecho do solo demonstra o seu valor na riqueza ou na fertilidade que apresenta...

Cada vegetal é tido na importância de seu cerne, de sua essência, de seus frutos...

Cada animal é conhecido pelas peculiaridades de importância em sua existência...

O Sol constitui para todos os seres fonte inexaurível de vida, calor e luz.

A água significa o sangue do organismo terrestre.

O fogo, no crepitar da lareira ou na devastação do incêndio, demonstra realmente o seu papel inconfundível no campo imenso da Criação.

O juiz é respeitado pela integridade de seus sentimentos ou temido pelas manifestações de venalidade a que se acolhe.

O professor é acatado, consoante o grau de competência que lhe é próprio.

O médico adquire confiança, conforme a sua atitude ao pé dos enfermos.

O coração materno revela a sua íntima excelsitude no trato natural com os rebentos de seu carinho.

O filho oferece ao mundo, na experiência diária, a extensão de seu amor para com os próprios pais.

A criança, em suas expressões infantis, apresenta invariavelmente o esboço de caráter que plasmou em si mesma em vidas passadas.

O usurário cria, em torno de si, gelada atmosfera de reprovação pelos sentimentos que nutre no imo do próprio ser.

O leviano carrega consigo constantemente os prejuízos da ociosidade ou do vício, complicando-se na intemperança dos próprios dias.

O cético representa, onde estiver, a aridez da mente hipertrofiada pelo orgulho infeliz.

O crente, leal a si mesmo, evidencia o poder de sua fé nas posições assumidas perante os chamamentos do mundo.

Enfim, todas as criações do excelso Pai testemunham-lhe a glória no campo infinito da vida, e cada Espírito se afirma bem ou mal, aproveitando-as para subir à Luz ou delas abusando para descer às trevas.

Como aprendizes do Evangelho, portanto, cumpre-nos indagar à própria consciência: "Que tenho executado na vida como aplicação das bênçãos de Deus?"

Jo 10:25

Não nos esqueçamos, segundo a lição do Senhor, de que somente as obras que fizermos em nome do Pai é que serão marcos indeléveis de nosso caminho a testificarem de nós.

(*O espírito da verdade*. FEB Editora. Cap. 42)

Eu e o Pai somos um.

João 10:30

Pergunta 288 do livro *O consolador*

Pergunta: "Meu Pai e eu somos Um". Poderemos receber mais algum esclarecimento sobre essa afirmativa do Cristo?

Resposta: A afirmativa evidenciava a sua perfeita identidade com Deus, na direção de todos os processos atinentes à marcha evolutiva do planeta terrestre.

(*O consolador*. FEB Editora. Pergunta 288)

Fé e caridade[33]

Fé sem caridade é lâmpada sem reservatório de força.
Caridade sem fé representa a usina sem lâmpada.

Quem confia em Deus e não ajuda aos semelhantes, recolhe-se na contemplação improdutiva, à maneira de peça valiosa, mumificada em museu brilhante.

Quem pretende ajudar ao próximo, sem confiança em Deus, condena-se à secura, perdendo o contato com o suprimento da energia divina.

A fé constitui nosso patrimônio íntimo de bênçãos.

A caridade é o canal que as espalha, enriquecendo-nos o caminho.

Uma nos confere visão; a outra nos intensifica o crescimento espiritual para a Eternidade.

Sem a primeira, caminharíamos nas sombras.

Sem a segunda, permaneceríamos relegados ao poço escuro do nosso egoísmo destruidor.

---

[33] Texto publicado em *Escrínio de luz*. Ed. O clarim. Cap. "Fé e caridade".

Jesus foi o protótipo da fé, quando afirmou: "Eu e meu Pai somos Um". E o nosso divino Mestre foi ainda o paradigma da caridade quando nos ensinou: "Amai-vos uns aos outros como eu vos amei."

Desse modo, se somos efetivamente os aprendizes do Evangelho redivivo, unamos o ideal superior e a ação edificante, em nossos sentimentos e atos de cada dia, e busquemos fundir numa só luz renovadora a fé e a caridade, em nossos corações, desde hoje.

Jo 10:30

(*Reformador*, dez. 1954, p. 273)

Emmanuel e a unificação do Espiritismo

A unificação espiritualista constitui problema, credor da mais legítima cooperação de quantos colaboram nas obras da verdade e do bem no plano espiritual.

Difícil padronizar a interpretação, de vez que ninguém pode trair o degrau evolutivo que lhe é próprio.

Cada aprendiz da realidade universal verá de acordo com as dimensões de sua janela; ouvirá, segundo a acústica, instalada por si mesmo no santuário interior; e compreenderá, na medida de suas realizações e experiências.

Entretanto, nosso problema de união, ao que parece, não se relaciona com a exegese.

É questão de fraternidade sentida e vivida, portas adentro da organização doutrinária, para que as obras não se esterilizem, à míngua de fé e para que a fé não pereça sem obras.

Trata-se de avançado cometimento da boa vontade de cada companheiro na construção do edifício coletivo do bem geral.

Serviço de compreensão elevada, em que para unir, em Cristo, não podemos prescindir da renúncia cristã, aprendendo a ceder com proveito, no esforço de todos, com todos e para todos em favor da vida melhor.

> Jo
> 10:30

Para isso, cremos, não é necessário invocar a interpretação que sempre define "um estado de conhecimento", sem representar a sabedoria, e nem se reclamará o concurso da política humana que constitui "uma expressão transitória de poder", sem consubstanciar a autoridade em si mesma.

Apelaremos, sim, para as qualidades superiores do espírito, recorreremos à zona sublime da consciência, onde os valores religiosos acendem a verdadeira luz.

Razoável que os orientadores encarnados tracem programas construtivos para a feição externa do serviço a fazer.

Em tempo algum, dispensaremos a ordem, o método e a disciplina, no templo da elevação, como forças controladoras da inteligência.

Nós outros, conclamaremos o homem interno e mobilizaremos as energias do ideal, falando ao coração.

Reunamo-nos no campo da fraternidade edificante.

Não teremos espiritismo unido sem que nos unamos.

Debalde ensinaremos amor sem nos amarmos uns aos outros.

Não elevaremos a doutrina sem nos elevarmos.

Aprendamos a eliminar as arestas próprias, a fim de que o espírito coletivo paire mais alto, ligando-nos à divina Inspiração.

Unir, para nós, deve ser aprimorar, crescer, iluminar.

Aprimoremo-nos, apresentando mais dócil instrumentalidade aos mensageiros da Vida mais alta.

Cresçamos em conhecimento e superioridade sentimental.

Iluminemo-nos na esfera individual, penetrando o segredo do sacrifício para enriquecimento da vida imortal.

Em seguida, a união frutificará, em nossos círculos de trabalho qual a espiga substanciosa que premia a sementeira.

Organizemos por fora, aperfeiçoando por dentro.

Então, chegaremos sem atritos mais ásperos à aquisição de nossa unidade com o Cristo, na mesma convicção que lhe engrandeceu o verbo, quando assegurou: "Eu e meu Pai somos um".

(*Doutrina e vida*. Ed. Cultura Espírita União. Cap. "Emmanuel e a unificação do Espiritismo")

Comungar com Deus[34]

A fidelidade a Deus e a comunhão com o seu amor são virtudes que se completam, mas que se singularizam, no quadro de suas legítimas expressões.

Jó foi fiel a Deus quando afirmou, no torvelinho do sofrimento: "Ainda que me mate, n'Ele confiarei."

Jo 10:30

Jesus comungou de modo perfeito com o amor divino, quando acentuou: "Eu e meu Pai somos um."

A fidelidade precede a comunhão verdadeira com a fonte de toda a sabedoria e misericórdia.

As lutas do mundo representam a sagrada oportunidade oferecida ao homem para ser perfeitamente fiel ao Criador.

Aos que se mostram leais no "pouco", é concedido o "muito" das grandes tarefas. O Pai reparte os talentos preciosos de sua dedicação com todas as criaturas.

Fidelidade, pois, é compreensão do dever.

Comunhão com Deus é aquisição de direitos sagrados.

Não há direitos sem deveres. Não há comunhão sem fidelidade.

Eis a razão pela qual, para que o homem se integre no recebimento da herança divina, não pode dispensar as certidões de trabalho próprio.

Antes de tudo, é imprescindível que o discípulo saiba organizar os seus esforços, operando no caminho do aperfeiçoamento individual, para a aquisição dos bens eternos.

Existiram muitos homens de vida interior iluminada, que podem ter sido mais ou menos fiéis, porém, só Jesus pôde apresentar ao mundo o estado de perfeita comunhão com o Pai que está nos céus.

O Mestre veio trazer-nos a imensa oportunidade de compreender e edificar. E, se confiamos em Jesus, é porque, apesar de todas as nossas quedas, nas existências sucessivas, o Cristo espera dos homens e confia em seu porvir.

---

[34] Texto publicado em *Coletânea do além*. Ed. LAKE. Cap. "Comungar com Deus", com pequenas alterações.

Sua exemplificação foi, em todas as circunstâncias, a do Filho de Deus, na posse de todos os direitos divinos. É justo reconhecermos que essa conquista foi a sagrada resultante de sua fidelidade real.

Jo 10:30

E o Cristo se nos apresentou no mundo, em toda a resplendência de sua glória espiritual, para que aprendêssemos com Ele a comungar com o Pai. Sua palavra é a do convite ao banquete de luz eterna e de amor imortal.

Eis porque, em nosso próprio benefício, conviria fôssemos perfeitamente fiéis a Deus, desde hoje.

(*Reformador*, nov. 1940, p. 301)

Respondeu-lhes Jesus: Não está escrito em vossa Lei: Eu disse: sois deuses?

João 10:34

Pergunta 302 do livro *O consolador*

Pergunta: Como compreender a afirmativa de Jesus aos judeus: "Sois deuses"?

Resposta: Em todo homem repousa a partícula da divindade do Criador, com a qual pode a criatura terrestre participar dos poderes sagrados da Criação.

O Espírito encarnado ainda não ponderou devidamente o conjunto de possibilidades divinas guardadas em suas mãos, dons sagrados tantas vezes convertidos em elementos de ruína e destruição.

Entretanto, os poucos que sabem crescer na sua divindade, pela exemplificação e pelo ensinamento, são cognominados na Terra santos e heróis, por afirmarem a sua condição espiritual, sendo justo que todas as criaturas procurem alcançar esses valores, desenvolvendo para o bem e para a luz a sua natureza divina.

(*O consolador*. FEB Editora. Pergunta 302)

> *Respondeu Jesus: não são doze as horas do dia? Se alguém anda durante o dia, não tropeça, porque vê a luz deste mundo.*

João 11:9

Não tropecemos

O conteúdo da interrogativa do Mestre tem vasta significação para os discípulos da atualidade.

"Não há doze horas no dia?"

Conscientemente, cada qual deveria inquirir de si mesmo em que estará aplicando tão grande cabedal de tempo.

Fala-se com ênfase do problema de desempregados na época moderna. Entretanto, qualquer crise nesse sentido não resulta da carência de trabalho, e sim da ausência de boa vontade individual.

Um inquérito minucioso nesse particular revelaria a realidade. Muita gente permanece sem atividade por revolta contra o gênero de serviço que lhe é oferecido ou por inconformação, em face dos salários.

Sobrevém, de imediato, o desequilíbrio.

A ociosidade dos trabalhadores provoca a vigilância dos mordomos, e as leis transitórias do mundo refletem animosidade e desconfiança.

Se os braços estacionam, as oficinas adormecem.

Ocorre o mesmo nas esferas de ação espiritual.

Quantos aprendizes abandonam seus postos, alegando angústia de tempo? Quantos não se transferem para a zona da preguiça, porque aconteceu isso ou aquilo, em pleno desacordo com os princípios superiores que abraça?

E, por bagatelas, grande número de servidores vigorosos procura a retaguarda cheia de sombras. Mas aquele que conserva acuidade auditiva ainda escuta com proveito a palavra do Senhor: "Não há doze horas no dia? Se alguém andar de dia não tropeça."

(*Pão nosso*. FEB Editora. Cap. 153)

Jesus lhe diz: teu irmão se levantará.

João 11:23

Ressuscitará

Há muitos séculos, as escolas religiosas do Cristianismo revestiram o fenômeno da morte de paisagens deprimentes.

Padres que assumem atitudes hieráticas, ministros que comentam as flagelações do inferno, catafalcos negros e panos de luto.

Que poderia criar tudo isso senão o pavor instintivo e o constrangimento obrigatório?

Ninguém nega o sofrimento da separação, espírito algum se furtará ao plantio da saudade no jardim interior. O próprio Cristo emocionou-se junto ao sepulcro de Lázaro. Entretanto, a comoção do celeste Amigo edificava-se na esperança, acordando a fé viva nos companheiros que o ouviam. A promessa dele, ao carinho fraternal de Marta, é bastante significativa.

"Teu irmão há de ressuscitar" — asseverou o Mestre.

Daí a instantes, Lázaro era restituído à experiência terrestre, surpreendendo os observadores do inesperado acontecimento.

Gesto que se transformou em vigoroso símbolo, sabemos hoje que o Senhor nos reergue, em toda parte, nas esferas variadas da vida. Há ressurreição vitoriosa e sublime nas zonas carnais e nos círculos diferentes que se dilatam ao infinito.

O espírito mais ensombrado no sepulcro do mal e o coração mais duro são arrancados das trevas psíquicas para a luz da vida eterna.

O Senhor não se sensibilizou tão somente por Lázaro. Amigo divino, a sua mão carinhosa se estende a nós todos.

Jo
11:23

Reponhamos a morte em seu lugar de processo renovador e enchei-vos de confiança no futuro, multiplicando as sementeiras de afeições e serviços santificantes.

Quando perderdes temporariamente a companhia direta de um ente amado, recordai as palavras do Cristo; aquela reduzida família de Betânia é a miniatura da imensa família da humanidade.

(*Vinha de luz*. FEB Editora. Cap. 151)

Ao dizer essas [coisas], gritou em alta voz: Lázaro, vem para fora.

João 11:43

Pergunta 317 do livro *O consolador*

Pergunta: A ressurreição de Lázaro, operada pelo Mestre, tem um sentido oculto, como lição à humanidade?

Resposta: O episódio de Lázaro era um selo divino identificando a passagem do Senhor, mas também foi o símbolo sagrado da ação do Cristo sobre o homem, testemunhando que o seu amor arrancava a humanidade do seu sepulcro de misérias, humanidade a favor da qual tem o Senhor dado o sacrifício de suas lágrimas, ressuscitando-a para o sol da vida eterna, nas sagradas lições do seu Evangelho de amor e de redenção.

(*O consolador*. FEB Editora. Pergunta 317)

> *O que estivera morto saiu, [com] os pés amarrados, as mãos enfaixadas e o rosto envolto em um sudário. Jesus lhes diz: soltai-o e deixai-o ir.*

João 11:44

Como Lázaro

O regresso de Lázaro à vida ativa representa grandioso símbolo para todos os trabalhadores da Terra.

Os criminosos arrependidos, os pecadores que se voltam para o bem, os que "trincaram" o cristal da consciência, entendem a maravilhosa característica do verbo recomeçar.

Lázaro não podia ser feliz tão só por revestir-se novamente da carne perecível, mas sim pela possibilidade de reiniciar a experiência humana com valores novos. E, na faina evolutiva, cada vez que o espírito alcança do Mestre divino a oportunidade de regressar à Terra, ei-lo desenfaixado dos laços vigorosos... exonerado da angústia, do remorso, do medo... A sensação do túmulo de impressões em que se encontrava, era venda forte a cobrir-lhe o rosto...

Jesus, compadecido, exclamou para o mundo: "Desligai-o, deixai-o ir." Essa passagem evangélica é assinalada de profunda beleza.

Preciosa é a existência de um homem, porque o Cristo lhe permitiu o desligamento dos laços criminosos com o pretérito, deixando-o encaminhar-se, de novo, às fontes da vida humana, de maneira a reconstituir e santificar os elos de seu destino espiritual, na dádiva suprema de começar outra vez.

(*Caminho, verdade e vida*. FEB Editora. Cap. 112)

Libertemos[35]

É importante pensar que Jesus não apenas arrancou Lázaro à sombra do túmulo. Trazendo-o, de volta, à vida, pede para que seja restituído à liberdade.

"Desatai-o e deixai-o ir" — diz o Senhor.

Jo 11:44

O companheiro redivivo deveria estar desalgemado para atender às próprias experiências.

Também nós temos, no mundo da própria alma, os que tombam na fossa da negação.

Os que nos dilaceram os ideais, os que nos arrastam à desilusão, os que zombam de nossas esperanças e os que nos lançam em abandono assemelham-se a mortos na cripta de nossas agoniadas recordações.

Lembrá-los é como reavivar velhas úlceras.

Entretanto, para que nos desvencilhemos de semelhantes angústias, é imperioso retirá-los do coração e devolvê-los ao sol da existência.

Não basta, porém, esse gesto de libertação para nós. É imprescindível haja de nossa parte auxílio a eles, para que se desagrilhoem.

Nem condená-los, nem azedar-lhes o sentimento, mas sim exonerá-los de todo compromisso, ajustando-os a si próprios.

Aqueles que libertamos de qualquer obrigação para conosco, entregando-os à bondade de Deus, mais cedo regressam à luz da compreensão.

Se alguém, assim, caiu na morte do mal, diante de ti, ajuda-o a refazer-se para o bem; entretanto, além disso, é preciso também desatá-lo de qualquer constrangimento e deixá-lo ir.

(*Reformador*, jun. 1960, p. 122)

---

[35] Texto publicado em *Palavras de vida eterna*. Ed. Comunhão Espírita Cristã. Cap. 75.

Mas os sumos sacerdotes deliberaram matar também a Lázaro.

João 12:10

Também tu

Interessante observar as cogitações do farisaísmo, relativamente a Lázaro, nas horas supremas de Jesus.
Não bastava a crucificação do Mestre.
Intentava-se, igualmente, a morte do amigo de Betânia.
Lázaro fora cadáver e revivera, sepultara-se nas trevas do túmulo e regressara à luz da vida. Era, por isso, uma glorificação permanente do Salvador, uma cura insofismável do Médico divino. Constituiria em Jerusalém a carta viva do poder do Cristo, destoava dos conterrâneos, tornara-se diferente.
Considerava-se, portanto, indispensável à destruição dele.
O farisaísmo dos velhos tempos ainda é o mesmo nos dias que passam, apenas com a diferença de que Jerusalém é a civilização inteira. Para ele, o Mestre deve continuar crucificado e todos os Lázaros ressurgirão sentenciados à morte.
Qualquer homem, renovado em Cristo, incomoda-o.
Há participantes do Evangelho que se sentem verdadeiramente ressuscitados, trazidos à claridade da fé, após atravessarem o sepulcro do ódio, do crime, da indiferença...
O farisaísmo, entretanto, não lhes tolera a condição de redivivos, a demonstrarem a grandeza do Mestre. Instala perseguições, desclassifica-os na convenção puramente humana, tenta anular-lhes a ação em todos os setores da experiência.
Somente os Lázaros que se unam ao amor de Jesus conseguem vencer o terrível assédio da ignorância.
Tem, pois, cuidado contigo mesmo.
Se te sentes trazido da sombra para a luz, do mal para o bem, ao sublime influxo do Senhor, recorda que o farisaísmo, visível e invisível, obedecendo a impulsos de ordem inferior,

ainda está trabalhando contra o valor de tua fé e contra a força de teu ideal.

Não bastou a crucificação do Mestre.

Também tu conhecerás o testemunho.

(*Vinha de luz*. FEB Editora. Cap. 61)

Jo
12:10

Porque muitos dentre os judeus estavam partindo e crendo em Jesus.

João 12:11

Não te esqueças

Narra o Evangelho de João que muita gente, encaminhando-se para Betânia, buscava acercar-se do Mestre, não somente para vê-lo, mas para contemplar também a figura de Lázaro, retirado do sepulcro. Nessa movimentação, muitos iam e voltavam transformados, irritando os círculos farisaicos.

Essa lembrança do Apóstolo é preciosa.

A situação, todavia, é idêntica nos dias atuais.

A alma voltada para o Cristo quase sempre foi ressuscitada por seu amor, escapando à sombra dos pesadelos intelectuais que operam a morte do sentimento...

Muitos homens estão mortos, soterrados nos sepulcros da indiferença, do egoísmo, da negação. Quando um companheiro, como Lázaro, tem a felicidade de ser tocado pelo Cristo, eis que se estabelece a curiosidade geral acerca de suas atitudes. Todos desejam conhecer-lhe as modificações.

Se és, portanto, um beneficiado de Jesus; se o Senhor já te levantou do pó terrestre para o conhecimento da vida infinita, recorda-te de que teus amigos, na maioria, têm notícias do Mestre; todavia, ainda não estão preparados a compreendê-lo integralmente. Serás, como Lázaro, o ponto de observação direta para todos eles. Somente começarão a receber a claridade da crença sincera por ti, reconhecendo o poder de Jesus pela transformação que estejas demonstrando. Se já foste, pois, chamado pelo Senhor da vida, está em tuas mãos continuares nos recintos da morte ou levantares para a edificação dos que te rodeiam.

(*Caminho, verdade e vida.* FEB Editora. Cap. 113)

Se alguém me serve, siga-me [...].

João 12:26

Conforto

Frequentemente, as organizações religiosas e mormente as espiritistas, na atualidade, estão repletas de pessoas ansiosas por um conforto.

De fato, a elevada Doutrina dos Espíritos é a divina expressão do Consolador Prometido. Em suas atividades resplendem caminhos novos para o pensamento humano, cheios de profundas consolações para os dias mais duros.

No entanto, é imprescindível ponderar que não será justo querer alguém confortar-se, sem se dar ao trabalho necessário...

Muitos pedem amparo aos mensageiros do plano invisível; mas como recebê-lo, se chegaram ao cúmulo de abandonar-se ao sabor da ventania impetuosa que sopra, de rijo, nos resvaladouros dos caminhos?

Conforto espiritual não é como o pão do mundo, que passa, mecanicamente, de mão em mão, para saciar a fome do corpo, mas sim como o Sol, que é o mesmo para todos, penetrando, porém, somente nos lugares onde não se haja feito um reduto fechado para as sombras.

Os discípulos de Jesus podem referir-se às suas necessidades de conforto. Isso é natural. Todavia, antes disso, necessitam saber se estão servindo ao Mestre e seguindo-o. O Cristo nunca faltou às suas promessas. Seu reino divino se ergue sobre consolações imortais; mas, para atingi-lo, faz-se necessário seguir-lhe os passos e ninguém ignora qual foi o caminho de Jesus, nas pedras deste mundo.

(*Caminho, verdade e vida*. FEB Editora. Cap. 11)

> *[...] Pai, salva-me desta hora? Mas, para isso, vim a esta hora.*

João 12:27

Crises

A lição de Jesus, neste passo do Evangelho, é das mais expressivas.

Ia o Mestre provar o abandono dos entes amados, a ingratidão de beneficiários da véspera, a ironia da multidão, o apodo na via pública, o suplício e a cruz, mas sabia que ali se encontrava para isto, consoante os desígnios do eterno.

Pede a proteção do Pai e submete-se na condição do filho fiel.

Examina a gravidade da hora em curso, todavia reconhece a necessidade do testemunho.

E todas as vidas na Terra experimentarão os mesmos trâmites na escala infinita das experiências necessárias.

Todos os seres e coisas se preparam, considerando as crises que virão. É a crise que decide o futuro.

A terra aguarda a charrua.

O minério será remetido ao cadinho.

A árvore sofrerá a poda.

O verme será submetido à luz solar.

A ave defrontará com a tormenta.

A ovelha esperará a tosquia.

O homem será conduzido à luta.

O cristão conhecerá testemunhos sucessivos.

É por isto que vemos, no serviço divino do Mestre, a crise da cruz que se fez acompanhar pela bênção eterna da Ressurreição.

Quando pois te encontrares em luta imensa, recorda que o Senhor te conduziu a semelhante posição de sacrifício, considerando a probabilidade de tua exaltação, e não te esqueças de que toda crise é fonte sublime de espírito renovador para os que sabem ter esperança.

(*Vinha de luz*. FEB Editora. Cap. 58)

Jo
12:27

> *Disse-lhes Jesus: por pouco tempo ainda a luz está entre vós. Andai enquanto tendes a luz, para que a treva não vos retenha; quem anda na treva não sabe para onde vai.*

João 12:35

Tempo de hoje

Hoje é o tema fundamental nas proposições do tempo. Ontem, retaguarda. Amanhã, porvir.

Hoje, no entanto, é a oportunidade adequada a corrigir falhas havidas e executar o serviço à frente... Dia de começar experiências que nos melhorem ou reajustem; de consultar essa ou aquela página edificante que nos iluminem a rota; de escrever a mensagem ao coração amigo que nos aguarda a palavra a fim de reconfortar-se ou assumir uma decisão; de promover o encontro que nos valorize as esperanças; de estender as mãos aos que se nos fizeram adversários ou de orar por eles se a consciência não nos permite ainda a reaproximação!...

Quantas mágoas se converteram em crimes por não havermos dado um minuto de amor para extinguir o braseiro do ódio! Quantos pequeninos ressentimentos se transfiguraram em separações seculares, nos domínios da reencarnação por não termos tido coragem de exercer a humildade por meia hora!

Analisa a planta que se elevou nos poucos dias em que estiveste ausente, reflete no prato que se corrompeu durante os momentos breves em que te distanciaste da mesa!...

Tudo se transforma no tempo.

No trecho de instantes, deslocam-se mundos, proliferam micróbios.

O tempo, como a luz solar, é concedido a nós todos em parcelas iguais; as obras é que diferem, dentro dele por partirem de nós.

Observa o tempo que se chama hoje. Relaciona os recursos de que dispões: olhos que veem, ouvidos que escutam, verbo claro, braços e pernas úteis sob controle do cérebro livre!...

Ninguém te impede fazer do tempo consolação e tranquilidade, exemplo digno e conhecimento superior.

O próprio Jesus atribuía tamanha importância ao tempo que não se esqueceu de glorificar a última hora dos seareiros da verdade que se decidem a trabalhar.

Aproveita o dia corrente e faze algo melhor.

Hoje consegues agir e pensar, comandar e seguir, sem obstáculos. Vale-te, assim, do momento que passa e toma a iniciativa do bem, porque o tempo é concessão do Senhor e amanhã a bondade do Senhor poderá modificar-te o caminho ou renovar-te os programas.

Jo 12:35

(*Livro da esperança*. Ed. Comunhão Espírita Cristã. Cap. 67)

Valei-vos da luz

O homem de meditação encontrará pensamentos divinos, analisando o passado e o futuro. Ver-se-á colocado entre duas eternidades — a dos dias que se foram e a que lhe acena do porvir.

Examinando os tesouros do presente, descobrirá suas oportunidades preciosas.

No futuro, antevê a bendita luz da imortalidade, enquanto no pretérito se localizam as trevas da ignorância, dos erros praticados, das experiências mal vividas. Esmagadora maioria de personalidades humanas não possui outra paisagem, com respeito ao passado próximo ou remoto, senão essa, constituída de ruína e desencanto, compelindo-as a revalorizar os recursos em mão.

A vida humana, pois, apesar de transitória, é a chama que vos coloca em contato com o serviço de que necessitais para a ascensão justa. Nesse abençoado ensejo, é possível resgatar, corrigir, aprender, ganhar, conquistar, reunir, reconciliar e enriquecer-se no Senhor.

Refleti na observação do Mestre e apreender-lhe-eis o luminoso sentido. Andai enquanto tendes a luz, disse Ele.

Aproveitai a dádiva de tempo recebida, no trabalho edificante.

Afastai-vos da condição inferior, adquirindo mais alto entendimento.

Sem os característicos de melhoria e aprimoramento no ato de marcha, sereis dominados pelas trevas, isto é, anulareis vossa oportunidade santa, tornando aos impulsos menos dignos e regressando, em seguida à morte do corpo, ao mesmo sítio de sombras de onde emergistes para vencer novos degraus na sublime montanha da vida.

Jo 12:35

(*Pão nosso*. FEB Editora. Cap. 6)

Diante do amanhã

Compreendemos, sim, todos os teus cuidados no mundo, assegurando a tua tranquilidade.

Organizas com esmero a casa em que vives.
Proteges as vantagens imediatas da parentela.
Preservas, apaixonadamente, a segurança dos filhos.
Atendes, com extremado carinho, ao teu grupo social.
Valorizas o que possuis.
Arranjas habilmente o leito calmo.
Selecionas, com fino gosto, os pratos do dia.
Defendes, como podes, a melhoria das tuas rendas.
Aspiras a conquistar salário mais amplo.
Garantes o teu direito à frente dos tribunais.
Vasculhas avidamente o noticiário do que vai pelo mundo.
Sabes procurar, com pontualidade e respeito, os serviços do médico e os préstimos do dentista.
Marcas horário para o cabeleireiro.
Escolhes com devoção o filme que mais te agrada.
Examinas a moda, mesmo com simplicidade e moderação, como quem obedece à força de um ritual.
Questionas sucessos políticos.
Discutes, veemente, os serviços públicos.

Tentas, de maneira instintiva, influenciar opiniões e pessoas.

Desvelas-te em atrair a simpatia dos companheiros.

Observas, a cada instante, as condições do tempo, como se trouxesses, obrigatoriamente, um barômetro na cabeça.

Tudo isso, meu irmão da Terra, é compreensível, tudo isso é preocupação natural da existência.

Jo 12:35

No entanto, não conseguimos explicar o teu desvairado apego às ilusões de superfície, nem entendemos por que não dedicas alguns minutos de cada dia, de cada semana ou de cada mês a refletir na transitoriedade dos recursos humanos, reconhecendo que nada levarás, materialmente, do plano físico, tanto quanto, afora os bens do espírito, nada trouxeste ao pousar nele.

Ainda assim, não te convidamos à ideia obcecante da morte, porquanto a morte é sempre a vida noutra face. Desejamos tão somente destacar que, nessa ou naquela convicção, ninguém fugirá do porvir.

Disse o Cristo: "Andai enquanto tendes luz".

Isso quer dizer que é preciso aproveitar a luz do mundo para fazer luz em nós.

(*Justiça divina*. FEB Editora. Cap. 65)

Corrijamos agora[36]

Em plena vida espiritual, além do caminho estreito da carne, sempre realizamos o inventário de nossas aquisições no mundo.

Em semelhantes ocasiões, invariavelmente nos escandalizamos à frente de nós mesmos e rogamos, então, à divina Providência a graça do retorno à matéria mais densa, sem as vantagens terrestres que nos serviram de perda.

É por isso que renascemos no mundo com singulares inibições congeniais.

---

[36] Texto publicado em *Família*. Ed. Cultura Espírita União. Cap. "Corrijamos agora", com pequenas alterações.

Aqui, é um cego que pediu a medicação da sombra para curar antigos desvarios da visão.

Ali, é um surdo que solicitou o silêncio nos ouvidos, como benção de reajuste da própria alma.

Mais além, somos defrontados pelo leproso que implorou do Céu a vestimenta de feridas e aflições, como remédio purificador da personalidade transviada do verdadeiro bem.

Jo 12:35

Mais adiante, encontramos o aleijado de nascença, que suplicou a mutilação natural por serviço valioso de auto corrigenda.

Doenças e amarguras, dificuldades e dores são meios de que nos valemos para a justa reparação de nossa vida, em nós ou fora de nós.

Assim pois, atendamos ao aviso do Evangelho, no passo em que nos adverte o Senhor: "Caminhai, enquanto tendes luz".

Enquanto se vos concede no mundo a felicidade da permanência no corpo físico — templo de formação das nossas asas espirituais para a vida eterna —, não procureis o escândalo, a distância de vosso círculo individual! Escandalizemo-nos conosco, quando a nossa conduta estiver contrária aos princípios superiores que abraçamos. Estranhemos nossos pensamentos, nossas palavras e nossos atos, quando não se afinem com o Mestre da Cruz, cujo modelo procuramos, e, assim, amanhã não teremos a lamentar maiores faltas, alcançando a vitória sobre nós mesmos, em paz com a nossa própria consciência, à frente da Vida imperecível que nos espera com o nosso Mestre e Senhor.

(*Reformador*, mar. 1954, p. 54)

Cegou os olhos deles e endureceu o coração deles, para que não vejam com os olhos, nem compreendam com o coração e se voltem, e [Eu] os cure.

João 12:40

Por amor

Os planos mais humildes da natureza revelam a Providência divina, em soberana expressão de desvelo e amor.

Os lírios não tecem, as aves não guardam provisões e misteriosa força fornece-lhes o necessário.

A observação sobre a vida dos animais demonstra os extremos de ternura com que o Pai vela pela Criação desde o princípio: aqui, uma asa; acolá, um dente a mais; ali, desconhecido poder de defesa.

Afirma-se a grande revelação de amor em tudo.

No entanto, quando o Pai convoca os filhos à cooperação nas suas obras, eis que muita vez se salientam os ingratos, que convertem os favores recebidos, não em deveres nobres e construtivos, mas em novas exigências; então, faz-se preciso que o coração se lhes endureça cada vez mais, porque, fora do equilíbrio, encontrarão o sofrimento na restauração indispensável das leis externas desse mesmo amor divino. Quando nada enxergam além dos aspectos materiais da paisagem transitória, sobrevém, inopinadamente, a luta depuradora.

É quando Jesus chega e opera a cura.

Só então torna o ingrato à compreensão da Magnanimidade divina.

O amor equilibra, a dor restaura. É por isso que ouvimos muitas vezes: "Nunca teria acreditado em Deus se não houvesse sofrido."

(*Caminho, verdade e vida*. FEB Editora. Cap. 139)

> *Pois amaram mais a glória dos homens do que a glória de Deus.*

João 12:43

Recapitulações

Os séculos parecem reviver com seus resplendores e decadências.

Fornece o mundo a impressão dum campo onde as cenas se repetem constantemente.

Tudo instável.

A força e o direito caminham com alternativas de domínio. Multidões esclarecidas regressam a novas alucinações. O espírito humano, a seu turno, considerado insuladamente, demonstra recapitular as más experiências, após alcançar o bom conhecimento.

Como esclarecer a anomalia? A situação é estranhável porque, no fundo, todo homem tem sede de paz e fome de estabilidade.

Importa reconhecer, porém, que, no curso dos milênios, as criaturas humanas, em múltiplas existências, têm amado mais a glória terrena que a glória de Deus.

Inúmeros homens se presumem redimidos com a meditação criteriosa do crepúsculo, mas... e o dia que já se foi? Na justiça misericordiosa de suas decisões, Jesus concede ao trabalhador hesitante uma oportunidade nova. O dia volta. Refunde-se a existência. Todavia, que aproveita ao operário valer-se tão somente dos bens eternos, no crepúsculo cheio de sombras?

Alguém lhe perguntará: que fizeste da manhã clara, do Sol ardente, dos instrumentos que te dei? Apenas a essa altura reconhece a necessidade de gloriar-se no Todo-Poderoso. E homens e povos continuarão desfazendo a obra falsa para recomeçar o esforço outra vez.

(*Caminho, verdade e vida.* FEB Editora. Cap. 33)

Levanta-se da ceia, depõe a veste e, tomando um pano[de linho], cingiu-se.

João 13:4

Pergunta 315 do livro *O consolador*

Pergunta: Por que razão Jesus, ao lavar os pés dos discípulos, cingiu-se com uma toalha?

Resposta: O Cristo, que não desdenhou a energia fraternal na eliminação dos erros da criatura humana, afirmando-se como Filho de Deus nos divinos fundamentos da Verdade, quis proceder desse modo para revelar-se o escravo pelo amor à humanidade, à qual vinha trazer a luz da vida, na abnegação e no sacrifício supremos.

(*O consolador*. FEB Editora. Pergunta 315)

> *Então, jogando água na bacia, começou a lavar os pés dos discípulos e enxugá-los com o pano com o qual estava cingido.*

João 13:5

Pergunta 314 do livro *O consolador*

Pergunta: Qual a maior lição que a humanidade recebeu do Mestre, ao lavar Ele os pés dos seus discípulos?

Resposta: Entregando-se a esse ato, queria o divino Mestre testemunhar às criaturas humanas a suprema lição da humildade, demonstrando, ainda uma vez, que, na coletividade cristã, o maior para Deus seria sempre aquele que se fizesse o menor de todos.

(*O consolador*. FEB Editora. Pergunta 314)

Pés e paz

Expressiva a decisão de Jesus, lavando os pés dos discípulos.

Recordemos que o Senhor não opera a ablução da cabeça que pensa, vê e ouve, traduzindo o sentimento com os dons divinos da reflexão e com as faculdades superiores da palavra, nem lhes alimpa as mãos que trazem consigo a excelência dos recursos tácteis para a glorificação do trabalho e a muda linguagem dos gestos, que exprimem afetividade e consolação.

Lava-lhes simplesmente os pés, base de sustentação do corpo e implementos da criatura física que entram em contato com a lama e o pó da Terra, padecendo espinheiros e charcos. E purifica-lhes semelhantes apêndices, necessários à vida humana, sem reproche e sem queixa.

Lembremo-nos, pois, do ensinamento sublime e lavemos os pés uns dos outros, com a benção da humildade, no silêncio do amor puro que tudo compreende, tudo suporta, tudo santifica e tudo crê, porquanto apenas tolerando e entendendo a poeira e o lodo que ainda repontem dos caminhos alheios, é que redimiremos os nossos, atingindo a verdadeira paz.

(*Encontro de paz*. Ed. IDE. Cap. 29)

Jo
13:5

Pedro lhe diz: jamais lavarás os meus pés, por todo sempre. Respondeu-lhe Jesus: se [Eu] não te lavar, não tens parte comigo.

João 13:8

Bases

É natural vejamos, antes de tudo, na resolução do Mestre, ao lavar os pés dos discípulos, uma demonstração sublime de humildade santificante.

Primeiramente, é justo examinarmos a interpretação intelectual, adiantando, porém, a análise mais profunda de seus atos divinos. É que, pela mensagem permanente do Evangelho, o Cristo continua lavando os pés de todos os seguidores sinceros de sua doutrina de amor e perdão.

O homem costuma viver desinteressado de todas as suas obrigações superiores, muitas vezes aplaudindo o crime e a inconsciência. Todavia, ao contato de Jesus e de seus ensinamentos sublimes, sente que pisará sobre novas bases, enquanto suas apreciações fundamentais da existência são muito diversas.

Alguém proporciona leveza aos seus pés espirituais para que marche de modo diferente nas sendas evolutivas.

Tudo se renova e a criatura compreende que não fora essa intervenção maravilhosa e não poderia participar do banquete da vida real.

Então, como o Apóstolo de Cafarnaum, experimenta novas responsabilidades no caminho e, desejando corresponder à expectativa divina, roga a Jesus lhe lave não somente os pés mas também as mãos e a cabeça.

(*Caminho, verdade e vida*. FEB Editora. Cap. 5)

Se sabeis essas [coisas], bem-aventurados sois se as fizerdes.

João 13:17

Saber e fazer

Entre saber e fazer, existe singular diferença.

Quase todos sabem, poucos fazem.

Todas as seitas religiosas, de modo geral, somente ensinam o que constitui o bem. Todas possuem serventuários, crentes e propagandistas, mas os apóstolos de cada uma escasseiam cada vez mais.

Há sempre vozes habilitadas a indicar os caminhos. É a palavra dos que sabem.

Raras criaturas penetram valorosamente a vereda, muita vez em silêncio, abandonadas e incompreendidas. É o esforço supremo dos que fazem.

Jesus compreendeu a indecisão dos filhos da Terra e, transmitindo-lhes a palavra da verdade e da vida, fez a exemplificação máxima, por meio de sacrifícios culminantes.

A existência de uma teoria elevada envolve a necessidade de experiência e trabalho. Se a ação edificante fosse desnecessária, a mais humilde tese do bem deixaria de existir por inútil.

João assinalou a lição do Mestre com sabedoria. Demonstra o versículo que somente os que concretizam os ensinamentos do Senhor podem ser bem-aventurados. Aí reside, no campo do serviço cristão, a diferença entre a cultura e a prática, entre saber e fazer.

(*Caminho, verdade e vida*. FEB Editora. Cap. 49)

Um novo mandamento vos dou: "que vos ameis uns aos outros"; assim como vos amei, que também vos ameis uns aos outros.

João 13:34

O novo mandamento

A leitura despercebida do texto induziria o leitor a sentir nessas palavras do Mestre absoluta identidade com o seu ensinamento relativo à regra áurea.

Entretanto, é preciso salientar a diferença.

O "ama a teu próximo como a ti mesmo" é diverso do "que vos ameis uns aos outros como Eu vos amei".

O primeiro institui um dever, em cuja execução não é razoável que o homem cogite da compreensão alheia. O aprendiz amará o próximo como a si mesmo.

Jesus, porém, engrandeceu a fórmula, criando o novo mandamento na comunidade cristã. O Mestre refere-se a isso na derradeira reunião com os amigos queridos, na intimidade dos corações.

A recomendação "que vos ameis uns aos outros como Eu vos amei" assegura o regime da verdadeira solidariedade entre os discípulos, garante a confiança fraternal e a certeza do entendimento recíproco.

Em todas as relações comuns, o cristão amará o próximo como a si mesmo, reconhecendo, contudo, que no lar de sua fé conta com irmãos que se amparam efetivamente uns aos outros.

Esse é o novo mandamento que estabeleceu a intimidade legítima entre os que se entregaram ao Cristo, significando que, em seus ambientes de trabalho, há quem se sacrifique e quem compreenda o sacrifício, quem ame e se sinta amado, quem faz o bem e quem saiba agradecer.

Em qualquer círculo do Evangelho, em que essa característica não assinala as manifestações dos companheiros entre si, os argumentos da Boa-Nova podem haver atingido os cérebros indagadores, mas ainda não penetraram o santuário dos corações.

(*Caminho, verdade e vida*. FEB Editora. Cap. 179)

Anotemos

Jo
13:34

Os ensinamentos de Jesus estão nas linhas da natureza.
Quanto menos perseverança na enxada, mais ferrugem a dificultar-lhe o serviço.
Quanto mais suor no arado, mais bênção na sementeira.
Quanto menos repouso à fonte, mais limpidez na corrente.
Quanto mais descanso ao poço, mais estagnação enfermiça nas águas.
Quanto menos trato às plantas do pomar, mais ampla invasão da erva daninha.
Quanto mais poda nas árvores benfeitoras, mais valiosa se lhe faz a produção.
Assim também na vida.
Quanto menos esforço, mais intensa excursão na ociosidade.
Quanto mais diligência, mas crédito na ação.
Quanto menos fé, mais névoa de incerteza.
Quanto mais serviço apresentado, suprimento mais alto.
Quanto menos bondade, mais pessimismo.
Quanto mais amizade, alegria mais pura.
Quanto mais desprendimento no amparo, simpatia maior.
Quanto menos perdão, mais sombra de ressentimento.
Quanto mais amor, mais luz no caminho.
Quanto menos brandura, mais inquietação.
Quanto mais humildade, mais compreensão.
Por isso mesmo, nós, armados de vontade e discernimento, somos livres para estabelecer na vida o clima de sofrimento que nos segregue ou para construir o nosso caminho de felicidade, facilitando-nos a ascensão para a grande Luz.

Decerto, pensando na importância da Caridade nos mecanismos de nossas relações recíprocas, é que Jesus nos legou a observação inesquecível: "Amai-vos uns aos outros como eu vos amei".

(*Convivência*. Ed. Cultura Espírita União. Cap. 16)

Jo 13:34

Caridade e convivência

A Caridade é a base da paz no relacionamento humano.
A Convivência feliz pede apoio e compreensão.
Por vezes, é possível que os outros necessitem de nós, mas não podemos esquecer que todos nós necessitamos igualmente dos outros.
Auxilia aos vizinhos para que os vizinhos te auxiliem.
O próximo é a ponte capaz de escorar-nos na travessia das dificuldades.
Não fujas à prestação de serviços que a outrem consigas oferecer.
Esquece possíveis ofensas alheias, reconhecendo os nossos próprios erros.
Fala criando otimismo e paz.
Não te queixes de ninguém.
Trabalha e serve sempre.
Decerto, pensando na importância da Caridade nos mecanismos de nossas relações recíprocas, é que Jesus nos legou a observação inesquecível: "Amai-vos uns aos outros como eu vos amei".

(*Convivência*. Ed. Cultura Espírita União. Cap. 20)

Na senda renovadora

Não alegues a suposta ingratidão dos outros para desertar da Seara do Bem.

Na engrenagem da vida, cada qual de nós é peça importante com funções específicas.

Considera o poder de auxiliar que te foi concedido.

Ninguém recebe o conhecimento superior tão só para o proveito próprio.

Saibamos dividir o tesouro da compreensão em parcelas de bondade.

Jo
13:34

Recorda que te apoias no concurso de muitos corações que te escoraram, um dia, no recinto doméstico, sem aguardar o brilho de qualquer premiação.

Revisa as sendas trilhadas e redescobrirás na base da tua riqueza de espírito um amigo anônimo encanecido entre a dificuldade e abnegação, ou a assistência de um companheiro que muitas vezes te haverá desculpado as fraquezas e as incompreensões, a fim de que amadurecesses no entendimento da vida.

Reflete nisso e concluirás que Deus jamais te falhou no instante preciso.

Reconhecerás que essa mesma divina Providência que te resguardou pelo devotamento de braços alheios, espera agora sejas a proteção dos nossos irmãos mais fracos.

Não sonegarás benevolência onde repontem agravos.

Lembrar-te-ás da infinita Bondade do Criador, que improvisa o oásis na aridez do deserto tanto quanto cultiva o jardim na amargura do pântano, e amarás sempre, aprendendo a distribuir os talentos de tuas aquisições espirituais.

Ninguém consegue adivinhar os prodígios do amor que nascerão de um simples gesto de bondade perante um coração que as circunstâncias menos felizes relegaram por muito tempo à secura, tanto quanto ninguém pode prever a alegria dos frutos que virão de uma simples semente nobre, lançada ao solo por muito tempo largado à negligência.

Seja qual for o contratempo que se te erija em obstáculo na estrada a percorrer, age para o bem.

Ambientando a fé no próprio íntimo, alterou-se-te a paisagem no dia-a-dia.

Faze dela instrumento de trabalho e lâmpada acesa no caminho.

Quando assinalaste a verdade que te ilumina o espírito, tiveste o coração automaticamente induzido a integrar a legião dos companheiros do Cristo, e diante do Cristo nenhum de nós poderá esquecer-lhe a inesquecível convocação:

"Amai-vos uns aos outros como eu vos amei."

Jo
13:34

(*Mediunidade e sintonia*. Ed. Cultura Espírita União. Cap. 7)

Ante a indulgência divina

Induzidos à intemperança mental, a explodir dentro de nós por vulcão de loucura, meditemos na Indulgência divina, para que não venhamos a cair nos desajustes da intolerância.

Achávamo-nos, ontem, desarvorados e oprimidos no torvelinho das trevas.

O Senhor, porém, nos concedeu novo dia para recomeçar a grande ascensão à luz.

Estávamos paralíticos na recapitulação incessante de nossos desequilíbrios.

Restituiu-nos a faculdade do movimento com os pés e as mãos livres para o reequilíbrio que nos compete.

Sofríamos desilusão e cegueira.

Reformou-nos a esperança e a visão com que assimilamos as novas experiências.

Jazíamos desassisados na sombra.

Reconduziu-nos à posse da integridade espiritual.

Padecíamos a desesperação a desgovernar-nos o verbo, através de atitudes blasfematórias.

Investiu-nos, de novo, com o poder de falar acertadamente.

Vitimava-nos a surdez, nascida de nossa rebelião perante a Lei.

Dotou-nos de abençoados ouvidos com que possamos assinalar as novas lições do socorro espiritual.

Procedíamos à conta de infelizes alienados, nas regiões inferiores, materializando em torno de nós as telas dos próprios erros e eternizando assim, o contato com os desafetos de nossa própria vida.

Concedeu-nos, porém, a divina Bondade a bênção do lar e da provação, da responsabilidade e do trabalho em comum, nos quais tornamos à associação com os nossos adversários do pretérito para convertê-los, ao sol do amor, em laços de elevação para o futuro.

Jo 13:34

Não olvides a tolerância de Jesus, o nosso eterno Amigo, que nos suporta há milênios, amparando-nos o coração, através de mil modos, em cada passo do dia, e por gratidão a Ele, que não vacilou em aceitar a própria cruz para testemunhar-nos benevolência, sejamos aprendizes autênticos da fraternidade, porquanto somente no perdão incondicional de nossas faltas recíprocas, conseguiremos atender-lhe ao apelo inolvidável: "Amai-vos uns aos outros como eu vos amei".

(*Atenção*. Ed. IDE. Cap. 3)

As sentinelas da luz do santuário

A tempestade avizinha-se nos horizontes políticos e sociais do mundo inteiro.

Todas as vozes falam de um perigo iminente e todos os corações sentem algo de estranho no ar que respiram.

Fala-se no coletivismo, recolhendo-se cada qual no exclusivismo feroz, e fala-se de nacionalismo e de pátria, dentro do mesmo conceito de egoísmo e de isolamento.

Esses extremismos caracterizam um período de profunda decadência nos costumes sociais e políticos desta época de transições.

Apesar, porém, de sua complexidade, esse fenômeno pode ser definido como a angústia generalizada do homem, nas vésperas de abandonar a sua crisálida de cidadão.

Todos os acontecimentos que abalam o planeta, espalhando nos seus recantos mais remotos uma onda revolucionária e regeneradora, significam o trabalho intenso e difícil

Jo
13:34

da laboriosa gestação do novo organismo de leis pelo qual se regerão, mais tarde, os institutos terrenos.

Ditadores e extremismos são expressões transitórias dessa fase de experiências dolorosas porque a verdade é que o cidadão da pátria será substituído pelo homem fraterno, irmão dos seus semelhantes e compenetrado dos seus deveres de amor.

Muitas dores implicam, por certo, nessa transformação das fórmulas patrióticas da atualidade, mas as democracias avançadas guardam, na sua estrutura, as sementes desse luminoso porvir.

Todavia, se falamos com respeito a esse assunto, é para dizermos aos nossos irmãos espiritualistas que eles são as sentinelas da Luz do Santuário, à maneira dos antigos heróis que guardavam as primícias do fogo sagrado.

Na hora das sombras, quando a subversão ameaçar o planeta, compete-lhes fornecer o testemunho de sua fé, como um penhor de segurança para as gerações do futuro.

A tarefa do espiritismo está, portanto, adstrita à realização do homem interior, dentro de um novo conceito de fraternidade.

Fora desses princípios, as atividades de cada qual serão como folhas volantes, dentro do seu caráter dispersivo, porque todo o nosso esforço está enquadrado no "amarmo-nos uns aos outros" e é essa fórmula que deverá representar a bússola das atividades dos espiritualistas sinceros, os quais, com os seus abençoados sacrifícios, serão os "engenheiros sociais" dos tempos do porvir.

(*Esperança e luz*. Ed. Cultura Espírita União. Cap. "As sentinelas da luz do santuário")

Amor

O amor puro é o reflexo do Criador em todas as criaturas.

Brilha em tudo e em tudo palpita na mesma vibração de sabedoria e beleza. É fundamento da vida e justiça de toda a Lei.

Surge, sublime, no equilíbrio dos mundos erguidos à glória da imensidade, quanto nas flores anônimas esquecidas no campo.

Nele fulgura, generosa, a alma de todas as grandes religiões que aparecem, no curso das civilizações, por sistemas de fé à procura da comunhão com a Bondade celeste, e nele se enraíza todo o impulso de solidariedade entre os homens.

Jo
13:34

Plasma divino com que Deus envolve tudo o que é criado, o amor é o hálito dele mesmo, penetrando o universo.

Vemo-lo, assim, como silenciosa esperança do Céu, aguardando a evolução de todos os princípios e respeitando a decisão de todas as consciências.

Mercê de semelhante bênção, cada ser é acalentado no degrau da vida em que se encontra.

O verme é amado pelo Senhor, que lhe concede milhares e milhares de séculos para levantar-se da viscosidade do abismo, tanto quanto o anjo que o representa junto do verme. A seiva que nutre a rosa é a mesma que alimenta o espinho dilacerante. Na árvore em que se aninha o pássaro indefeso, pode acolher-se a serpente com as suas armas de morte. No espaço de uma penitenciária, respira, com a mesma segurança, o criminoso que lhe padece as grades de sofrimento e o correto administrador que lhe garante a ordem.

O amor, repetimos, é o reflexo de Deus, nosso Pai, que se compadece de todos e que a ninguém violenta, embora, em razão do mesmo amor infinito com que nos ama, determine que estejamos sempre sob a lei da responsabilidade que se manifesta para cada consciência, de acordo com as suas próprias obras.

E, amando-nos, permite o Senhor perlustrarmos sem prazo o caminho de ascensão para Ele, concedendo-nos, quando impensadamente nos consagramos ao mal, a própria eternidade para reconciliar-nos com o bem, que é a sua regra imutável.

Herdeiros dele que somos, raios de sua inteligência infinita e sendo Ele mesmo o Amor eterno de toda a Criação, em tudo e em toda parte, é da legislação por Ele estatuída que cada Espírito reflita livremente aquilo que mais ame, transformando-se, aqui

Jo 13:34

e ali, na luz ou na treva, na alegria ou na dor a que empenhe o coração.

Eis por que Jesus, o Modelo divino, enviado por Ele à Terra para clarear-nos a senda, em cada passo de seu Ministério tomou o amor ao Pai por inspiração de toda a vida, amando sem a preocupação de ser amado e auxiliando sem qualquer ideia de recompensa.

Descendo à esfera dos homens por amor, humilhando-se por amor, ajudando e sofrendo por amor, passa no mundo, de sentimento erguido ao Pai excelso, refletindo-lhe a vontade sábia e misericordiosa. E, para que a vida e o pensamento de todos nós lhe retratem as pegadas de luz, legou-nos, em nome de Deus, a sua fórmula inesquecível: "Amai-vos uns aos outros como eu vos amei".

(*Pensamento e vida*. FEB Editora. Cap. 30)

Apelo fraternal[37]

(*Vida e caminho*. Ed. GEEM. Cap. "Apelo fraternal")

Tarefa mediúnica

Mediunidade não é instrumento barato de mágica, com que os Espíritos superiores adormeçam a mente dos amigos encarnados, utilizando-os em espetáculos indébitos para a curiosidade humana.

Realmente observamos companheiros que se confiam a entidades não aperfeiçoadas, embora inteligentes, efetuando o fascínio provisório de muitos, no setor das gratificações sentimentais menos construtivas, entretanto, aí temos o encantamento temporário e nada mais.

Tarefa mediúnica, no fundo, é consagração do trabalhador ao ministério do bem. O fenômeno, dentro dela, surge em último

---

[37] N.E.: Vide nota 21.

lugar, porque, antes de tudo, representa caridade operante, fé ativa e devotamento ao próximo.

Quem busca orientação para empresas dessa ordem, procure a companhia do Cristo que não vacilou em aceitar a cruz para servir, dentro do divino amor que lhe inflamava o coração.

Ser medianeiro das forças elevadas que governam a vida é sintonizar-se com a onda sublime do Evangelho da Redenção que instituiu o "amemo-nos uns aos outros", como Jesus se dedicou a nós, em todos os dias da vida.

Jo 13:34

A prosperidade dos sentidos superiores da alma não reside no artificialismo dos fenômenos transitórios e sim na devoção com que o discípulo da verdade se honra em peregrinar com o Mestre do perdão e da humildade, da renúncia e da vida eterna, ajudando, sem exceção, os viajores do escabroso caminho terrestre.

Se pretendes, meu irmão, um título na mediunidade que manifesta no mundo as revelações do Senhor, não te fixes tão só na técnica fenomênica; rejubila-te com as oportunidades de servir, exprimindo boa vontade no socorro a todos os necessitados da senda humana e, renovando os sofredores e os ignorantes, os perturbados e os tristes, sob o estandarte vivo de teu coração aberto para a humanidade, abraça-os por tua própria família! Depois disso, guarda a convicção de que te movimentas para a frente e para o alto, porque Deus, o Compassivo Pai de todos nós, virá ao teu encontro, enchendo-te a jornada de esperança, alegria e luz.

(*Reformador*, jun. 1951, p. 144)

Mais amor

Ama sempre para que possas compreender sempre mais...
Muitas vezes, no mundo, ensandecemos o cérebro e envenenamos o coração, indagando sem proveito quanto aos problemas que afligem os grandes e os pequenos, os ricos e os pobres, os felizes e os infelizes!...

Entretanto, bastaria um raio de amor no imo d'alma para entendermos a profunda união em que nos imantamos uns aos outros...

Ajuda antes de qualquer indagação!

Jo 13:34

Não peças diretrizes à Vida superior, antes de haveres praticado a fraternidade no círculo acanhado em que ainda te encontras.

A Terra é a nossa escola multimilenária, onde o amor é o sol para as mínimas lições.

Descerra teu espírito à sua claridade sublime e perceberás a dor que muitas vezes se agita sob o fardão dourado e observarás a glória sublime que, em muitas ocasiões, se destaca sob andrajos e sombras.

Oferece-lhe a mente e aprenderás que alegria e sofrimento, escassez e abastança, segurança e instabilidade na Terra não passam de oportunidades preciosas para a nossa elevação espiritual.

Não te esqueças de que somente aquele que se faz irmão do próximo pode soerguê-lo a mais altos destinos.

A tua boca pronunciará eloquentes discursos...

A tua pena escreverá páginas comovedoras...

A tua influência social e política assegurar-te-á transitório destaque na vida pública...

As tuas facilidades econômicas garantir-te-ão transitório respeito entre as criaturas...

Todavia, que será de ti sem o tesouro da compreensão que apenas o amor te pode conferir?

Mais amor em nossas atividades de cada dia é solução gradativa a todos os enigmas que nos cercam...

Só a luz é capaz de extinguir a sombra...

Só a sabedoria aniquila a ignorância...

Só o amor redime, vitoriosamente, a miséria...

Não nos abeiremos da revelação, indagando, pedindo, reclamando...

Amemo-nos uns aos outros e uma luz nova brotará no terreno vivo de nossa alma, constrangendo-nos a sentir que só o trabalho no serviço ao próximo é capaz de conduzir-nos à comunhão com a verdadeira felicidade, que decorre de nosso ajustamento às Leis do Pai celestial.

(*Reformador*, fev. 1957, p. 38)

Jo
13:34

Nisto todos conhecerão que sois meus discípulos, se tiverdes amor uns aos outros.

João 13:35

Fraternidade

Desde a vitória de Constantino, que descerrou ao mundo cristão as portas da hegemonia política, temos ensaiado diversas experiências para demonstrar na Terra a nossa condição de discípulos de Jesus.

Organizamos concílios célebres, formulando atrevidas conclusões acerca da natureza de Deus e da Alma, do universo e da Vida.

Incentivamos guerras arrasadoras que implantaram a miséria e o terror naqueles que não podiam crer pelo diapasão da nossa fé.

Disputamos o sepulcro do divino Mestre, brandindo a espada mortífera e ateando o fogo devorador.

Criamos comendas e cargos religiosos, distribuindo o veneno e manejando o punhal.

Acendemos fogueiras e erigimos cadafalsos, inventamos suplícios e construímos prisões para quantos discordassem dos nossos pontos de vista.

Estimulamos insurreições que operaram o embate de irmãos contra irmãos, em nome do Senhor que testemunhou na cruz o devotamento à humanidade inteira.

Edificamos palácios e basílicas, famosos pela suntuosidade e beleza, pretendendo reverenciar-lhe a memória, esquecidos de que Ele, em verdade, não possuía uma pedra onde repousar a cabeça.

E, ainda hoje, alimentamos a separação e a discórdia, erguendo trincheiras de incompreensão e animosidade, uns contra os outros, nos variados setores da interpretação.

Entretanto, a palavra do Cristo é insofismável.

Não nos faremos titulares da Boa-Nova simplesmente por atitudes exteriores...

Precisamos, sim, da cultura que aprimora a inteligência, da justiça que sustenta a ordem, do progresso material que enriquece o trabalho e de assembleias que favoreçam o estudo; no entanto, toda a movimentação humana, sem a luz do amor, pode perder-se nas sombras...

Jo 13:35

Seremos admitidos ao aprendizado do Evangelho, cultivando o reino de Deus que começa na vida íntima.

Estendamos, assim, a fraternidade pura e simples, amparando-nos mutuamente... Fraternidade que trabalha e ajuda, compreende e perdoa, entre a humildade e o serviço que asseguram a vitória do bem. Atendamo-la, onde estivermos, recordando a palavra do Senhor que afirmou com clareza e segurança: "Nisto todos conhecerão que sois meus discípulos, se vos amardes uns aos outros".

(*Fonte viva*. FEB Editora. Cap. 15)

Diferenças

Nas variadas escolas do Cristianismo, vemos milhares de pessoas que, de alguma sorte, se ligam ao Mestre e Senhor.

Há corações que se desfazem nos louvores ao Grande Médico, exaltando-lhe a intercessão divina nos acontecimentos em que se reconheceram favorecidos, mas não passam das afirmativas espetaculares, qual se vivessem indefinidamente mergulhados em maravilhosas visões.

São os simplesmente beneficiários e sonhadores.

Há temperamentos ardorosos que impressionam da tribuna, por meio de preleções eruditas e comoventes, em que relacionam a posição do grande Renovador, na religião, na filosofia e na história, não avançando, contudo, além dos discursos preciosos.

São os simplesmente sacerdotes e pregadores.

Jo
13:35

Há inteligências primorosas que vazam páginas sublimes de crença consoladora, arrancando lágrimas de emoção aos leitores ávidos de conhecimento revelador, todavia, não ultrapassam o campo do beletrismo religioso.

São os simplesmente escritores e intelectuais.

Todos guardam recursos e méritos especializados.

Existe, no entanto, nos trabalhos da Boa-Nova, um tipo de cooperador diferente.

Louva o Senhor com pensamentos, palavras e atos, cada dia.

Distribui o tesouro do bem, por intermédio do verbo consolador, sempre que possível.

Escreve conceitos edificantes, acerca do Evangelho, toda vez que as circunstâncias lho permitem.

Ultrapassa, porém, toda pregação falada ou escrita, agindo incessantemente na sementeira do bem, em obras de sacrifício próprio e de amor puro, nos moldes de ação que o Cristo nos legou. Não pede recompensa, não pergunta por resultados, não se sintoniza com o mal. Abençoa e ajuda sempre.

Semelhante companheiro é conhecido por verdadeiro discípulo do Senhor, por muito amar.

(*Fonte viva*. FEB Editora. Cap. 63)

Aliança espírita

Aliando as sociedades espíritas para salvaguardar a pureza e a simplicidade dos nossos princípios, é forçoso considerar o imperativo da aproximação, no campo de nós mesmos.

Decerto, ninguém pode exigir que o próximo pense com cabeça diversa da que possui.

Cada viajante vê a paisagem da posição em que se coloca e toda posição renova as perspectivas.

União, desse modo, para nós, não significa imposição do recurso interpretativo, mas, acima de tudo, entendimento mútuo de nossas necessidades, com o serviço da cooperação atuante, a partir do respeito que devemos uns aos outros.

Iniciemos, assim, a nossa edificação de concórdia aposentando a lâmina da crítica.

Zurzir os irmãos de luta é retalhar-lhes a própria alma, exaurindo-lhes as forças.

Se o companheiro fala para o bem, ainda que sejam algumas frases por dia, estende-lhe concurso espontâneo para que enriqueça o próprio verbo; se escreve para construir, ainda que seja uma página por ano, encoraja-lhe o esforço nobre; se consagra energias no socorro aos doentes, ainda que seja vez por outra, incentiva-lhe o trabalho; se consegue dar apenas migalha no culto da assistência aos que sofrem, auxilia-lhe o passo começante nas boas obras; se vive afastado das próprias obrigações, ora por ele, em vez de açoitá-lo, e, se está em erro, ampara-lhe o esclarecimento, através da colaboração digna, lembrando que a azedia agrava a distância.

Jo 13:35

Educarás ajudando e unirás compreendendo.

Jesus não nos chamou para exercer a função de palmatórias na instituição universal do Evangelho, e, sim, foi categórico ao afirmar: "os meus discípulos serão conhecidos por muito se amarem".

E Allan Kardec, explanando sobre a conveniência da multiplicação dos grupos espíritas, asseverou claramente, no item 334, do capítulo XXIX, de *O livro dos médiuns*, que "esses grupos, correspondendo-se entre si, visitando-se, permutando observações, podem formar, desde já, o núcleo da grande família espírita que um dia consorciará todas as opiniões e reunirá os homens por um único sentimento: o da fraternidade, trazendo o cunho da caridade cristã".

(*Seara dos médiuns*. FEB Editora. Cap. "Aliança espírita")

> *Não se perturbe o vosso coração. Credes em Deus, crede também em mim.*

João 14:1

Coração puro[38]

Guarda contigo o coração nobre e puro.

Não afirmou o Senhor: "não se vos obscureça o ambiente" ou "não se vos ensombre o roteiro", porque criatura alguma na experiência terrestre poderá marchar constantemente a céu sem nuvens.

Cada berço é início de viagem laboriosa para a alma necessitada de experiência.

Ninguém se forrará aos obstáculos.

O pretérito ominoso para a grande maioria de nós outros, os viandantes da Terra, levantará no território de nosso próprio íntimo os fantasmas que deixamos para trás, vagueantes e insepultos, a se exprimirem naqueles que ferimos e injuriamos nas existências passadas e que hoje se voltam para nós, à feição de credores inflexíveis, solicitando reconsideração e resgate, serviço e pagamento.

Não passarás, assim, no mundo, sem tempestades e nevoeiros, sem o fel de provas ásperas ou sem o assédio de tentações.

Buscando o bem, jornadearás, como é justo, entre pedras e abismos, pantanais e espinheiros.

Todavia, recomendou-nos o Mestre: "não se turbe o vosso coração", porque o coração puro e intimorato é garantia de consciência limpa e reta e quem dispõe da consciência limpa e reta vence toda perturbação e toda treva, por trazer em si mesmo a luz irradiante para o caminho.

(*Reformador*, jul. 1958, p. 146)

---

[38] Texto publicado em *Palavras de vida eterna*. Ed. Comunhão Espírita Cristã. Cap. 36.

Perante o mundo

Clamas que não encontraste a felicidade no mundo, quando o mundo, — bendita universidade do espírito, dilapidada por inúmeras gerações, — te inclui entre aqueles de quem espera cooperação para construir a própria felicidade.

Jo 14:1

Quando atingiste o diminuto porto do berço, com a fadiga da ave que tomba inerme, depois de haver planado longo tempo, sobre mares enormes, conquanto chorasses, argamassavas com teus vagidos, a alegria e a esperança dos pais que te acolhiam, entusiasmados e jubilosos, para seres em casa o esteio da segurança.

Alcançaste o verde refúgio da meninice e embora mostrasses a inconsciência afável da infância, foste para os mestres que te afagaram na escola a promessa viva de luz e realização que lhes emblemava o porvir.

Chegaste ao róseo distrito da juventude e apesar da inexperiência em que se te esfloravam todos os sonhos, os dirigentes de serviço, na profissão que abraçaste, contavam contigo para dignificar o trabalho e clarear os caminhos.

Constituíste o lar próprio e, não obstante tateasses os domínios da responsabilidade, em meio de flores e aspirações, espíritos afeiçoados e amigos te aguardavam generoso concurso para se corporificarem, na condição de teus filhos, através da reencarnação.

Penetraste os círculos da fé renovadora que te honra os anseios de perfeição espiritual e se bem que externasses imediata necessidade de esclarecimento e socorro, companheiros de ideal saudaram-te a presença, na certeza de teu apoio ao levantamento das iniciativas mais nobres.

Casa que habitas, campo que lavras, plano que arquitetas e obras que edificas solicitam-te paz e trabalho.

Amigos que te ouvem rogam-te bom ânimo.

Doentes que te buscam suspiram por melhoras.

Criaturas que te rodeiam pedem-te amparo e compreensão para que lhes acrescentes a coragem.

Jo
14:1

Coisas que te cercam requisitam-te proteção e entendimento para que se lhes aprimore o dom de servir.
Tudo é ansiosa expectativa, ao redor de teus passos.
Não maldigas a Terra que te abençoa.
Afirmas que esperas, em vão, pelo auxílio do mundo... Entretanto é o mundo que espera confiantemente por ti.

(*Livro da esperança*. Ed. Comunhão Espírita Cristã. Cap. 4)

Irmãos inconformados

Compadece-te dos irmãos inconformados e impacientes.

Muitos deles afirmam que o mundo é uma estância de lágrimas, incapazes de ver a beleza e o encantamento com que a Terra os reúne no regaço materno, sempre mais acolhedora, cada manhã. Vestem a lã que os defende contra o frio, sem raciocinar quanto à pele nua da ovelha que lhes formou o agasalho. Enodoam fontes que lhes propiciam sustento. Consomem frutos preciosos, sem maior consideração para com as árvores depredadas. Regozijam-se com o sacrifício dos animais que lhes apoiam o reconforto, sem pesquisar-lhes o sofrimento.

Quando encontres semelhantes companheiros, ouve-lhes com serenidade as palavras ásperas com que se instalam na ingratidão contra a escola sublime, na qual se acham provisoriamente internados, para efeito de evolução, e auxilia-os, tanto quanto possas, disseminando paz e amor no mundo-educandário, em que nos habilitamos para a Espiritualidade maior, a plenos céus.

Evita discussões vazias e não procures modificar os irmãos que jazem nas sombras da incompreensão.

Segue adiante, com a bênção de tua fé, amando e servindo sempre.

Os companheiros inconformados são enfermos de espírito que, um dia, volverão à própria saúde e, qual ocorre a muitos outros doentes da alma, arremetem-se contra a vida e, às vezes, até mesmo contra o próprio Deus, mas não sabem o que fazem.

(*Reformador*, ago. 1976, p. 225)

Na casa de meu Pai há muitas moradas. Se [não fosse assim] não teria dito que vou preparar um lugar para vós.

João 14:2

Tenhamos fé

Sabia o Mestre que, até a construção do reino divino na Terra, quantos o acompanhassem viveriam na condição de desajustados, trabalhando no progresso de todas as criaturas, todavia, "sem lugar" adequado aos sublimes ideais que entesouram.

Efetivamente, o cristão leal, em toda parte, raramente recebe o respeito que lhe é devido:

Por destoar, quase sempre, da coletividade, ainda não completamente cristianizada, sofre a descaridosa opinião de muitos.

Se exercita a humildade, é tido à conta de covarde.

Se adota a vida simples, é acusado pelo delito de relaxamento.

Se busca ser bondoso, é categorizado por tolo.

Se administra dignamente, é julgado orgulhoso.

Se obedece quanto é justo, é considerado servil.

Se usa a tolerância, é visto por incompetente.

Se mobiliza a energia, é conhecido por cruel.

Se trabalha, devotado, é interpretado por vaidoso.

Se procura melhorar-se, assumindo responsabilidades no esforço intensivo das boas obras ou das preleções consoladoras, é indicado por fingido.

Se tenta ajudar ao próximo, abeirando-se da multidão com os seus gestos de bondade espontânea, muitas vezes é tachado de personalista e oportunista, atento aos interesses próprios.

Apesar de semelhantes conflitos, porém, prossigamos agindo e servindo, em nome do Senhor.

Jo
14:2

Reconhecendo que o domicílio de seus seguidores não se ergue sobre o chão do mundo, prometeu Jesus que lhes prepararia lugar na vida mais alta.

Continuemos, pois, trabalhando com duplicado fervor na sementeira do bem, à maneira de servidores provisoriamente distanciados do verdadeiro lar.

"Há muitas moradas na Casa do Pai."

E o Cristo segue servindo, adiante de nós.

Tenhamos fé.

(*Fonte viva*. FEB Editora. Cap. 44)

No reino em construção[39]

Escutaste o pessimismo que se esmera em procurar as deficiências da humanidade, como quem se demora deliberadamente nas arestas agressivas do mármore de obra-prima inacabada, e costumas dizer que a Terra está perdida.

Observa, porém, as multidões que se esforçam silenciosamente pela santificação do porvir.

Compulsaste as folhas da imprensa, lendo a história do autor de homicídio lamentável e, sob extrema revolta, trouxeste ao labirinto das opiniões contraditórias a tua própria versão do acontecimento, asseverando que estamos todos no teatro do crime.

Recorda, contudo, os milhões de pais e mães, tocados de abnegação e heroísmo, que abraçam todos os sacrifícios no lar para que a delinquência desapareça.

Conheces jovens que se transviaram na leviandade, desvairando-se em golpes de selvageria e loucura e, examinando acremente determinados sucessos que devem estar catalogados na patologia da mente, admite que a juventude moderna se encontra em adiantado processo de desagregação do caráter.

Relaciona, todavia, os milhões de rapazes e meninas, debruçados sobre livros e máquinas, através do labor e do

---

[39] Texto publicado em *Livro da esperança*. Ed. Comunhão Espírita Cristã. Cap. 5, com pequenas alterações.

estudo, em muitas circunstâncias imolando o próprio corpo à fadiga precoce, para integrarem dignamente a legião do progresso.

Sabes que há companheiros habituados aos prazeres noturnos e, ao vê-los comprando o próprio desgaste a preço de ouro, acreditas que toda a comunidade humana jaz entregue à demência e ao desperdício.

Reflete, entretanto, nos milhões de cérebros e braços que atravessam a noite, no recinto das fábricas e junto dos linotipos, em hospitais e escritórios, nas atividades da limpeza e da vigilância, de modo a que a produção e a cultura, a saúde e a tranquilidade do povo sejam asseguradas.

Jo 14:2

Marcaste o homem afortunado que enrijeceu mãos e bolsos, na sovinice, e esposas a convicção de que todas as pessoas abastadas são modelos completos de avareza e crueldade.

Considera, no entanto, os milhões de tarefeiros do serviço e da beneficência, que diariamente colocam o dinheiro em circulação, a fim de que os homens conheçam a honra de trabalhar e a alegria de viver.

Não condenes a Terra pelo desequilíbrio de alguns.

Medita em todos os que se encontram suando e sofrendo, lutando e amando, no levantamento do futuro melhor, e reconhecerás que o divino Construtor do reino de Deus no mundo está esperando também por ti.

(*Reformador*, maio 1963, p. 114)

Domicílios espirituais[40]

"Há muitas moradas na casa de Nosso Pai" — assevera-nos o Senhor nas bênçãos da Boa-Nova.

Entretanto viverás naquela que houveres erguido para ti mesmo, segundo o ensinamento do próprio Mestre, que manda conferir a cada um de acordo com as próprias obras.

Repara, pois, como te situas no campo do mundo, compreendendo que o teu sentimento é a força a impelir-te para os

---

[40] Texto publicado em *Plantão da paz*. Ed. GEEM. Cap. "Doutrinas espirituais", com alterações.

círculos superiores ou para as esferas inferiores, onde tecerás teu ninho.

Não te valhas, assim, da palavra para menosprezar as tarefas de teus irmãos, nem para reprovar as aflições que vergastam a Terra.

Jo 14:2

Não te aproveites do conhecimento para condenar ou para destruir e nem procures nas mãos do Cristo o martelo com que derribes, desapiedado, os domicílios alheios.

Não exibas a virtude nos gestos exteriores, porque a víbora da vaidade pode ferir-te quando suponhas colher as flores de imaginária vitória, e nem desejes a frente avançada no combate da purificação, com o desprestígio e a derrocada dos outros, porque é possível o teu apressado recuo para retificar decisões.

Lembremo-nos de que não há céu para quem não edificou o paraíso em si mesmo, e aprendamos, sobretudo, a sentir com o amor, a fim de que o amor nos eduque para a extinção das trevas.

Os perversos moram nos fojos do crime e os criminosos esbarram sempre nas furnas de tardio arrependimento.

Aqueles que abusam dos recursos divinos que o Senhor lhes empresta, estagiam nos desvãos do desequilíbrio e os desequilibrados se deterão, por fim, no abismo da enfermidade.

Os desertores da luz jazem domiciliados nas sombras e os habitantes das sombras demoram-se em lamentável cegueira de espírito.

As almas cristalizadas na crueldade estacionam nas enxovias do orgulho e do egoísmo e os devotos do egoísmo e do orgulho acabam despertando nos despenhadeiros da morte.

Observa, desse modo, a natureza de teu campo íntimo e acautela-te para o futuro, porque, sem dúvida, há inúmeras moradas no universo infinito, mas viverás escravo ou senhor no templo do bem ou no cárcere do mal que tiveres escolhido para a tua residência nos caminhos da vida eterna.

(*Reformador*, fev. 1957, p. 33)

Moradias de luz

Certa vez disse o divino Mestre: "Existem muitas moradas na Casa de Meu Pai!..."

Certamente Jesus se referia à imensidão do universo e às residências do homem, no entanto, é natural respeitar-lhe a palavra em sentido mais alto.

Jo 14:2

Cada criatura humana, a rigor, reside em espírito nos seus próprios pensamentos.

Sem dúvida, encontramos amigos dos mais diversos matizes, em toda parte, desde os palácios e mansões aos barracos e choças em que as criaturas partilham da riqueza e da penúria conhecidas no mundo.

É razoável, porém, ponderar que os chamados ricos e pobres residem, mentalmente, no contexto das ideias que alimentam, diante da vida.

Vemos os portadores de patrimônios de ordem superior, mantendo-se nas edificações cujas linhas e particularidades lhes revelam a altura social e as prendas do reconforto; e notamos a multiplicidade das provações dos que se acham retidos nas mais atribuladas condições da existência.

Temos os irmãos que se vestem na estamenha da pobreza material e aqueles outros que se julgam triunfadores nos ápices da cultura e da fortuna de que são detentores.

Se alguns se regozijam com a posse transitória do ouro, muitos gemem sob o peso de tarefas sacrificiais.

Lamentamos o ressentimento de numerosos companheiros segregados com privações e necessidades, embora as muitas exceções existentes no assunto, e igualmente lastimamos a indiferença de muitos amigos, ante o sofrimento das vítimas da penúria da vida material, como se essa penúria não existisse, reclamando, de nossa parte, essa ou aquela migalha de nosso socorro e solidariedade.

Encontramos, pois, cada pessoa morando na casa mental dos pensamentos que irradia.

Na Criação do supremo Pai existem muitas moradas e compete-nos agir e servir para que todos os moradores se unam na compreensão e no entendimento, para que a Terra não mais possua gaiolas de egoísmo e cárceres de ódio, a impedirem, nos caminhos da evolução, a nossa integração na vitória da Paz e do Amor.

Cumpre-nos, assim, reconhecer que todo espírito mora no que pensa e se classifica pelo que faz.

Jo 14:2

Nesse critério, peçamos a Jesus, cujos ensinamentos constituem verdadeira Moradia de Luz espiritual, nos acolha, a fim de que saibamos ser discípulos fiéis dele, nosso Mestre e Senhor, em todos os tópicos da vida, para que a nossa mente por moradia luminosa agora e sempre.

(*Moradias de luz*. Ed. Cultura Espírita União. Prefácio – "Moradias de luz")

Jesus lhe diz: Eu sou o Caminho, e a Verdade, e a Vida. [...]

João 14:6

A verdade

Por enquanto, ninguém se atreverá, em boa lógica, a exibir, na Terra, a verdade pura, ante a visão das forças coletivas.

A profunda diversidade das mentes, com a heterogeneidade de caracteres e temperamentos, aspirações e propósitos, impede a exposição da realidade plena ao espírito das massas comuns.

Cada escola religiosa, em razão disso, mantém no mundo cursos diferentes da revelação gradativa. A claridade imaculada não seria, no presente estágio da evolução humana, assimilável por todos, de imediato.

Há que esperar pela passagem das horas. Nos círculos do tempo, a semente, com o esforço do homem, provê o celeiro; e o carvão, com o auxílio da natureza, se converte em diamante.

Por isto, vemos verdades estagnadas nas igrejas dogmáticas, verdades provisórias nas ciências, verdades progressivas nas filosofias, verdades convenientes nas lides políticas e verdades discutíveis em todos os ângulos da vida civilizada.

Semelhante imperativo, porém, para a mentalidade cristã, apenas vigora quanto às massas.

Diante de cada discípulo, no reino individual, Jesus é a verdade sublime e reveladora.

Todo aquele que lhe descobre a luz bendita, absorve-lhe os raios celestes, transformadores... E começa a observar a experiência sob outros prismas, elege mais altos padrões de luta, descortina metas santificantes e identifica-se com horizontes mais largos. O reino do próprio coração passa a gravitar ao redor do novo centro vital, glorioso e eterno. E à medida que se vai desvencilhando das atrações da mentira, cada discípulo do

Senhor penetra mais intensivamente na órbita da Verdade, que é a pura Luz.

(*Vinha de luz*. FEB Editora. Cap. 175)

Jo 14:6

O caminho

Há muita gente acreditando, ainda, na Terra, que o Cristianismo seja uma panaceia como tantas para a salvação das almas.

Para essa casta de crentes, a vida humana é um processo de gozar o possível no corpo de carne, reservando-se a luz da fé para as ocasiões de sofrimento irremediável.

Há decadência na carne? Procura-se o aconchego dos templos.

Veio a morte de pessoas amadas? Ouve-se uma ou outra pregação que auxilie a descida de lágrimas momentâneas.

Há desastres? Dobram-se os joelhos, por alguns minutos, e aguarda-se a intervenção celeste.

Usa-se a oração, em momentos excepcionais, à maneira de pomada miraculosa, somente aconselhável à pele em ocasiões de ferimento grave.

A maioria dos estudantes do Evangelho parecem esquecer que o Senhor se nos revelou como o caminho...

Não se compreende estrada sem proveito.

Abraçar o Cristianismo é avançar para a vida melhor.

Aceitar a tutela de Jesus e marchar, em companhia dele, é aprender sempre e servir diariamente, com renovação incessante para o bem infinito, porque o trabalho construtivo, em todos os momentos da vida, é a jornada sublime da alma, no rumo do conhecimento e da virtude, da experiência e da elevação.

Zonas sem estradas que lhes intensifiquem o serviço e o transporte são regiões de economia paralítica.

Cristãos que não aproveitam o caminho do Senhor para alcançarem a legítima prosperidade espiritual são criaturas voluntariamente condenadas à estagnação.

(*Vinha de luz*. FEB Editora. Cap. 176)

Mensagens[41]

Ante o mundo moderno, em doloroso e acelerado processo de transição, procuremos em Cristo Jesus o clima de nossa reconstrução espiritual para a vida eterna.

Multipliquemos as assembleias cristãs, quais a desta noite, em que elevamos o coração ao altar da fé renovadora.

Jo 14:6

Em torno de nossas atividades religiosas, temos a paisagem de há quase dois mil anos... Profundas transformações políticas assinalam o caminho das nações, asfixiantes dificuldades pesam sobre os interesses coletivos, em toda a comunidade planetária, e, acima de tudo, lavra a discórdia, em toda parte, desintegrando o idealismo santificante. Este é o plano a que os novos discípulos são chamados. O momento, por isto mesmo, é de luz para as trevas, amor para o ódio, esclarecimento para a ignorância, bom ânimo para o desalento.

Não bastará, portanto, a movimentação verbalística.

Não prevalece apenas a plataforma doutrinária.

É imprescindível renovar o coração, convertendo-o em vaso de graças divinas para a extensão das dádivas recebidas.

Espiritismo, na condição de mera fenomenologia, é simples indagação. Indispensável é reconhecer, entretanto, que as respostas do Céu, às perquirições da Terra, nunca faltaram.

A grandeza divina absorve a pequenez humana em todos os ângulos de nossa jornada evolutiva.

Edificar um castelo teórico ou dogmático, onde a mente repouse à distância da luta, constitui apenas fuga aos problemas – evasão delituosa de quem recebeu do Alto os dons sublimes do conhecimento para que a glória do Senhor se comunique a todos os homens.

Esta a razão que nos compele ao chamamento novo.

A morte do corpo não nos desvenda os gozos do paraíso, nem nos arrebata aos tormentos do inferno.

---

[41] Texto publicado em *Luz no caminho*. Ed. Cultura Espírita União. Cap. "Irmanemo-nos em Jesus", com pequenas alterações. *Doutrina e aplicação*. Ed. Cultura Espírita União. Cap. "União", com pequenas alterações.

Jo 14:6

Nós, os desencarnados, somos também criaturas humanas em diferentes círculos vibratórios, tão necessitados de aplicação do Evangelho redentor, quanto os companheiros que marcham pelo roteiro carnal.

A sepultura não é milagroso acesso às zonas da luz integral ou da sombra completa. Somos defrontados por novas modalidades da divina Sabedoria a se traduzirem por mistérios mais altos.

Transformemo-nos, pois, meus amigos, naquelas "cartas vivas" do Mestre dos mestres a que o apóstolo Paulo se refere em suas advertências imortais.

Indaguemos, estudemos, movimentemo-nos na esfera científica e filosófica; todavia, não nos esqueçamos do "amemo-nos uns aos outros" como o Senhor nos amou. Sem amor, os mais alucinantes oráculos são igualmente aquele "sino que tange" sem resultados práticos para as nossas necessidades espirituais.

Não valem divergências da interpretação nos setores da fé.

Estamos distantes da época em que os filhos da Terra se dirigirão ao Pai com idêntica linguagem, porquanto, para isto, seria imprescindível a sintonia absoluta entre nós outros e o celeste Embaixador das Boas Novas da Salvação.

Reveste-se a hora atual de nuvens ameaçadoras.

Não nos iludamos. O amor ilumina a justiça, mas a justiça é a base da Lei misericordiosa.

O mundo atormentado atravessa angustioso período de aferição.

Irmanemo-nos, desse modo, em Jesus, para que a tormenta não nos colha, de surpresa, o coração.

Abracemo-nos na obra redentora do bem, já que não é possível, por enquanto, derrubar as fronteiras que separam os templos veneráveis uns dos outros.

Nossa época é de ascensão do homem à estratosfera, de intercâmbio fácil das nações e de avanço da medicina em todas as frentes; contudo, é também de lágrimas, reajustamento e destruição.

Entrelacemos as mãos, no testemunho da luz e da paz que nos felicitam.

Lembremo-nos de que somos os herdeiros diretos da confiança e do amor daqueles que tombaram nos circos do martírio por trezentos anos consecutivos.

Espiritismo sem Evangelho é apenas sistematização de ideias para transposição da atividade mental, sem maior eficiência na construção do porvir humano; trabalharemos, entretanto, quanto estiver ao nosso alcance, a fim de que o Cristianismo redivivo prevaleça entre nós, para que a experiência terrestre não vos constitua patrimônio indesejável e inútil e para que, unidos fraternalmente, sejamos colaboradores sinceros do Mestre, sem esquecer-lhe as divinas palavras: "Eu sou o Caminho, a Verdade e a Vida. Ninguém vai ao Pai senão por Mim".

Jo 14:6

(*Reformador*, set. 1948, p. 207)

Mensagem de Emmanuel

Meus amigos, muita paz!

Todos os comentários alusivos à evangelização constituem escasso material expositivo da verdade, à vista das angustiosas transições que o Planeta atravessa.

Realmente, o progresso da inteligência atinge culminâncias.

Todavia, o sentimento do mundo permanece enregelado.

Urge dilatarmos os setores do bem vivido e do amor aplicado com o Cristo, a fim de atendermos aos compromissos assumidos em época recente.

O Espiritismo, assim, não consiste num sistema de pura indagação científica para que a filosofia se enriqueça de novos sofismas.

Necessário compreendamos em sua fonte não só o manancial de suprimento às convicções substanciais com relação à sobrevivência.

Jo
14:6

Nosso intercambio pecaria na base se estivéssemos circunscritos ao campo de mera demonstração da realidade espiritual através dos jogos do raciocínio.

Reduziríamos a doutrina que nos felicita a simples ministério de informações, sem esquemas redentores para a vida em si.

É por isto que jamais nos cansaremos no apelo ao nosso entendimento para que a Terceira Revelação represente para nós todos a gloriosa escola de reajustamento mundial no Cristianismo Redivivo.

Somos nós mesmo os atores do milenário drama evolutivo.

De século a século, revezemo-nos no trabalho retificador, intentando o empreendimento da salvação final.

Inventamos mil sistemas científicos, filosóficos e religiosos para definir equações dos enigmas do destino e do ser; e, embora nossos conclaves políticos e acadêmicos a se repetirem anualmente através das eras, rematamos sempre a iniciativas nas dolorosas e sangrentas aventuras da guerra.

Dominam-nos ainda, considerando coletivamente o problema, o ódio e o orgulho, a discórdia e a vaidade, com o seu velho cortejo de misérias, que permutam a mascara de civilização em civilização.

Em verdade, porém, se temos sido tolerados pela Clemência divina, no curso do tempo, é imperativo reconhecer que as leis universais não foram criadas inutilmente.

Vivemos, em razão disso, torturante período de refazimento e restauração, dentro do qual nossos sentimentos são convocados automaticamente à percepção e aplicação do Cristianismo, nos mais comezinhos atos de experiência humana, obrigação essa que somos compelidos a cumprir, se não quisermos soçobrar nas tragédias coletivas de que o nosso século se represa.

Em outros lugares da Terra, o Espiritismo ainda não conseguiu revelar suas finalidades e objetivos.

A curiosidade que é sempre benéfica quando se alia ao trabalho e ao respeito, mas que é sempre ociosa e perdulária quando não se submete aos impositivos do serviço nobre, converte-nos o movimento renovador em puro domínio de consulta indesejável ao plano invisível, como se trouxéssemos a detestável tarefa de suprimir as experiências e lições aos aprendizes.

A especulação é a única atividade que aí prevalece, eliminando-nos precioso ensejo de cooperação para o reajustamento que o Planeta reclama.

Amargurosas surpresas, contudo, aguardam invariavelmente os companheiros que estimam a contemplação do fenômeno sem adesão ao esforço reconstrutivo.

Jo 14:6

Nós, entretanto, que tivemos a ventura de ambientar o Evangelho renascente, exumando-o das cinzas a que foi condenado pelo sectarismo, guardamos o júbilo de reviver as manifestações abençoadas do Mestre divino, quando a redenção vinha da humildade sofredora das catacumbas.

Como outrora, o mundo se encontra num dos períodos mais críticos de sua evolução político-religiosa.

Antigamente, o patriciado romano se sentia suficientemente forte para afrontar a tormenta, mas, no fundo, não conseguiu forrar-se às consequências funestas do espírito odioso de dominação indébita.

E hoje, enquanto poderosas nações da Terra presumem exercer funções de hegemonia, eis que a renovação compulsória do mundo exige o devotamento daqueles que se ligam a Deus através do caráter enobrecido, pela fé e pela virtude.

Com semelhante enunciação, não desejamos, de modo algum, invadir a seara de vossas ações, no campo evolutivo.

Não fomos, vós e nós outros, convocados à mordomia dos bens que se transferem de mão em mão, no tesouro perecível da Terra.

Recebemos o ministério da luz espiritual e não podemos esquecer que, se milhões de irmãos nossos podem recorrer à palavra "direito" nos círculos do mundo, a nós todos cabe com Jesus o "dever", simplesmente o dever de servir em seu nome sem exigências.

Estejamos, assim, atentos às obrigações que nos foram deferidas.

Iniciemos, cada dia, novo trabalho de evangelização em nós mesmos, estendendo esta atividade aos que nos cercam.

A Doutrina abre-nos abençoadas portas de colaboração fraternal.

Perdendo na esfera da posse transitória, ganharemos sempre nas possibilidades de conquistar a Luz Imperecível.

Não duvideis.

> Jo 14:6

Movimentos enormes da discórdia humana se processam instante a instante enquanto as armas descansam ensarilhadas.

A guerra, com a sua corte de aflições e de angustias, não cedeu ainda um centímetro de terreno ao edifício da paz verdadeira, porquanto o ódio e a crueldade permanecem instalados no coração humano.

Não esperemos o êxtase da nova Aurora, mantendo-nos no círculo estreito da crença inoperante.

Se o Senhor nos conferiu olhos para o deslumbramento e ouvidos para a harmonia, deu-nos igualmente coração para sentir, mãos para agir, mente para descortinar, obedecer e orientar.

A obra da Criação terrestre foi edificada, mas ainda não terminou.

Milhares de missionários do progresso humano em si laboram ativamente nos campos diversos em que se subdivide a prosperidade do conhecimento.

Nós outros, contudo, fomos conduzidos ao santuário para a preservação da Luz divina.

Mantenhamos, desta forma, novas lâmpadas acesas e acima de perquirição coloquemos a consciência.

A hora é significativa e impõe grande luta.

Só os filhos da renúncia poderão atender, tanto quanto é preciso, à expectativa da Esfera superior.

Não convertamos nosso esforço, todavia, em coro de lágrimas.

Entendamos a gravidade do minuto, entretanto, elevemos o coração ao sol da confiança em Cristo.

Sejamos fiéis trabalhadores de sua causa na Terra.

Traços que sois de intercâmbio entre os dois planos, não vos prendais excessivamente ao vale escuro que nos prende os pés.

Fixai a mente nos Círculos sublimes onde se localizam as fontes que vos suprem de energia.

E, irmanados uns aos outros, no mesmo labor santificante, marchemos para a frente, identificados n'Aquele que ainda e sempre repete para nossos ouvidos frágeis: "Eu sou o caminho, a verdade e a vida. Ninguém vai ao Pai senão por Mim."

Jo 14:6

(*Luz no caminho*. Ed. Cultura Espírita União. Cap. "Mensagem de Emmanuel")

*[...] mas o Pai, que permanece em
mim, realiza as suas obras.*

João 14:10

Espera por Deus[42]

Saibamos buscar o Pensamento divino, atuante em todas as formas da vida, trabalhando na construção do bem, mesmo que os quadros da luta humana se nos mostrem tisnados pela sombra do mal.

Observa a planta frágil, muita vez desfigurada pelo bote de insetos daninhos, ao surgir da semente. Parece uma excrescência no barro de que se envolve; entretanto, encerra consigo as potencialidades que a transformarão em árvore vigorosa.

Repara a criança recém-nata, em muitas circunstâncias tocada por enfermidade inquietante. Vagindo nos braços maternos, mais se assemelha a pobre farrapo humano, guardado pela morte; todavia, traz na própria formação orgânica, aparentemente comprometida, a força que a transfigurará, talvez, num condutor de milhões de pessoas.

Não julgues o sofrimento por mal.

A tempestade carreia a higiene da atmosfera.

A doença do corpo é renovação do espírito.

Em todos os sucessos desagradáveis e em todas as condições adversas da existência, acalma-te e aguarda a intervenção da infinita Bondade.

Disse Jesus: "mas o Pai que está em mim é quem faz as obras."

O Criador está igualmente na Criação.

Diante do nevoeiro não condenes as trevas.

Acende a luz do serviço e espera por Deus.

(*Reformador*, ago. 1962, p. 170)

---

[42] Texto publicado em *Palavras de vida eterna*. Ed. Comunhão Espírita Cristã. Cap. 117, com pequenas alterações.

Se me amardes, observareis os meus mandamentos.

João 14:15

No convívio de Cristo

Sem dúvida que são várias as atitudes pelas quais denotamos a nossa posição, diante do Cristo.
Ser-nos-á sempre fácil:
admitir-lhe a grandeza e tributar-lhe honrarias;
estudar-lhe as lições e transmitir-lhe os ensinos;
apaixonar-nos por seu apostolado e exaltar-lhe a personalidade nos valores artísticos;
aceitar-lhe as revelações e defendê-lo com veemência;
receber-lhe as concessões e entoar-lhe louvores;
identificar-lhe o poder e respeitar-lhe a influência;
reconhecer-lhe a bondade e formar, no culto a ele, entre os melhores adoradores;
perceber-lhe a tolerância e abusar-lhe do próprio nome...
Tudo isso, realmente, ser-nos-á possível, sem o menor constrangimento, no campo das manifestações exteriores.
Entretanto, para usufruir a intimidade de Jesus e senti-lo no coração, é imprescindível amá-lo, compartilhando-lhe a obra e a vida. Eis porque o divino Mestre foi claro e insofismável, quando asseverou para os aprendizes que tão somente os que o amem saberão trilhar-lhe o caminho e guardar-lhe os mandamentos.

(*Palavras de vida eterna.* Ed. Comunhão Espírita Cristã. Cap. 175)

Espiritismo e nós[43]

João
14:15

Todas as religiões mantêm retiros e internatos, organizações e hierarquias para a formação de orientadores condicionados, que lhes exponham as instruções, segundo o controle que lhes parece conveniente.

A Doutrina Espírita, revivendo o Cristianismo puro, é a religião do esclarecimento livre.

Mas se nós, os espíritas encarnados e desencarnados, situarmos nossas pequeninas pessoas acima dos grandes princípios que a expressam, estaremos muito distantes dela, confundidos nos delírios do personalismo deprimente, em nome da liberdade.

Todas as religiões amontoam riquezas terrestres, através de templos suntuosos, declarando que assim procedem para render homenagem condigna à divina Bondade.

A Doutrina Espírita, revivendo o Cristianismo puro, é a religião do desprendimento.

Entretanto, se nós, os espíritas encarnados e desencarnados, encarcerarmos a própria mente nas hipnoses de adoração a pessoas ou na ilusão de posses materiais passageiras, tombaremos em amargos processos de obsessão mútua, descendo à condição de vampiros uns dos outros, gravitando em torno de interesses sombrios e perdendo a visão dos Planos superiores.

Todas as religiões cultivam rigoroso sentido de seita, mantendo a segregação dos profitentes.

A Doutrina Espírita, revivendo o Cristianismo puro, é a religião da solidariedade.

Contudo, se nós, os espíritas encarnados e desencarnados, abraçarmos aventuras e distorções, em torno do ensino espírita, ainda mesmo quando inocentes e piedosas, na conta de fraternidade, levantaremos novas inquisições do fanatismo e da violência contra nós mesmos.

Todas as religiões sustentam claustros ou discriminações, a pretexto de se resguardarem contra o vício.

---

[43] Texto publicado em *Livro da esperança*. Ed. Comunhão Espírita Cristã. Cap. 77, com pequenas alterações.

A Doutrina Espírita, revivendo o Cristianismo puro, é a religião do pensamento reto.

Todavia, se nós, os espíritas encarnados e desencarnados, convocados a servir no mundo, desertarmos do concurso aos semelhantes, a título de suposta humildade ou por temor de preconceitos, acabaremos inúteis, nos círculos fechados da virtude de superfície.

João 14:15

Todas as religiões, de um modo ou de outro, alimentam representantes e ministérios remunerados.

A Doutrina Espírita, revivendo o Cristianismo puro, é a religião da assistência gratuita.

No entanto, se nós, os espíritas encarnados e desencarnados, fugirmos de agir, viver e aprender à custa do esforço próprio, incentivando tarefeiros pagos e cooperações financiadas, cairemos, sem perceber, nas sombras do profissionalismo religioso.

Todas as religiões são credoras de profundo respeito e de imensa gratidão pelos serviços que prestam à humanidade.

Nós, porém, os espíritas encarnados e desencarnados, não podemos esquecer que somos chamados a reviver o Cristianismo puro, a fim de que as leis do Bem eterno funcionem na responsabilidade de cada consciência.

Exortou-nos o Cristo: "Amai-vos uns aos outros como eu vos amei." E prometeu: "Conhecereis a verdade e a verdade vos fará livres."

Proclamou Kardec: "Fora da caridade não há salvação." E esclareceu: "Fé verdadeira é aquela que pode encarar a razão face a face."

Isso quer dizer que sem amor não haverá luz no caminho e que sem caridade não existirá tranquilidade para ninguém, mas estes mesmos enunciados significam igualmente que, sem justiça e sem lógica, os nossos melhores sentimentos podem transfigurar-se em meros caprichos do coração.

(*Reformador*, out. 1962, p. 223)

E eu rogarei ao Pai, e [Ele] vos dará outro Paracleto, a fim de que esteja convosco para sempre.

João 14:16

Na difusão do Espiritismo[44]

Na condição daquele Consolador prometido por Jesus à humanidade, o Espiritismo, sem dúvida, atingirá todas as consciências.

Entretanto, à frente das múltiplas interpretações que se lhe imprimem nos mais variados núcleos humanos, de que modo esperar o cumprimento da promessa do Cristo?

Nesse sentido, recordemos os primórdios da Codificação Kardequiana. Preocupado com o mesmo assunto, Allan Kardec formulou a Questão n.º 798, de *O livro dos espíritos*, à qual os seus Instrutores espirituais, solícitos, responderam:

"Certamente que o Espiritismo se tornará crença geral e marcará nova era na história da humanidade, porque está na natureza e chegou o tempo em que ocupará lugar entre os conhecimentos humanos. Terá, no entanto, que sustentar grandes lutas, mais contra o interesse do que contra a convicção, porquanto não há como dissimular a existência de pessoas interessadas em combatê-lo, umas por amor-próprio, outras por causas inteiramente materiais. Porém, como virão a ficar insulados, seus contraditores se sentirão forçados a pensar como os demais, sob pena de se tornarem ridículos."

Certifiquemo-nos, pois, de que na difusão dos princípios espíritas estamos todos em luta do bem para a extinção do mal e de que ninguém alcançará a suspirada vitória sem a vontade de aprender e a disposição de trabalhar.

(*Entre irmãos de outras terras.* FEB Editora. Cap. 2)

---

[44] Texto publicado em *Segue-me!...* Ed. O Clarim. Cap. "Na difusão do Espiritismo", com alterações.

Quem possui os meus mandamentos e os observa, esse é quem me ama. Quem me ama, será amado por meu Pai, e eu o amarei e me manifestarei a ele.

João 14:21

Diante da vida social[45]

Espiritualidade superior não se compadece com insulamento.

Se o trabalho é a escola das almas, na esfera da evolução, o contato social é a pedra de toque, a definir-lhes o grau de aproveitamento.

Virtude que não se reconheceu no cadinho da experiência figura-se metal julgado precioso, cujo valor não foi aferido.

Talento proclamado sem utilidade geral assemelha-se, de algum modo, ao tesouro conservado em museu.

Ninguém patenteia aprimoramento espiritual, à distância da tentação e da luta.

As leis do universo, diligenciando a santificação das criaturas, não determinam que o mundo se converta em vale de mendicância e sofrimento, mas sim espera que o Planeta se eleve à condição de moradia da prosperidade e da segurança para quantos lhe povoam as faixas de vida.

Todos somos chamados à edificação do progresso, com o dever de melhorar-nos, colaborando na melhoria dos que nos cercam.

Justo, assim, possas deter um diploma acadêmico, retendo prerrogativas de trabalho pela competência adquirida; no entanto, será crueldade nada fazeres para que o próximo se desvencilhe da ignorância; natural desfrutes residência dotada de todos os recursos, que te garantam a euforia pessoal, mas é contrário à razão te endeuses dentro dela, sem qualquer esforço para que os menos favorecidos disponham de abrigo conveniente;

---

[45] Texto publicado em *Livro da esperança*. Ed. Comunhão Espírita Cristã. Cap. 71, com pequenas alterações.

Jo
14:21

compreensível guarneças a própria mesa com iguarias primorosas que te satisfaçam a dieta exigente, entretanto, é absurdo esperares que a fome alheia te bata à porta; perfeitamente normal que te vistas, segundo os figurinos do tempo, manejando as peças de roupa que suponhas aconselháveis à própria apresentação, contudo, é estranho confiar vestuário em desuso ao domínio da traça, desconsiderando a nudez dos que tremem de frio.

Apoiemos o bem para que o bem nos apoie.

Para isso é preciso estender aos semelhantes os bens que nos felicitam.

Repara a natureza, no sistema de doações permanentes em que se expressa.

O céu reparte a luz infinitamente, o solo descerra energias e riquezas sem conta, fontes ofertam águas, árvores dão frutos...

Felicidade sozinha será, decerto, egoísmo consagrado. Toda vez que dividimos a própria felicidade com os outros, a felicidade dos outros, devidamente aumentada, retorna dos outros ao nosso coração, multiplicando a felicidade verdadeira dentro de nós.

(*Reformador*, mar. 1963, p. 54)

Judas — não o Iscariotes — lhe diz: Senhor, o que sucede para que estejas prestes a te manifestar a nós, e não ao mundo?

João 14:22

Basta pouco

Um dos fatos mais surpreendentes do Cristianismo é a posição escolhida pelo Salvador, a fim de anunciar as verdades eternas.

Não aparece Jesus em decretos sensacionais, em troféus revolucionários ou em situações de domínio. Chega em paz à manjedoura simples, exemplifica o trabalho, conversa com alguns homens obscuros de uma aldeola singela e, só com isso, prepara a transformação da humanidade inteira.

Para o mundo inferior, todavia, a pergunta de Tadeu ainda é de plena atualidade.

As criaturas vulgares só entendem os que se impõem aos demais, ainda que, para isso, sejam compelidas a ouvir sentenças tirânicas, proferidas em tribunas sanguinolentas; apenas compreendem espetáculos que ferem a visão e gestos teatrais dos que dominam por um dia para sofrerem amanhã o mesmo processo transformador imposto ao mundo transitório ao qual se dirigem.

Jesus, todavia, falou à alma imortal. Por esse motivo, suas revelações nunca morrem. Além disso, provou não ser necessária a evidência social ou econômica para o serviço de utilidade a Deus, demonstrando, ainda, não ser para isso indispensável a cidade com as arregimentações e recursos faustosos. Bastarão os princípios edificantes e simples, uma aldeota sem nome e alguns poucos amigos.

O portador da boa vontade sabe que foi esse o material com que o Cristo iniciou a remodelação da vida terrestre.

(*Caminho, verdade e vida*. FEB Editora. Cap. 134)

Mas o Paracleto, o Espírito Santo que o Pai enviará em meu nome, esse vos ensinará todas [as coisas] e vos lembrará todas [as coisas] que vos disse.

João 14:26

Espíritas, instruí-vos!

Prevenir e recuperar são atitudes que se ampliam entre os homens, à medida que se acentua o progresso da humanidade.

Aparecem noções de civilização e responsabilidade e levantam-se ideias de burilamento e defesa.

Quanto pudermos, porém, não os restrinjamos ao amparo de superfície.

Imperioso tratar as águas da fonte, no entanto, cansar-nos-emos debalde, se não lhe resguardarmos a limpeza no nascedouro.

Educação e reeducação constituem a síntese de toda obra consagrada ao aprimoramento do mundo.

Gastam-se verbas fabulosas em apetrechos bélicos e raro surge alguém com bastante abnegação para despender algum dinheiro na assistência gratuita aos semelhantes, para que se lhes pacifique o raciocínio conflagrado.

Espantamo-nos, diante do desajustamento juvenil, a desbordar-se em tragédias de todos os tipos, e pouco realizamos, a fim de que a criança encontre no lar o necessário desenvolvimento com segurança de espírito.

Monumentalizamos instituições destinadas à cura dos desequilíbrios mentais e quase nada fazemos por afastar de nós mesmos os vícios do pensamento, com que nos candidatamos ao controle da obsessão.

Clamamos contra os desregramentos de muitos, afirmando que a Terra está em vias de desintegração pela ausência de valores morais e, na maioria das circunstâncias, somos dos primeiros a exigir lugar na carruagem do excesso, reclamando direitos e privilégios, com absoluto esquecimento de comezinhos deveres que a vida nos preceitua.

Combatamos, sim, o câncer e a poliomielite, a ulceração e a verminose, mas busquemos igualmente extinguir o aborto e a toxicomania, a preguiça e a intemperança que, muitas vezes, preparam a delinquência e a enfermidade por crises agudas de ignorância.

Jo 14:26

Para isso e para que nos disponhamos à conquista da vida vitoriosa é que o Espírito de Verdade, nos primórdios da Codificação Kardequiana, nos advertiu claramente: "Espíritas, instruí-vos!".

(*Livro da esperança*. Ed. Comunhão Espírita Cristã. Cap. 15)

> *Deixo-vos a paz, a minha paz vos dou. Eu não vos dou como o mundo [a] dá. Não se perturbe o vosso coração, nem se atemorize.*

João 14:27

Na tarefa da paz[46]

Todos ambicionam a paz. Raros ajudam-na.
Que fazes por sustentá-la?
Recorda que a segurança dos aparelhos mais delicados depende, quase sempre, de parafusos pequeninos ou de junturas inexcedivelmente singelas.

Não haverá tranquilidade no mundo, sem que as nações pratiquem a tolerância e a fraternidade.

E se a nação é conjunto de cidades, a cidade é um agrupamento de lares, tanto quanto o lar é um ninho de corações.

A harmonia da vida começará, desse modo, no íntimo de nossas próprias almas ou toda harmonia aparente na paisagem humana será sempre simples jogo de inércia.

Comecemos, pois, a sublime edificação no âmago de nós mesmos.

Não transmitas o alarme da crítica, nem estendas o fogo da crueldade.

Inicia o teu apostolado de paz, calando a inquietação no campo do próprio ser.

Onde surjam razões de queixa, sê a cooperação que restaura o equilíbrio; onde medrem espinhos de sofrimento, sê a consolação que refaz a esperança.

Detém-te na Tolerância divina e renova para todas as criaturas de teu círculo as oportunidades do bem.

Reafirma o compromisso de servir, silenciando sempre onde não possas agir em socorro do próximo.

Ao preço da própria renunciação, disse-nos o Senhor: "A minha paz vos dou."

---

[46] Texto publicado em *Palavras de vida eterna*. Ed. Comunhão Espírita Cristã. Cap. 46.

E para que a paz se faça, na senda em que marchamos, é preciso que à custa de nosso próprio esforço se faça a paz em nós, a fim de que possamos irradiá-la, em tudo, no amparo vivo aos outros.

(*Reformador*, dez. 1958, p. 268)

Jo
14:27

Jesus e paz[47]

A paz do mundo costuma ser preguiça rançosa.
A paz do espírito é serviço renovador.
A primeira é inutilidade.
A segunda é proveito constante.
Vejamos o exemplo disso em nosso divino Mestre.
Lares humanos negaram-lhe o berço.
Mas o Senhor revelou-se em paz na estrebaria.
Herodes perseguiu-lhe, desapiedado, a infância tenra.
Jesus, porém, transferindo-se de residência, em favor do apostolado que trazia, sofreu, tranquilo, a imposição das circunstâncias.

Negado pela fortuna de Jerusalém, refugiou-se, feliz, em barcas pobres da Galileia.

Amando e servindo os necessitados e doentes recebia, a cada passo, os golpes da astúcia de letrados e casuístas de seu tempo; contudo, jamais deixou, por isso, de exercer, imperturbável, o ministério do amor.

Abandonado pelos próprios amigos, entregou-se serenamente à prisão injusta.

Sob o cuspo injurioso da multidão foi açoitado em praça pública e conduzido à crucificação, mas voltou da morte, aureolado de paz sublime, para fortalecer os companheiros acovardados e ajudar os próprios verdugos.

Recorda, assim, o exemplo do Benfeitor excelso e não procures segurança íntima fora do dever corretamente cumprido, ainda mesmo que isso te custe o sacrifício supremo.

---

[47] Texto publicado em *Palavras de vida eterna*. Ed. Comunhão Espírita Cristã. Cap. 57.

A paz do mundo, quase sempre, é aquela que culmina com o descanso dos cadáveres a se dissociarem na inércia, mas a paz do Cristo é o serviço do bem eterno, em permanente ascensão.

(*Reformador*, jul. 1959, p. 146)

Paz do mundo e paz do Cristo

Jo 14:27

É indispensável não confundir a paz do mundo com a paz do Cristo.

A calma do plano inferior pode não passar de estacionamento.

A serenidade das esferas mais altas significa trabalho divino, a caminho da Luz imortal.

O mundo consegue proporcionar muitos acordos e arranjos nesse terreno, mas somente o Senhor pode outorgar ao espírito a paz verdadeira.

Nos círculos da carne, a paz das nações costuma representar o silêncio provisório das baionetas; a dos abastados inconscientes é a preguiça improdutiva e incapaz; a dos que se revoltam, no quadro de lutas necessárias, é a manifestação do desespero doentio; a dos ociosos sistemáticos é a fuga ao trabalho; a dos arbitrários é a satisfação dos próprios caprichos; a dos vaidosos é o aplauso da ignorância; a dos vingativos é a destruição dos adversários; a dos maus é a vitória da crueldade; a dos negociantes sagazes é a exploração inferior; a dos que se agarram às sensações de baixo teor é a viciação dos sentidos; a dos comilões é o repasto opulento do estômago, embora haja fome espiritual no coração.

Há muitos ímpios, caluniadores, criminosos e indiferentes que desfrutam a paz do mundo. Sentem-se triunfantes, venturosos e dominadores no século. A ignorância endinheirada, a vaidade bem-vestida e a preguiça inteligente sempre dirão que seguem muito bem.

Não te esqueças, contudo, de que a paz do mundo pode ser, muitas vezes, o sono enfermiço da alma. Busca, desse modo, aquela paz do Senhor, paz que excede o entendimento, por nascida e cultivada, portas adentro do espírito, no campo da consciência e no santuário do coração.

(*Vinha de luz*. FEB Editora. Cap. 105)

Evangelho e paz

Jo 14:27

O bem semeia a vida, o mal semeia a morte. O primeiro é o movimento evolutivo na escala ascensional para a Divindade, o segundo é a estagnação.

O problema da paz é questão de fraternidade, em todas as latitudes. E o Evangelho do Cristo constitui o manancial divino, em cujas correntes de água viva pode o coração renovar-se para a vitória do legítimo entendimento.

Guerras, discórdias, crises, representam a resultante da grande desarmonia que a ausência do amor estabeleceu no caminho da inteligência.

A concórdia real jamais será incubada por decretos políticos ou por princípios apressados de filosofia salvacionista, nas relações dos homens entre si, e para a harmonia individual não valem tão somente a argumentação da psiquiatria e as descobertas preciosas da ciência médica.

A incompreensão das criaturas torna sombrios todos os caminhos da Terra e o viajor da carne sofre a influenciação da angústia que ele mesmo projeta.

Outro recurso não nos resta, além daquele que condiz com a justa retificação.

O grande Médico e sublime Renovador do mundo ainda é o Cristo que revelou o mistério do sacrifício pessoal por lição inesquecível de ressurreição e triunfo.

"Ajuda ao que te persegue e calunia. Ora pelos que te odeiam. Serve sem aguardar retribuição. Renuncia a ti mesmo, toma a cruz da abnegação em favor dos que te cercam e segue, de ânimo robusto, para diante. Se procuras o primeiro lugar, sê o dedicado servo de todos. Aquele que te pede a capa, dá igualmente a túnica. Ao que te exigir a jornada de mil passos, caminha com ele dois mil."

> Jo 14:27

Semelhantes ensinamentos pairam sobre a fronte da humanidade, concitando-a à vida nova.

A organização mental é um instrumento que, ajustado ao Evangelho, deixa escapar às vibrações harmônicas do amor, sem cujo domínio a vida em si prosseguirá desequilibrada, fora dos objetivos superiores, a que indiscutivelmente se destina.

Há produção de pensamentos no mundo, como existe a produção de flores e batatas. Criamos, em torno de nós, a atmosfera de ordem ou perturbação, quanto incentivamos a seara de trigo ou suportamos, por relaxamento, a colheita compulsória de ervas daninhas.

Induzindo-nos ao trabalho construtivo com bases no devotamento pessoal pelo bem de todos, a mensagem de Jesus compele-nos a irradiar fé e paciência, serenidade e bom ânimo, com atividade plena e infatigável a benefício da alegria comum. Habituamo-nos, assim, a compreender as necessidades do vizinho, guardando um coração educado para auxiliar sempre, cedendo de nosso egoísmo ao alheio contentamento.

Sob tais moldes, a experiência do lar é mais sadia e mais nobre, o clima de confiança possibilita sólidos alicerces à felicidade e caminhamos para a frente de espírito arejado, pronto a socorrer todas as dores e a contribuir na equação dos problemas de quantos procuram a bênção do progresso junto de nós.

A comunhão com Jesus sublima as secreções ocultas da alma, proporcionando-nos acesso fácil ao manancial de forças renovadoras do ser ou de hormônios espirituais da vida eterna.

Afeiçoando-nos ao Mestre sublime, seremos verdadeiros irmãos uns dos outros.

Em nosso coração e em nossa mente reside a sementeira da luz.

Auxiliando-a com a boa vontade, sob a inspiração ativa e constante da Boa-Nova, no esforço mútuo de compreensão das nossas necessidades e problemas que exigem o concurso incessante do amor, alcançaremos, mais cedo, a vitória da saúde e da alegria, do aperfeiçoamento e da redenção.

(*Nosso livro*. Ed. LAKE. Cap. "Evangelho e paz")

Rogando paz

Senhor Jesus!
Tu disseste: "a minha paz vos dou..."
Entretanto, Senhor,
Muitos de nós andamos distraídos;
Atribulados, às vezes, por bagatelas;
Aflitos sem razão;
Sequiosos de aquisições desnecessárias;
Irritadiços por dificuldades passageiras;
Dobrados ao peso de cargas formadas por desilusões e discórdias que nós mesmos inventamos;
Ocupados em dissenções infelizes;
Hipnotizados por tristeza e azedume que nos inclinam à separatividade e ao pessimismo...
Entendemos, sim, Jesus, que nos disseste: "A minha paz vos dou...".
Diante, porém, de nossas inibições e obstáculos, nós te rogamos, por acréscimo de misericórdia: Senhor, concedeste--nos a paz, no entanto, ensina-nos a recebê-la.

Jo 14:27

(*Tesouro de alegria*. Ed. IDE. Cap. 5)

Prece do Natal[48]

Senhor Jesus!
Conhecemos os Teus ensinamentos.
Auxilia-nos a cumpri-los.
Guardamos as Tuas palavras.
Ampara-nos, a fim de que venhamos a traduzi-las em trabalho no serviço aos semelhantes.
Legaste-nos o amor uns aos outros, por legenda da própria felicidade.

---

[48] Texto publicado em *Preito de amor*. Ed. GEEM. Cap. "Prece do natal".

Jo
14:27

Guia-nos à prática dessa lição bendita, de maneira a que o nosso dia a dia se faça caminho de fraternidade e luz.

Senhor!

Disseste-nos: "dou a vós outros a minha paz" e tens mantido a Tua promessa, através de todos os séculos da vida cristã.

Inspira-nos, por misericórdia, o respeito e a fidelidade aos Teus desígnios para que não venhamos a perder a paz que nos deste, com a intromissão de nossos caprichos, na paz que nos vem de Deus.

Assim seja.

(*Ação e caminho*. Ed. IDEAL. Cap. 30)

Jesus e dificuldade[49]

Jesus nunca prometeu aos discípulos qualquer isenção de dificuldades, mas com frequência reclamava-lhes o coração para a confiança.

No cenáculo, descerrando, afetuoso, o coração para os aprendizes, dentre muitas palavras de esperança e de amor, asseverou com firmeza: "não se turbe o vosso coração, nem se atemorize". Pacificava o ânimo dos companheiros timoratos, entre quatro paredes, sabendo que, em derredor, se agigantava a trama das sombras.

Lá fora, Judas era atraído aos conchavos da deserção; sacerdotes confabulavam com escribas e fariseus sobre o melhor processo de enganarem o povo, para que o povo pedisse a morte d'Ele; agentes do Sinédrio penetravam pequenos agrupamentos de rua açulando contra Ele as forças da opinião; perseguidores desencarnados excitavam o cérebro dos guardas que o deteriam no cárcere, e, quantos Lhe seguiam a atividade, regurgitando ódio gratuito, prelibavam-Lhe o suplício...

Jesus, percuciente, não desconhecia a conspiração das trevas...

---

[49] Texto publicado em *Palavras de vida eterna*. Ed. Comunhão Espírita Cristã. Cap. 56, com pequenas alterações.

Entretanto, lúcido e calmo, findo o entendimento com os irmãos de apostolado, dirige-se à oração no jardim, para, além da oração, confiar-se aos testemunhos supremos...

Não procures, assim, fugir à luta que te afere o valor.

Aceita os desafios da senda, como quem se reconhece chamado a batalhar pela vitória do bem, com a obrigação permanente de extinguir o mal em nós mesmos.

Jo 14:27

E não apeles para o Senhor como advogado da fuga calculada ao dever.

Lembra-te de que o Mestre a ninguém prometeu avenidas de sonho e horizontes azuis na Terra, mas, sim, convicto de que a tempestade das contradições humanas não poupariam a Ele próprio, advertiu-nos, sensatamente: "Não se vos turbe o coração".

(*Reformador*, jul. 1959, p. 146)

[...] Levantai-vos! Saiamos daqui.

João 14:31

Levantemo-nos

Antes de retirar-se para as orações supremas no Horto, falou Jesus aos discípulos longamente, esclarecendo o sentido profundo de sua exemplificação.

Relacionando seus pensamentos sublimes, fez o formoso convite inserto no Evangelho de João: "Levantai-vos, vamo-nos daqui."

O apelo é altamente significativo.

Ao toque de erguer-se, o homem do mundo costuma procurar o movimento das vitórias fáceis, atirando-se à luta sequioso de supremacia ou trocando de domicílio, na expectativa de melhoria efêmera.

Com Jesus, entretanto, ocorreu o contrário.

Levantou-se para ser dilacerado, logo após, pelo gesto de Judas. Distanciou-se do local em que se achava a fim de alcançar, pouco depois, a flagelação e a morte.

Naturalmente partiu para o glorioso destino de reencontro com o Pai, mas precisamos destacar as escalas da viagem...

Ergueu-se e saiu, em busca da glória suprema. As estações de marcha são eminentemente educativas: Getsêmani, o Cárcere, o Pretório, a Via Dolorosa, o Calvário, a Cruz constituem pontos de observação muito interessantes, mormente na atualidade, que apresenta inúmeros cristãos aguardando a possibilidade da viagem sobre as almofadas de luxo do menor esforço.

(*Caminho, verdade e vida.* FEB Editora. Cap. 84)

Eu sou a videira verdadeira, e meu Pai é o agricultor.

João 15:1

A videira

Deus é o Criador eterno cujos desígnios permanecem insondáveis a nós outros. Pelo seu amor desvelado criam-se todos os seres, por sua sabedoria movem-se os mundos no Ilimitado.

Pequena e obscura, a Terra não pode perscrutar a Grandeza divina. O Pai, entretanto, envolve-nos a todos nas vibrações de sua bondade gloriosa.

Ele é a alma de tudo, a essência do universo.

Permanecemos no campo terrestre, de que Ele é dono e supremo dispensador.

No entanto, para que lhe sintamos a presença em nossa compreensão limitada, concedeu-nos Jesus como sua personificação máxima.

Útil seria que o homem observasse no planeta a sua imensa escola de trabalho; e todos nós, perante a grandeza universal, devemos reconhecer a nossa condição de seres humildes, necessitados de aprimoramento e iluminação.

Dentro de nossa pequenez, sucumbiríamos de fome espiritual, estacionados na sombra da ignorância, não fosse essa videira da verdade e do amor que o supremo Senhor nos concedeu em Jesus Cristo. De sua seiva divina procedem todas as nossas realizações elevadas, nos serviços da Terra. Alimentados por essa fonte sublime, compete-nos reconhecer que, sem o Cristo, as organizações do mundo se perderiam por falta de base. Nele encontramos o pão vivo das almas e, desde o princípio, o seu amor infinito no orbe terrestre é o fundamento divino de todas as verdades da vida.

(*Caminho, verdade e vida*. FEB Editora. Cap. 54)

> *Permanecei em mim, e eu [permanecerei] em vós. Assim como o ramo não pode produzir fruto de si mesmo, se não permanece na videira, assim [também] nenhum de vós, se não permanecerdes em mim.*

João 15:4

Produzimos[50]

Produzimos.

Tudo o que é alguma coisa produz algo.

Elementos considerados desprezíveis estão fazendo isso ou aquilo.

Pedras produzem aspereza.

Espinhos produzem lacerações.

Lama produz sujidade.

Martelo produz golpes.

Entretanto, se produzimos para o bem, esses mesmos recursos, em nossas mãos, veem-se promovidos a instrumentos valiosos, porquanto, pedras ajudam nas construções, espinhos de natureza técnica podem colaborar no serviço cirúrgico, lama devidamente tratada é terra de sementeira, e martelo controlado é auxiliar prestimoso.

Cada criatura, desse modo, produz conforme os agentes em que se inspira.

Os seres mais lastimáveis, ainda que não queiram, estão produzindo sempre.

O delinquente produz o desequilíbrio.

O viciado produz o desregramento.

O preguiçoso produz a miséria.

O pessimista produz o desânimo.

Onde estiveres, estás produzindo, de acordo com as influências a que te afeiçoas, e atuando mecanicamente sobre todos aqueles que se afeiçoam ao teu modo de ser.

Todos produzimos, inevitavelmente.

---

[50] Texto publicado em *Palavras de vida eterna*. Ed. Comunhão Espírita Cristã. Cap. 103.

Aprendizes do Evangelho, na escola espírita-cristã, recordemos, pois, a lição do Cristo: "Permanecerei convosco se permanecerdes em mim."

(*Reformador*, nov. 1961, p. 242)

Jo
15:4

Eu sou a videira, vós os ramos. Quem permanece em mim, e eu nele, esse produz muito fruto, porque sem mim não pode produzir nada.

João 15:5

As varas da videira

Jesus é o bem e o amor do princípio.

Todas as noções generosas da humanidade nasceram de sua divina influenciação. Com justiça, asseverou aos discípulos, nesta passagem do evangelho de João, que seu espírito sublime representa a árvore da vida e seus seguidores sinceros as frondes promissoras, acrescentando que, fora do tronco, os galhos se secariam, caminhando para o fogo da purificação.

Sem o Cristo, sem a essência de sua grandeza, todas as obras humanas estão destinadas a perecer.

A ciência será frágil e pobre sem os valores da consciência, as escolas religiosas estarão condenadas, tão logo se afastem da verdade e do bem.

Infinita é a misericórdia de Jesus nos movimentos da vida planetária. No centro de toda expressão nobre da existência pulsa seu coração amoroso, repleto da seiva do perdão e da bondade.

Os homens são varas verdes da árvore gloriosa. Quando traem seus deveres, secam-se porque se afastam da seiva, rolam ao chão dos desenganos, para que se purifiquem no fogo dos sofrimentos reparadores, a fim de serem novamente tomados por Jesus, à conta de sua misericórdia, para a renovação. É razoável, portanto, positivemos nossa fidelidade ao divino Mestre, refletindo no elevado número de vezes em que nos ressecamos, no passado, apesar do imenso amor que nos sustenta em toda a vida.

(*Caminho, verdade e vida*. FEB Editora. Cap. 55)

Saibamos cooperar

O divino poder do Cristo, como representante de Deus, permanece latente em todas as criaturas. Todos os homens receberam dele sagrados dons, ainda que muitos se mantenham afastados do campo religioso.

Referimo-nos aqui, porém, aos cultivadores da fé, que iniciam o esforço laborioso e longo da descoberta dos valores sublimes que vibram em si mesmos.

Jo
15:5

Grande parte suspira por espetaculares demonstrações de Jesus em seus caminhos, e companheiros incontáveis acreditam que apenas cooperam com o Senhor os que se encontram no ministério da palavra, no altar ou na tribuna de variadas confissões religiosas.

Urge, entretanto, retificar esse erro interpretativo.

O Senhor está conosco em todas as posições da vida. Nada poderíamos realizar sem o influxo de sua vontade soberana.

Diz-nos o Mestre com clareza: "Eu sou a videira, vós as varas." Como produzir alguma coisa sem a seiva essencial?

Efetivamente, os aprendizes arguciosos poderão objetar que, nesse critério, também encontraremos os que praticam o mal, alicerçados nas mesmas bases. Respondendo, consideraremos somente que semelhantes infelizes enxertam cactos infernais na Videira Divina, por conta própria, pagando elevado preço, perante o Governo do universo.

Reportamo-nos aos companheiros tímidos e vacilantes, embora bem-intencionados, para concluir que, em todas as tarefas humanas, podemos sentir a presença do Senhor, santificando o trabalho que nos foi cometido. Por isso, não podemos olvidar a lição evangélica de que seria abençoado qualquer esforço no bem, ainda que fosse apenas o de ministrar um copo de água pura em seu nome.

O Mestre não se encontra tão somente no serviço daqueles que ensinam a Revelação Divina, através da palavra acadêmica, instrutiva ou consoladora. Acompanha os que administram os bens do mundo e os que obedecem às ordenanças do caminho, concorrendo na edificação do futuro melhor, nas organizações materiais e espirituais. Permanece ao lado dos que revolvem o chão do planeta, cooperando na estruturação da Terra Aperfeiçoada, como inspira os missionários da inteligência na evolução dos direitos humanos.

Saibamos cooperar, desse modo, nos círculos de serviço a que fomos chamados para o concurso cristão.

Jo 15:5

Faze, tão bem quanto esteja em tuas possibilidades, a obra parcial confiada às tuas mãos.

Por hoje, talvez te enganes, supondo servir às autoridades terrestres, no entanto, chegará o minuto revelador no qual reconhecerás que permaneces a serviço do Senhor. Une-te, pois, ao Divino Artífice, em espírito e verdade, porque o problema fundamental de nossa paz é justamente o de saber se vivemos nele tanto quanto Ele vive em nós.

(*Fonte viva*. FEB Editora. Cap. 146)

Se permanecerdes em mim e as minhas palavras permanecerem em vós, pedireis o que quiserdes, e vos acontecerá.

João 15:7

Êxito[51]

Muitos companheiros perdem recurso, oportunidade, tempo e força na preocupação desmedida em torno do êxito.

Sonhando realizações mirabolantes, acabam frustrados na mania de grandeza.

Dizem-se interessados na lavoura do bem, mas, para cultivá-la, esperam a execução de negócios imaginários, a aquisição de poder, a posse de ouro fácil ou a chegada de prêmios fortuitos... E, complicando a própria estrada, observam-se, de chofre, em presença da morte, quando menos contavam com semelhante visita.

Entretanto, o conquistador do maior êxito de todos os tempos não se ausentou do mundo como quem triunfara...

Não recebeu heranças amoedadas, não governou princípios políticos, não escreveu livros, não se enfileirou entre os maiorais de sua época...

Aprisionado como vulgar malfeitor, foi sentenciado à morte e passou como sendo vítima de pavoroso fracasso.

Contudo, as sementes de amor puro que colocou na alma do povo transformaram o mundo.

Repara Jesus e perceberás que o nosso problema não é de ganhar para fazer, mas de fazer para ganhar.

A colheita não precede a sementeira, tanto quanto o teto não se antepõe à base.

Sirvamos ao bem, simplificando o caminho, de vez que a vitória real é a vitória de todos, convictos de que não precisamos gastar as possibilidades da existência em expectativa e tensão,

---
[51] Texto publicado em *Palavras de vida eterna*. Ed. Comunhão Espírita Cristã. Cap. 64.

porquanto, *se estivermos em Cristo*, tudo quanto de que necessitarmos será feito em nosso favor, no momento oportuno.

(*Reformador*, nov. 1959, p. 252)

Grupo em crise[52]

Jo 15:7

Habitualmente, quando as tarefas de uma equipe consagrada ao serviço do bem parecem devidamente estabilizadas, a crise explode.

Desequilibra-se o clima das boas obras e a tempestade ruge.

Desentendem-se irmãos na sombra da discórdia, quando mais necessária se faz a luz da harmonia.

Edificações que se figuravam consolidadas apresentam brechas arrasadoras.

Todo o esquema das realizações em andamento se mostra superficialmente comprometido.

Afastam-se companheiros de posições importantes, deixando cargos difíceis de preencher.

Esses são os dias de exame, em que a ventania da crítica esbraveja em torno de nós, experimentando-nos a segurança da construção. E esses são igualmente os dias para a serenidade maior. Diante deles, nada de irritação, nem desânimo.

Reunirmo-nos, mais estreitamente, uns aos outros na fidelidade ao trabalho, a fim de conjurar perigos maiores, é o nosso dever.

Urge consertar a máquina de ação, como pudermos, dentro de todos os recursos lícitos, à maneira dos ferroviários que restauram a locomotiva descarrilada e, depois de colocá-la em condições de serviço nos trilhos justos, seguir para a frente.

Nem acusações, nem lamentos.

Trabalhar com mais ardor, esquecendo o mal e lembrando o bem.

Restabelecer a união e avançar adiante.

---

[52] Texto publicado em *Segue-me!...* Ed. O Clarim. Cap. "Grupo em crise", com pequenas alterações. *Educandário de luz*. Ed. IDEAL. Cap. 17, com pequenas alterações.

Compreender que as horas para a fé não são aquelas do Sol rutilando no firmamento azul, mas precisamente aquelas outras em que as nuvens despejam ameaças de algum lugar do céu.

Todos encontramos dificuldades no caminho em que transitamos.

Sempre que chamados a servir, é forçoso recordar que estamos carregando encargos que a divina Providência nos confiou, no bem de todos. E, cuidando de satisfazer aos Desígnios de Deus, sejam quais forem os riscos e tropeços com que sejamos defrontados, estejamos convencidos de que Deus cuidará de nós.

Jo
15:7

(*Reformador*, set. 1968, p. 197)

Sigamos até lá

Na oração dominical, Jesus ensina aos cooperadores a necessidade de observância plena dos desígnios do Pai.

Sabia o Mestre que a vontade humana é ainda muito frágil e que inúmeras lutas rodeiam a criatura até que aprenda a estabelecer a união com o Divino.

Apesar disso, a lição da prece foi sempre interpretada pela maioria dos crentes como recurso de fácil obtenção do amparo celestial.

Muitos pedem determinados favores e recitam maquinalmente as fórmulas verbais. Certamente, não podem receber imediata satisfação aos caprichos próprios, porque, no estado de queda ou de ignorância, o espírito necessita, antes de tudo, aprender a submeter-se aos Desígnios divinos, a seu respeito.

Alcançaremos, porém, a época das orações integralmente atendidas. Atingiremos semelhante realização quando estivermos espiritualmente em Cristo. Então, quanto quisermos, ser-nos-á feito, porquanto teremos penetrado o justo sentido de cada coisa e a finalidade de cada circunstância. Estaremos habilitados a querer e a pedir, em Jesus, e a vida se nos apresentará em suas verdadeiras características de infinito, eternidade, renovação e beleza.

Jo
15:7

Na condição de encarnados ou desencarnados, ainda estamos caminhando para o Mestre, a fim de que possamos experimentar a união gloriosa com o seu amor. Até lá, trabalhemos e vigiemos para compreender a vontade divina.

(*Pão nosso*. FEB Editora. Cap. 59)

Nisto foi glorificado meu Pai, para que estejais produzindo muito fruto e vos torneis meus discípulos.

João 15:8

Somente assim[53]

Em nossas aflições, o Pai é invocado.
Nas alegrias, é adorado.
Na noite tempestuosa, é sempre esperado com ânsia.
No dia festivo, é reverenciado solenemente.
Louvado pelos filhos reconhecidos e olvidado pelos ingratos, o Pai dá sempre, espalhando as bênçãos de sua bondade infinita entre bons e maus, justos e injustos.
Ensina o verme a rastejar, o arbusto a desenvolver-se e o homem a raciocinar.
Ninguém duvide, porém, quanto à expectativa do Supremo Senhor a nosso respeito. De existência em existência, ajuda-nos a crescer e a servi-lo, para que um dia nos integremos, vitoriosos, em seu divino amor e possamos glorificá-lo.
Nunca chegaremos, contudo, a semelhante condição, simplesmente em razão dos mil modos de coloração brilhante dos nossos sentimentos e raciocínios.
Nossos ideais superiores são imprescindíveis, e no fundo assemelham-se às flores mais belas e perfumosas da árvore. Nossa cultura é, sem dúvida, indispensável, e, em essência, constitui a robustez do tronco respeitável. Nossas aspirações elevadas são preciosas e necessárias, e representam as folhas vivas e promissoras.
Todos esses requisitos são imperativos da colheita.
Assim também ocorre nos domínios da alma.

---

[53] Texto publicado em *Segue-me!...* Ed. O Clarim. Cap. "Somente assim", com pequenas alterações.

Somente é possível glorificar o Pai quando nos abrimos aos seus decretos de amor universal, produzindo para o bem eterno.

Por isso mesmo, o Mestre foi claro em sua afirmação.

Jo 15:8

Que nossa atividade, dentro da vida, produza muito fruto de paz e sabedoria, amor e esperança, fé e alegria, justiça e misericórdia, em trabalho pessoal digno e constante, porquanto, somente assim o Pai será por nós glorificado e só nessa condição seremos discípulos do Mestre Crucificado e Redivivo.

(*Fonte viva.* FEB Editora. Cap. 45)

Na exaltação do Reino divino[54]

Glorificarás o Senhor supremo e serás discípulo do grande Mestre...

Contudo, não apenas porque te mostres entendido nas divinas Escrituras...

Não somente porque saibas apregoar os méritos da sublime Revelação, comovendo a quem te ouve...

Não apenas por guardares de cor as tradições dos antepassados...

Não somente por te sustentares assíduo no culto externo...

Não apenas pelo reconforto recebido de mensageiros da Vida superior...

Não somente por escreveres páginas brilhantes...

Não apenas porque possuas dons espirituais...

Não somente porque demonstres alevantadas aspirações...

A palavra do Evangelho é insofismável.

Glorifiquemos a Deus e converter-nos-emos em discípulos do Cristo, produzindo frutos de paz e aperfeiçoamento, regeneração e progresso, luz e misericórdia.

A semente infecunda, por mais nobre, é esperança cadaverizada no seio da terra.

---

[54] Texto publicado em *Palavras de vida eterna*. Ed. Comunhão Espírita Cristã. Cap. 17.

Assim também, por mais ardente, a fé que não se exprime em obras de educação e de amor, redenção e bondade, é talento morto.

Se te dizes seguidor de Jesus, segue-lhe os passos.

Ajuda, ampara, consola, instrui, edifica e serve sempre.

Façamos algo na extensão do bem de todos.

Somente assim, cresceremos para o Céu, na construção do reino de Deus.

Jo 15:8

(*Reformador*, ago. 1957, p. 186)

Se observardes os meus mandamentos, permanecereis no meu amor [...]

João 15:10

Escolhas[55]

Quem observa o mal e o remédio contra o mal, nos campos de provação do mundo, é naturalmente induzido a refletir no pensamento livre e nos recursos neutros que nos cercam.

Vejamos alguns deles.

Com a pedra tanto se pode ferir ou injuriar quanto edificar ou esculpir.

A criatura é livre para usar o fogo de maneiras diversas, como sejam: extinguir o frio, afastar as trevas, preparar o próprio alimento, condicionar a matéria, ou destruir através do incêndio.

Da morfina que se extrai, na Terra, o alívio do enfermo, retira-se igualmente a dose de veneno sutil que dilapida as energias orgânicas de quem se compraz no abuso do entorpecente.

Nas mãos do homem, o dinheiro é trabalho ou inércia dourada, educação ou desequilíbrio, beneficência ou sovinice, bondade ou violência, prosperidade ou penúria.

A força atômica é suscetível de garantir o brilho do conforto e da indústria, tanto quanto é capaz de ser manejada por morticínio e arrasamento.

Assim também acontece com os tesouros do tempo, rigorosamente iguais para todas as criaturas, segundo o critério da eterna Justiça. A hora do chefe e do subordinado, do homem culto e do homem menos culto, da pessoa transitoriamente mais favorecida ou menos favorecida de recursos materiais, é matematicamente constituída de sessenta minutos. Somar semelhante valor ao bem ou ao mal, melhorando condições ou agravando

---

[55] Texto publicado em *Segue-me!...* Ed. O Clarim. Cap. "Escolhas".

problemas, em nossa própria vida, será sempre questão de atitude pertinente a nós mesmos.

(*Reformador*, ago. 1970, p. 170)

Jo
15:10

> *Este é o meu mandamento: que ameis uns aos outros como [Eu] vos amei.*
>
> João 15:12

Força[56]

Existem na vida força e força.

A força da gravitação se exerce entre todas as partículas do universo e, conquanto equilibre os mundos na imensidade cósmica, não cria o menor vínculo de compreensão fraternal na intimidade do ser.

A força elétrica move guindastes de grande porte, mas, embora sustente máquinas de assombroso poder, transportando toneladas, não diminui, nem mesmo de leve, o peso da angústia no coração.

A força executiva determina obediência aos textos legais, e se logra, muitas vezes, influenciar milhares de destinos, porém, nem sempre consegue modificar no espírito essa ou aquela íntima decisão.

A força física preside campeonatos de habilidade e robustez, conseguindo subjugar adversários até mesmo no terreno da agressão e da violência, mas não clareia o menor dos distritos no campo do sentimento.

A força das forças, porém, aquela que sublima os astros e alimenta motores para o bem, que encaminha a autoridade para a misericórdia e aciona os braços no serviço aos semelhantes — a única que penetra a alma e lhe orienta os impulsos na direção da felicidade e da paz, da elevação e do entendimento — é a força do amor.

(*Reformador*, maio 1970, p. 100)

---

[56] Texto publicado em *Segue-me!...* Ed. O Clarim. Cap. "Força".

Sejamos irmãos[57]

Meu amigo:

Guarda a luz divina nos olhos do entendimento, porque, no lar, na sociedade ou no mundo, somos sempre a grande família humana, cujos membros — sempre nós mesmos — se integram indissoluvelmente entre si.

Jo 15:12

Quando a reprovação ou a crítica te assomarem ao pensamento inquieto, recorda que somente vemos nos outros as imagens que conservamos dentro de nós e cada homem julga o próximo pelas medidas que estabeleceu para si mesmo.

Encontrarás o mau, quando a maldade ocultar-se em teu coração, à maneira de serpe invisível.

Ouvirás a irreverência, quando os teus ouvidos permanecerem tocados pela sombra espessa da desconfiança.

Identificaremos o procedimento censurável, quando ainda alimentamos em nós os motivos de tentação degradante, induzindo-nos às mesmas quedas que observamos naqueles que se tornaram passíveis de nossa crítica.

Quando nos irritamos, vemos a nossa própria má vontade naqueles que nos cercam.

Quando desanimados, encontraremos razões para o desalento nas mais belas notas de alegria em nosso ambiente.

"Amai-vos uns aos outros" — aconselhou o divino Mestre.

Amando fraternalmente, seremos, em verdade, irmãos do ignorante e do infeliz, do aleijado e do enfermo, de modo a ser-lhes efetivamente úteis.

Jesus, no Evangelho, não pede censores; aguarda companheiros de boa vontade que, olvidando todo o mal e surpreendendo o bem celeste em todos os escaninhos da Terra, com Ele colabore para que o mundo se faça mais feliz e para que o homem se faça realmente melhor.

(*Reformador*, maio 1953, p. 110)

---

[57] Texto publicado em *Escrínio de luz*. Ed. O Clarim. Cap. "Sejamos irmãos".

Ninguém tem maior amor do que este: ter alguém entregado sua vida por amor.

João 15:13

Jesus e os amigos

Na localização histórica do Cristo, impressiona-nos a realidade de sua imensa afeição pela humanidade.

Pelos homens, fez tudo o que era possível em renúncia e dedicação.

Seus atos foram celebrados em assembleias de confraternização e de amor. A primeira manifestação de seu apostolado verificou-se na festa jubilosa de um lar. Fez companhia aos publicanos, sentiu sede da perfeita compreensão de seus discípulos. Era amigo fiel dos necessitados que se socorriam de suas virtudes imortais. Pelas lições evangélicas, nota-se-lhe o esforço para ser entendido em sua infinita capacidade de amar. A última ceia representa uma paisagem completa de afetividade integral. Lava os pés aos discípulos, ora pela felicidade de cada um...

Entretanto, ao primeiro embate com as forças destruidoras, experimenta o Mestre o supremo abandono. Em vão, seus olhos procuram a multidão dos afeiçoados, beneficiados e seguidores.

Os leprosos e cegos, curados por suas mãos, haviam desaparecido.

Judas entregou-o com um beijo.

Simão, que lhe gozara a convivência doméstica, negou-o três vezes.

João e Tiago dormiram no Horto.

Os demais preferiram estacionar em acordos apressados com as acusações injustas. Mesmo depois da Ressurreição, Tomé exigiu-lhe sinais.

Quando estiveres na "porta estreita", dilatando as conquistas da vida eterna, irás também só. Não aguardes teus amigos. Não te compreenderiam; no entanto, não deixes de amá-los. São crianças. E toda criança teme e exige muito.

(*Caminho, verdade e vida.* FEB Editora. Cap. 86)

Jo
15:13

Vós sois meus amigos, se fazeis o que eu vos ordeno.

João 15:14

Diante do Mestre[58]

Aspirando ao titulo de amigos do Senhor, urge não lhe perdermos as instruções.

Imbuídos de entusiasmo, somos pródigos em manifestações exteriores, quanto a esse propósito, acrescendo notar que quase todas elas se caracterizam por alto valor indutivo.

Esforçamo-nos por estudar-lhe palavras e atitudes; e, claramente, não dispomos de quaisquer recursos outros para penetrar-lhes o luminoso sentido.

Administramos conselhos preciosos, em nome dele, sem que nos seja permitido manejar veículo mais adequado às circunstâncias, a fim de que irmãos nossos consigam encontrar a direção ou o caminho de que se mostram carecedores.

Escrevemos páginas que lhe expressam as diretrizes; e não nos cabe agir de outro modo para que se nos amplie, na Terra, a cultura de espírito.

Levantamos tribunas, em que lhe retratamos o ensino pelo verbo bem-posto, sendo necessário que assim procedamos, difundindo esclarecimentos edificantes que nos favoreçam a educação dos sentimentos.

Realizamos pesquisas laboriosas, ajustando as elucidações inspiradas por ele aos preceitos gramaticais em voga, competindo-nos reconhecer que não existe outra via senão essa para fazer-lhe a orientação respeitada nas assembleias humanas.

Entretanto, isso não basta.

---

[58] Texto publicado em *Palavras de vida eterna*. Ed. Comunhão Espírita Cristã. Cap. 135.

Ele mesmo não se limitou a induzir. Demonstrando a própria união com o eterno Bem, consagrou-se a substancializá-lo na construção do bem de todos.

Em verdade, podemos reverenciar o Cristo, aqui e ali, dessa ou daquela forma, resultando, invariavelmente, alguma vantagem de semelhante norma externa; mas, para sabermos como usufruir-lhe a sublime intimidade, é forçoso lhe ouçamos a afirmação categórica: "Vós sereis meus amigos se fizerdes o que vos mando".

Jo 15:14

(*Reformador*, maio 1963, p. 98)

Amigos de Jesus

Em toda parte, Cristo possui:

legiões de admiradores, mas os tiranos da humanidade também as adquiriram;

multidões de partidários, entanto, os verdugos de nações igualmente as tiveram;

grupos de incensadores, todavia os promotores das guerras de assalto e de extermínio também lhes conheceram a adulação;

filas de defensores intransigentes, contudo, os inimigos do progresso igualmente as enumeraram junto de si;

assembleias de analistas, no entanto, os chefes transviados, que passaram nas eminências da História, ainda hoje contam com elas.

Jesus, até agora, é cercado entre os povos mais cultos da Terra de inúmeros crentes e fanáticos, seguidores e intérpretes, adoradores e adversários, mas os empreiteiros da desordem e da crueldade também os encontram.

Fácil reconhecer que os comandantes da perturbação e da delinquência não conhecem amigos, de vez que o tempo se incumbe de situá-los no ponto certo que lhes cabe na vida, extinguindo a hipnose de ilusão com que se jungem aos companheiros. Cristo, porém, dispõe de amigos reais, que se multiplicam em todas as regiões do planeta terrestre, à medida que os séculos se lhe sobrepõem à crucificação. E esses amigos que existem, no seio de todas as filosofias e crenças, não se distinguem tão só por legendas exteriores, mas, acima de tudo, porque se associam a Ele, em espírito e verdade, entendendo-lhe as lições e praticando--lhe os ensinos.

Jo
15:14

(*Palavras de vida eterna.* Ed. Comunhão Espírita Cristã. Cap. 174)

Não mais vos chamo de servos, porque o servo não sabe o que faz o seu senhor. [Eu] vos tenho chamado de amigos, porque todas [as coisas] que ouvi junto do meu Pai vos dei a conhecer.

João 15:15

Amizade

Contam as tradições da Vida espiritual que o apóstolo João, em se retirando Jesus da ceia que lhe precedeu o encarceramento, perguntou-lhe, agoniado:

— Senhor, por que predizes a nossa separação? Por que nos deixarás, segundo profetizas? Acompanho-te os passos e ouço-te as pregações, não porque busque fortuna ou poder, influência ou renome... É que encontrei contigo o que buscava, a compreensão e o amor fraterno, a simpatia e o conhecimento... Senhor, não nos abandones, precisamos de ti...

O Cristo afagou-lhe a cabeça e passou a novas instruções, dentre as quais, afirmou: "Já não vos chamarei servos, porque o servo não sabe o que faz o seu senhor, mas tenho-vos chamado amigos, porque tudo quanto ouvi de meu Pai vos tenho feito conhecer." (João 15:15) [...].

(*Amizade*. Ed. IDEAL. Prefácio – "Amizade")

Amigos

De quando a quando, aqui e além, por vezes, aparece determinado obreiro do bem que se acredita capaz de agir sozinho, no entanto, a breve tempo, reconhece a própria ilusão.

O Criador articulou a vida de tal modo, que ninguém algo constrói sem a cooperação de alguém.

Na Terra, há quem diga que amigo é alguém que nos procura unicamente nas horas de alegria e prosperidade, de vez que comumente se afasta quando o frio da adversidade aparece.

Temos nisso, porém, outra inverdade, porquanto o amigo, ainda mesmo cercado de obstáculos, compreende os companheiros que se distanciam dele, transitoriamente, entendendo que circunstâncias imperiosas os compelem a isso.

Jo 15:15

Na condição de espíritos ainda imperfeitos, é certo que, em muitas ocasiões, não nos achamos afinados uns com os outros, especialmente, no Plano Físico, nos momentos em que as nossas queixas recíprocas revelam-nos os pontos deficientes.

E se soubermos reconhecer que todos temos provas a superar e imperfeições a extinguir, não experimentaremos dificuldades maiores para exercer a solidariedade e praticar a tolerância, melhorando o nosso padrão de serviço e comportamento.

Se instalados na compreensão mais ampla, observamos que a amizade apenas sobrevive no clima da caridade que se define por prática do amor, de uns para com os outros.

Na posição de amigos, entendemos espontaneamente os nossos companheiros, oferecendo-lhes o apoio fraterno que se nos faça possível, mesmo quando estejamos separados, porquanto estaremos convencidos de que possivelmente, surgirá o dia em que necessitaremos que eles nos amparem com o mesmo auxílio.

Aprendamos a valorizar os nossos colaboradores para que não nos falte o concurso deles no momento certo.

Amigos são alavancas de sustentação.

Saibamos adquirir cooperadores e conservá-los, lembrando-nos de que o próprio Jesus escolheu doze irmãos de ideal para basear a campanha do Cristianismo no mundo.

Foi Ele mesmo, o Mestre e Senhor, que, certa feita, lhes falou de modo convincente: "Em verdade, não sois meus servos, porque vos tenho a todos por amigos do coração".

(*Convivência*. Ed. Cultura Espírita União. Cap. 12)

Essas [coisas] ordeno a vós: que vos ameis uns aos outros.

João 15:17

Na experiência diária[59]

Sem compaixão, o amor não entraria em parte alguma, a fim de cumprir a divina missão que a sabedoria da vida lhe atribui.

É necessário, entretanto, que a compaixão se desloque do ambiente dos que sofrem para atingir também o círculo dos que fazem o sofrimento.

Compadecer-te-ás dos que se afligem sob o guante da penúria; todavia, pedirás igualmente a Deus ilumine quantos se apaixonaram pelo supérfluo, esquecendo os que carecem do necessário.

Estenderá socorredoras mãos aos que tombam sob os golpes da delinquência; no entanto, solicitarás a misericórdia dos Céus, a benefício dos que promovem o crime, desconhecendo quanto lhes custará em aflições e lágrimas a noite de reparação a que se largaram, desprevenidos.

Auxiliarás os espoliados, que se viram desvalidos pela agressão moral de que foram vítimas; contudo, exorarás o amparo do Senhor para quantos lhes armaram as ciladas de angústia, ignorando que articularam armadilhas de expiação contra si próprios.

Enxugarás o pranto de todos os que choram, sob a provação de todas as procedências, mas não te esquecerás de orar em auxílio dos que estabelecem o desequilíbrio dos outros, porquanto eles todos acabarão reconhecendo que unicamente acumularam perturbação e conflito em desfavor deles mesmos.

Em qualquer circunstância difícil, compadece-te e serve sempre, recordando que todos somos espíritos eternos, que colheremos, inevitavelmente, os resultados de nossas próprias

---

[59] Texto publicado em *Segue-me!...* Ed. O Clarim. Cap. "Na experiência diária".

obras e de que apenas o bem dissolve o mal, tanto quanto a treva tão só se extingue ante as bênçãos da luz.

(*Reformador*, ago. 1970, p. 170)

Jo
15:17

*Tenho vos dito essas [coisas] para
que não vos escandalizeis.*

João 16:1

Ouvistes?

Antes de retornar às Esferas resplandecentes, o Mestre divino não nos deixou ao desamparo, quanto às advertências no trabalho a fazer.

Quando o espírito amadurecido na compreensão da obra redentora se entrega ao campo de serviço evangélico, não prescinde das informações prévias do Senhor.

É indispensável ouvi-las para que se não escandalize no quadro das obrigações comuns.

Esclareceu-nos a palavra do Mestre que, enquanto perdurasse a dominação da ignorância no mundo, os legítimos cultivadores dos princípios da renovação espiritual, por Ele trazidos, não seriam observados com simpatia. Seriam perseguidos sem tréguas pelas forças da sombra. Compareceriam a tribunais condenatórios para se inteirarem das falsas acusações dos que se encontram ainda incapacitados de maior entendimento. Suportariam remoques de familiares, estranhos à iluminação interior. Sofreriam a expulsão dos templos organizados pela pragmática das seitas literalistas. Escutariam libelos gratuitos das inteligências votadas ao escárnio das verdades divinas. Viveriam ao modo de ovelhas pacíficas entre lobos famulentos. Sustentariam guerra incessante contra o mal. Cairiam em ciladas torpes. Contemplariam o crescimento do joio ao lado do trigo. Identificariam o progresso efêmero dos ímpios. Carregariam consigo as marcas da cruz. Experimentariam a incompreensão de muitos. Sentiriam solidão nas horas graves. Veriam, de perto, a calúnia, a pedrada, a ingratidão...

O Mestre divino, pois, não deixou os companheiros e continuadores desavisados.

Jo 16:1

Não oferecia a nenhum aprendiz, na Terra, a coroa de rosas sem espinhos. Prometeu-lhes luta edificante, trabalho educativo, situações retificadoras, ensejos de iluminação, pela grandeza do sacrifício que produz elevação e do espírito de serviço que estabelece luz e paz.

É importante, desse modo, para quantos amadureceram os raciocínios na luta terrestre, a viva recordação das advertências do Cristo, no setor da edificação evangélica, para que se não escandalizem nos testemunhos difíceis do plano individual.

(*Vinha de luz*. FEB Editora. Cap. 101)

E farão essas [coisas] porque não conhecem o Pai nem a mim.

João 16:3

É porque ignoram

Dolorosas perplexidades não raro assaltam os discípulos, inspirando-lhes interrogações.

Por que a desarmonia em torno do esforço fraterno?

A jornada do bem encontra barreiras sombrias.

Tenta-se o estabelecimento da luz, mas a treva penetra as estradas. Formulam-se projetos simples para a caridade que a má-fé procura perturbar ao primeiro impulso de realização.

Quase sempre, a demonstração destrutiva parte de homens assinalados pela posição de evidência, indicados pela força das circunstâncias para exercer a função de orientadores do pensamento geral. São esses que, na maioria das ocasiões, se arvoram em expositores de imposições e exigências descabidas.

O aprendiz sincero de Jesus, todavia, não deve perder tempo com interrogações e ansiedades que se não justificam.

O Mestre divino esclareceu esse grande problema por antecipação.

A ignorância é a fonte comum do desequilíbrio. E se esse ou aquele grupo de criaturas busca impedir as manifestações do bem, é que desconhece, por enquanto, as bênçãos do Céu.

Nada mais que isto.

É necessário, pois, esquecer as sombras que ainda dominam a maior parte dos setores terrestres, vivendo cada discípulo na luz que palpita no serviço do Senhor.

(*Pão nosso*. FEB Editora. Cap. 128)

> *Mas vos tenho falado essas [coisas] a fim de que, quando vier a hora delas, vos lembreis de que eu vos disse [a respeito] delas. [...]*

João 16:4

O quadro negro

Referia-se Jesus aos próprios testemunhos, entretanto, podemos igualmente aplicar-lhe os divinos conceitos a nós mesmos, desencarnados e encarnados.

Cada discípulo terá sua hora de revelações do aproveitamento individual.

As escolas primárias não dispensam o habitual quadro-negro, destinado às demonstrações isoladas do aluno.

À frente do professor consciencioso, o aprendiz mostrará quanto lucrou, sem os recursos do plágio afetuoso, entre companheiros.

Sobre a zona escura, o giz claro definirá, fielmente, a posição firme ou insegura do estudante.

E não será isto mesmo o que se repete na escola vasta do mundo? O homem, nas lutas vulgares, poderá socorrer-se, indefinidamente, dos bons amigos. O Pai permite semelhantes contatos para que as oportunidades de aprender se lhe tornem irrestritas; no entanto, lá vem "aquela hora" em que a criatura deve tomar o giz alvo e puro das realizações espirituais, colocando-se junto ao quadro-negro das provas edificantes.

Alguns aprendizes fracassam porque não sabem multiplicar os bens, nem dividi-los. Ignoram como subtrair a luz das trevas, somam os conflitos e formam equações de ódio e vingança. Esquecem-se de que Jesus salientou o amor, por máxima glória, em todas as situações do apostolado evangélico e que, mesmo na cruz, depois de receber os fatores da injúria, da perseguição, da ironia e do desprezo, somou-os na tábua do coração, extraindo a divina equação de serenidade, entendimento e perdão.

Ó vós, que ides ao quadro-negro das atividades terrestres, abandonai o giz escuro da desesperação! Escrevei em caracteres de luz o que aprendestes do Mestre divino! Revelai o próprio valor! Lembrai-vos que instrutores benevolentes e sábios vos inspiram as mãos! Abençoai o quadro-negro que vos pede o giz de suor e lágrimas, porque junto dele podereis conquistar o curso maior!...

Jo
16:4

(*Vinha de luz*. FEB Editora. Cap. 114)

Mas eu vos digo a verdade: é melhor para vós que eu vá. [...]

João 16:7

Separação

Semelhante declaração do Mestre ressoa em nossas fibras mais íntimas.

Ninguém sabia amar tanto quanto Ele; contudo, era o primeiro a reconhecer a conveniência da partida, em favor dos companheiros.

Que teria acontecido se Jesus teimasse em permanecer?

Provavelmente, as multidões terrestres teriam acentuado as tendências egoísticas, consolidando-as.

Porque o divino Amigo havia buscado Lázaro no sepulcro, ninguém mais se resignaria à separação pela morte. Por se haverem limpado alguns leprosos, ninguém aceitaria, de futuro, a cooperação proveitosa das moléstias físicas. O resultado lógico seria a perturbação geral no mecanismo evolutivo.

O Mestre precisava ausentar-se para que o esforço de cada um se fizesse visível no plano divino da obra mundial. De outro modo, seria perpetuar a indolência de uns e o egoísmo de outros.

Sob diferentes aspectos, repete-se, diariamente, a grande hora da família evangélica em nossos agrupamentos afins.

Quantas vezes surgirá a viuvez, a orfandade, o sofrimento da distância, a perplexidade e a dor por elevada conveniência ao bem comum?

Recordai a presente passagem do Evangelho, quando a separação vos faça chorar, porque se a morte do corpo é renovação para quem parte é também vida nova para os que ficam.

(*Pão nosso*. FEB Editora. Cap. 125)

Quando, porém, aquele vier — o Espírito de Verdade — vos guiará em toda a Verdade [...].

João 16:13

Ao sol da verdade[60]

De que maneira vencerá o Espiritismo os obstáculos que se lhe agigantam à frente? Há companheiros que indagam: "Devemos disputar saliência política ou dominar a fortuna terrestre?" Enquanto isso, outros enfatizam a ilusória necessidade da guerra verbal a greis ou pessoas.

Dentro do assunto, no entanto, transcrevamos a Questão no 799, de *O livro dos espíritos*.

Prudente e claro, Kardec formulou, aos orientadores espirituais de sua obra, a seguinte interrogação: "De que maneira pode o Espiritismo contribuir para o progresso?" E, na lógica de sempre, eis que eles responderam:

"Destruindo o materialismo, que é uma das chagas da sociedade, ele faz que os homens compreendam onde se encontram seus verdadeiros interesses. Deixando a vida futura de estar velada pela dúvida, o homem perceberá melhor que, por meio do presente, lhe é dado preparar o seu futuro. Abolindo os prejuízos de seitas, castas e cores, ensina aos homens a grande solidariedade que os há de unir como irmãos."

Não nos iludamos, com respeito às nossas tarefas. Somos todos chamados pela Bênção do Cristo a fazer luz no mundo das consciências — a começar de nós mesmos —, dissipando as trevas do materialismo ao clarão da Verdade, não pelo espírito da força, mas pela força do espírito, a expressar-se em serviço, fraternidade, entendimento e educação.

(*Entre irmãos de outras terras*. FEB Editora. Cap. 6)

---

[60] Texto publicado em *Ceifa de luz*. FEB Editora. Cap. 35. *Segue-me!...* Ed. O Clarim. Cap. "Ao clarão da verdade", com pequenas alterações.

O caminho[61]

O Caminho de toda a Verdade é Jesus Cristo. O Mestre veio ao mundo instalar essa verdade para que os homens fossem livres e organizou o programa dos cooperadores de seu divino trabalho, para que se preparasse convenientemente o caminho infinito. No fim da estrada, colocou a redenção e deu às criaturas o amor como guia.

Conforme sabemos, o guia é um só para todos. E vieram os homens para o serviço divino. Com os cooperadores vinham, porém, os gênios sombrios, que se ombreavam com eles nas cavernas da ignorância.

A religião, como expressão universalista do amor, que é o guia, pairou sempre pura, acima das misérias que chegaram ao grande campo; mas, este ficou repleto das absurdidades. O caminho foi quase obstruído. A ambição exigiu impostos dos que desejavam passar, o orgulho reclamou a direção dos movimentos, a vaidade pediu espetáculos, a conveniência requisitou máscaras, a política inferior estabeleceu guerras, a separatividade provocou a hipnose do sectarismo.

O caminho ficou atulhado de obstáculos e sombras e o interessado, que é o espírito humano, encontra óbices infinitos para a passagem.

O quadro representa uma resposta a quantos perguntarem sobre os propósitos do Espiritismo cristão, sendo que o homem já conhece todos os deveres religiosos. Ele é aquele Espírito de Verdade que vem lutar contra os gênios sombrios que vieram das cavernas da ignorância e invadiram o campo do Cristo.

Mas, guerrear como? Jesus não pediu a morte de ninguém. Sim, o Espírito da Verdade vem como a luz que combate e vence as sombras, sem ruídos. Sua missão é transformar, iluminando o caminho, para que os homens vejam o amor, que constitui o guia único para todos, até a redenção.

(*Reformador*, abr. 1941, p. 96)

---

[61] Texto publicado em *Segue-me!*... Ed. O Clarim. Cap. "Sem ruídos", com pequenas alterações.

Saudando Allan Kardec[62]

(*Doutrina de luz*. Ed. GEEM. Cap. "Saudando Allan Kardec")

Jo
16:13

---

[62] N.E.: Vide nota 21.

[...] mas a vossa tristeza se tornará alegria.

João 16:20

Alegria cristã

Nas horas que precederam a agonia da cruz, os discípulos não conseguiam disfarçar a dor, o desapontamento. Estavam tristes. Como pessoas humanas, não entendiam outras vitórias que não fossem as da Terra. Mas Jesus, com vigorosa serenidade, exortava-os: "Na verdade, na verdade, vos digo que vós chorareis e vos lamentareis; o mundo se alegrará e vós estareis tristes, mas a vossa tristeza se converterá em alegria."

Através de séculos, viu-se no Evangelho um conjunto de notícias dolorosas — um Salvador abnegado e puro conduzido ao madeiro destinado aos infames, discípulos debandados, perseguições sem conta, martírios e lágrimas para todos os seguidores...

No entanto, essa pesada bagagem de sofrimentos constitui os alicerces de uma vida superior, repleta de paz e alegria. Essas dores representam auxílio de Deus à terra estéril dos corações humanos. Chegam como adubo divino aos sentimentos das criaturas terrestres, para que de pântanos desprezados nasçam lírios de esperança.

Os inquietos salvadores da política e da ciência, na Crosta planetária, receitam repouso e prazer a fim de que o espírito chore depois, por tempo indeterminado, atirado aos desvãos sombrios da consciência ferida pelas atitudes criminosas. Cristo, porém, evidenciando suprema sabedoria, ensinou a ordem natural para a aquisição das alegrias eternas, demonstrando que fornecer caprichos satisfeitos, sem advertência e medida, às criaturas do mundo, no presente estado evolutivo, é depor substâncias perigosas em mãos infantis. Por esse motivo, reservou trabalhos e sacrifícios aos companheiros amados, para que se não perdessem na ilusão e chegassem à vida real com valioso patrimônio de estáveis edificações.

Eis por que a alegria cristã não consta de prazeres da inconsciência, mas da sublime certeza de que todas as dores são caminhos para júbilos imortais.

(*Caminho, verdade e vida*. FEB Editora. Cap. 93)

Jo
16:20

Até agora, não pedistes nada em meu nome. Pedi e recebereis a fim de que a vossa alegria esteja completa.

João 16:24

Como pedes?

Em muitos recantos, encontramos criaturas desencantadas da oração.

Não prometeu Jesus a resposta do Céu aos que pedissem no seu nome? Muitos corações permanecem desalentados porque a morte lhes roubou um ente amigo, porque desastres imprevistos lhes surgiram na estrada comum.

Entretanto, repitamos, o Mestre divino ensinou que o homem deveria solicitar em seu nome.

Por isso mesmo, a alma crente, convicta da própria fragilidade, deveria interrogar a consciência sobre o conteúdo de suas rogativas ao supremo Senhor, no mecanismo das manifestações espirituais.

Estará suplicando em nome do Cristo ou das vaidades do mundo? Reclamar, em virtude dos caprichos que obscurecem os caminhos do coração, é atirar ao divino Sol a poeira das inquietações terrenas; mas pedir, em nome de Jesus, é aceitar-lhe a vontade sábia e amorosa, é entregar-se-lhe de coração para que nos seja concedido o necessário.

Somente nesse ato de compreensão perfeita do seu amor sublime encontraremos o gozo completo, a infinita alegria.

Observa a substância de tuas preces. Como pedes? Em nome do mundo ou em nome do Cristo? Os que se revelam desanimados com a oração confessam a infantilidade de suas rogativas.

(*Caminho, verdade e vida.* FEB Editora. Cap. 66)

Auxílio e nós[63]

Sonhamos felicidade e queremos auxílio.

A Sabedoria do universo, porém, colocou a vontade em nosso foro íntimo, à guisa de juiz supremo, a fim de que a vontade, em última instância, decida todas as questões que se nos referem à construção do destino.

Jo 16:24

Anelamos tranquilidade, alentamos nobres aspirações, aguardamos a concretização dos próprios desejos, traçamos votos de melhoria... E, a cada passo, surpreendemos o concurso indireto das circunstâncias a nos estenderem, de mil modos, o apoio certo da Providência divina.

A assimilação, porém, de qualquer auxílio surge condicionada às nossas resoluções.

Escolas preparam.

Afeições protegem.

Simpatias defendem.

Favores escoram.

Conselhos avisam.

Dores advertem.

Dificuldades ensinam.

Obstáculos adestram.

Experiências educam.

Desencantos renovam.

Provações purificam.

A máquina da eterna Beneficência funciona matematicamente, em nosso favor, através dos múltiplos instrumentos da vida; entretanto, as Leis eternas não esperam colher autômato em consciência alguma. À face disso, embora consideremos com o Evangelho que toda boa dádiva procede originariamente de Deus, transformar para o bem ou para o mal o amparo incessante que nos é concedido dependerá sempre de nós.

(*Reformador*, set. 1964, p. 211)

---

[63] Texto publicado em *Livro da esperança*. Ed. Comunhão Espírita Cristã. Cap. 62.

Pois o próprio Pai vos ama [...].

João 16:27

É o mesmo

Ninguém despreze os valores da confiança.
Servo algum fuja ao benefício da cooperação.
Quem hoje pode dar algo de útil precisará possivelmente amanhã de alguma colaboração essencial.
Todavia, por enriquecer-se alguém de fraternidade e fé, não olvide a necessidade do desenvolvimento infinito no bem.
Os obreiros sinceros do Evangelho devem operar contra o favoritismo pernicioso.
A lavoura divina não possui privilegiados. Em suas seções numerosas, há trabalhadores mais devotados e mais fiéis; contudo, esses não devem ser categorizados à conta de fetiches, e sim respeitados e imitados por símbolos de lealdade e serviço.
Criar ídolos humanos é pior que levantar estátuas destinadas à adoração. O mármore é impassível, mas o companheiro é nosso próximo, de cuja condição ninguém deveria abusar.
Pague cada homem o tributo de esforço próprio à vida.
O supremo Senhor espera de nós apenas isto, a fim de converter-nos em colaboradores diretos.
O próprio Cristo afirmou que o mesmo Pai que o distingue ama igualmente a humanidade.
O Deus que inspira o médico é o que ampara o doente.
Não importa que asiáticos e europeus o designem sob nomes diferentes.
Invariavelmente é o mesmo Pai.
Conservemos, pois, a luz da consolação, a bênção do concurso fraterno, a confiança em nossos Maiores e a certeza

na proteção deles; contudo, não olvidemos o dever natural de seguir para o Alto, utilizando os próprios pés.

(*Pão nosso*. FEB Editora. Cap. 150)

Jo
16:27

> *[...] mas não estou sozinho, porque o Pai está comigo.*
>
> João 16:32

Domínio espiritual

Nos transes aflitivos a criatura demonstra sempre onde se localizam as forças exteriores que lhe subjugam a alma.

Nas grandes horas de testemunho, no sofrimento ou na morte, os avarentos clamam pelas posses efêmeras, os arbitrários exigem a obediência de que se julgam credores, os supersentimentalistas reclamam o objeto de suas afeições.

Jesus, todavia, no campo supremo das últimas horas terrestres, mostra-se absoluto senhor de si mesmo, ensinando-nos a sublime identificação com os propósitos do Pai, como o mais avançado recurso de domínio próprio.

Ligado naturalmente às mais diversas forças, no dia do Calvário não se prendeu a nenhuma delas.

Atendia ao governo humano lealmente, mas Pilatos não o atemoriza.

Respeitava a lei de Moisés; entretanto, Caifás não o impressiona.

Amava enternecidamente os discípulos; contudo, as razões afetivas não lhe dominam o coração.

Cultivava com admirável devotamento o seu trabalho de instruir e socorrer, curar e consolar; no entanto, a possibilidade de permanecer não lhe seduz o espírito.

O ato de Judas não lhe arranca maldições.

A ingratidão dos beneficiados não lhe provoca desespero.

O pranto das mulheres de Jerusalém não lhe entibia o ânimo firme.

O sarcasmo da multidão não lhe quebra o silêncio.

A cruz não lhe altera a serenidade.

Suspenso no madeiro, roga desculpas para a ignorância do povo.

Sua lição de domínio espiritual é profunda e imperecível. Revela a necessidade de sermos "nós mesmos", nos transes mais escabrosos da vida, de consciência tranquila elevada à divina Justiça e de coração fiel dirigido pela divina Vontade.

Jo 16:32

(*Caminho, verdade e vida*. FEB Editora. Cap. 170)

Tenho vos falado essas [coisas] para que tenhais paz em mim. No mundo tereis provações; mas animai-vos, eu venci o mundo.

João 16:33

Na vitória real[64]

É importante enumerar algumas das circunstâncias difíceis em que se encontrava Jesus, quando asseverou perante os discípulos: "tende bom ânimo; eu venci o mundo".

Ele era alguém que, na conceituação do mundo, não passava de vencido vulgar.

Sabia-se no momento de entrar em amarga solidão.

Confessava que fora incompreendido pelos homens aos quais se propusera servir.

Não ignorava que os adversários lhe haviam assaltado a comunidade em formação, através de um amigo invigilante.

Dirigia-se aos companheiros, anunciando que eles próprios seriam dispersos.

Falava, sem rebuços, da flagelação de que seria vítima.

Via-se malquisto pela maioria, perseguido, traído.

Não desconhecia que lhe envenenavam as intenções.

Certificara-se de que as pessoas mais altamente colocadas eram as primeiras a examinar o melhor processo de confundi-lo.

Percebera o ódio de que se tornara objeto, principalmente por parte daqueles que pretendiam açambarcar o nome de Deus, a serviço de interesses inferiores.

Reconhecia-se a poucos passos da morte, a que se inclinaria, condenado sem culpa.

Entretanto, ele dizia: "tende bom ânimo; eu venci o mundo".

Quanto te encontres em crise, lembra-te do Mestre.

Subjugado, seria o conquistador inesquecível.

Batido, passaria à condição de senhor da vitória.

---

[64] Texto publicado em *Palavras de vida eterna*. Ed. Comunhão Espírita Cristã. Cap. 136.

Assim ocorre, porque todos os construtores do aperfeiçoamento espiritual não estão na Terra para vencer no mundo, mas notadamente para vencer o mundo, em si mesmos, de modo a servirem ao mundo, sempre mais, e melhor.

(*Reformador*, maio 1963, p. 98)

Jo 16:33

Ser espírita

Doutrina Espírita — Cristianismo renascente.
Ser espírita é constituir-se em núcleo de ação edificante, através do qual principia a nova Era.
Fala-se no mundo de hoje, qual se o mundo estivesse reduzido à casa em ruínas.
O espírita é chamado à função da viga robusta, suscetível de mostrar que nem tudo se perdeu.
Há quem diga que a humanidade jaz em processo de desagregação.
O espírita é convidado a guardar-se por célula sadia, capaz de abrir caminho à recuperação do organismo social.
O espírita, onde surja a destruição, converte-se em apelo ao refazimento; onde estoure a indisciplina, faz-se esteio da ordem e, onde lavre o pessimismo, ergue-se, de imediato, por mensagem de esperança.
Assim sucede, porque o espírito reconhece que não vale exigir dos outros aquilo que não fazemos, nem reclamar no vizinho o clarão de um farol, quando, muitas vezes, esse mesmo vizinho espera pela chama de alguém que lhe aqueça e ilumine o coração enregelado na sombra.
Companheiro de ideal!
O ensinamento espírita é a palavra do Cristo que nos alcança sem gritar e a obra espírita, desde as bases primordiais de Allan Kardec, é construção do Evangelho, levantando as criaturas sem rebaixar a ninguém.
Trabalha servindo, cônscio de que cada um de nós é o agente da propaganda de si mesmo, no trabalho da redenção

humana, que não nasce da violência e sim da verdade e do amor, no toque fraternal de espírito a espírito.

A vista disso, se muito podes realizar, a benefício do próximo, por aquilo que sabes, somente conseguirás renovar os semelhantes por aquilo que és.

Jo 16:33

(*Livro da esperança*. Ed. Comunhão Espírita Cristã. Cap. 70)

Tranquilidade

A palavra do Cristo está sempre fundamentada no espírito de serviço, a fim de que os discípulos não se enganem no capítulo da tranquilidade.

De maneira geral, os aprendizes do Evangelho aguardam a paz, onde a calma reinante nada significa além de estacionamento por vezes delituoso. No conceito da maioria, a segurança reside em garantia financeira, em relações prestigiosas no mundo, em salários astronômicos. Isso, no entanto, é secundário. Tempestades da noite costumam sanear a atmosfera do dia, angústias da morte renovam a visão falsa da experiência terrestre.

Vale mais permanecer em dia com a luta que guardar-se alguém no descanso provisório e encontrá-la, amanhã, com a dolorosa surpresa de quem vive defrontado por fantasmas.

A Terra é escola de trabalho incessante.

Obstáculos e sofrimentos são orientadores da criatura.

É indispensável, portanto, renovar-se a concepção da paz, na mente do homem, para ajustá-lo à missão que foi chamado a cumprir na obra divina, em favor de si mesmo.

Conservar a paz, em Cristo, não é deter a paz do mundo. É encontrar o tesouro eterno de bênçãos nas obrigações de cada dia. Não é fugir ao serviço; é aceitá-lo onde, como e quando determine a vontade daquele que prossegue em ação redentora, junto de nós, em toda a Terra.

Muitos homens costumam buscar a tranquilidade dos cadáveres, mas o discípulo fiel sabe que possui deveres a cumprir em todos os instantes da existência. Alcançando semelhante zona de compreensão, conhece o segredo da paz em Jesus, com o máximo de lutas na Terra. Para ele continuam batalhas, atritos, trabalho e testemunhos no planeta, entretanto, nenhuma situação externa lhe modifica a serenidade interior, porque atingiu o luminoso caminho da tranquilidade fundamental.

(*Vinha de luz*. FEB Editora. Cap. 155)

Jo 16:33

Véspera da alegria

Se provações te visitam, arrima-te na fé e atende as tarefas que te foram confiadas.

A Terra ainda não é um paraíso, conquanto as fontes e flores que a enriquecem.

O sofrimento está em nós e achamo-nos no presente estágio evolutivo, com bases nas tribulações de que necessitamos para a nossa própria renovação.

Disse-nos Jesus: "Tende confiança, eu venci o mundo".

Sabemos, porém, que a vitória do Senhor veio pela cruz em que foi imolado. Vencido, vencedor. Derrotado e triunfante.

Lembra-te disso e o sofrimento se te fará a véspera da alegria.

(*Escultores de almas*. Ed. Cultura Espírita União. Cap. "Véspera da alegria")

Ora e serve[65]

Afirmas que o progresso, exprimindo felicidade e aprimoramento, é o porto a que te destinas no mar da experiência terrestre, mas, se cultivas sinceridade e decisão contigo mesmo, abraça o trabalho e a prece como sendo a embarcação e a bússola do caminho.

Rochedos de incompreensão escondem-se, traiçoeiros, sob a crista das ondas, ameaçando-te a rota.

---

[65] Texto publicado em *À luz da oração*. Ed. O Clarim. Cap. "Ora e serve".

Jo 16:33

No entanto, ora e serve.

A prece ilumina.

O trabalho liberta.

Monstros do precipício surgem à tona, inclinando-te à perturbação e ao soçobro.

Contudo, ora e serve.

A prece guia.

O trabalho defende.

Tempestades de aflição aparecem de chofre, vergastando-te o refúgio.

Entretanto, ora e serve.

A prece reanima.

O trabalho restaura.

Companheiros queridos que te suavizavam as agruras da marcha desembarcam nas ilhas de enganoso descanso, deixando-te as mãos sob multiplicados encargos.

Todavia, ora e serve.

A prece consola.

O trabalho sustenta.

Em todos os problemas e circunstâncias que te pareçam superar o quadro das próprias forças, ora e serve.

A prece é silêncio que inspira.

O trabalho é atividade que aperfeiçoa.

O viajor mais importante da Terra também passou pelo oceano do suor e das lágrimas, orando e servindo. Tão escabrosa lhe foi a peregrinação entre os homens, que não sobrou amigo algum para compartilhar-lhe espontaneamente os júbilos da chegada pelo escaler em forma de cruz. Tão alto, porém, acendeu ele a flama da prece, que pôde compreender e desculpar os próprios algozes, e tão devotadamente se consagrou ao trabalho, que conseguiu vencer os abismos da morte e voltar aos braços dos amigos vacilantes, como a repetir-lhes em regozijo e vitória: "Tende bom ânimo! Eu estou aqui".

(*Justiça divina*. FEB Editora. Cap. 39)

Atribulações

Se há crentes aguardando vida fácil, privilégios e favores na Terra, em nome do Evangelho, semelhante atitude deve correr à conta de si mesmos.

Jesus não prometeu prerrogativas aos seus continuadores. O Mestre foi, aliás, muito claro, nesse particular. Não estimulou a preguiça, nem criou falsas perspectivas no caminho do aprendizado. Asseverou que os discípulos e seguidores teriam aflições, que o mundo lhes ofereceria ocasiões de luta, sem esquecer a recomendação de bom ânimo.

Jo 16:33

Seria inútil induzir-se alguém à coragem, nos lugares e situações onde fosse dispensável. Se o Mestre aludiu tanta vez à necessidade de ânimo sadio, é que não ignorava a expressão gigantesca dos trabalhos que esperavam seus servidores.

A experiência humana ainda é um conjunto de fortes atribulações que costumam multiplicar-se à medida que se eleve a compreensão. O discípulo do Evangelho não deve esperar repouso, quando o Mestre continua absorvido no espírito de serviço. Para ele, férias e licenças na luta deveriam constituir cancelamento de oportunidades.

Alguns se queixam das perseguições, outros se alarmam, quando incompreendidos. Suas existências parecem ilhas de amargura e preocupação, cercadas de ondas revoltas do mundo. Aqui, parentes humilham, acolá, fogem amigos. A ironia perturba-os, a calúnia persegue-os. Mas, justamente nesse quadro é que se verifica a promessa do Salvador. Responsabilidades e compromissos envolvem sofrimentos e preocupações. Certo, não pediríamos trabalho a Jesus, nem o receberíamos de sua bondade infinita, para fins de ociosidade ou brincadeira. Estamos em serviço e testemunho. Aprendizes do Evangelho, encarnados ou desencarnados, teremos aflições nas esferas terrestres; mas, tenhamos fé e bom ânimo. Jesus venceu o mundo.

(*Reformador*, out. 1942, p. 236)

> *Eu lhes tenho dado a tua palavra, mas o mundo os odiou porque não são do mundo, como eu também não sou do mundo.*
>
> João 17:14

No quadro real[66]

Aprendizes do Evangelho, à espera de facilidades humanas, constituirão sempre assembleias do engano voluntário.

O Senhor não prometeu aos companheiros senão continuado esforço contra as sombras até a vitória final do bem.

O cristão não é flor de ornamento para igrejas isoladas. É "sal da Terra", força de preservação dos princípios divinos no santuário do mundo inteiro.

A palavra de Jesus, nesse particular, não padece qualquer dúvida:

Se alguém quiser vir após mim, renuncie a si mesmo, tome a sua cruz e siga-me.

Amai vossos inimigos.

Orai pelos que vos perseguem e caluniam.

Bendizei os que vos maldizem.

Emprestai sem nada esperardes.

Não julgueis para não serdes julgados.

Entre vós, o maior seja servo de todos.

Buscai a porta estreita.

Eis que vos envio como ovelhas ao meio dos lobos.

No mundo, tereis tribulações.

Mediante afirmativas tão claras, é impossível aguardar em Cristo um doador de vida fácil. Ninguém se aproxime d'Ele sem o desejo sincero de aprender a melhorar-se. Se Cristianismo é esperança sublime, amor celeste e fé restauradora, é também trabalho, sacrifício, aperfeiçoamento incessante.

---

[66] Texto publicado em *Segue-me!...* Ed. O Clarim. Cap. "No quadro real", com pequenas alterações.

Comprovando suas lições divinas, o Mestre supremo viveu servindo e morreu na cruz.

(Caminho, verdade e vida. FEB Editora. Cap. 169)

Jo
17:14

Não rogo que os tires do mundo, mas que os guardes do mal.

João 17:15

O mundo e o mal

Nos centros religiosos, há sempre grande número de pessoas preocupadas com a ideia da morte. Muitos companheiros não creem na paz, nem no amor, senão em planos diferentes da Terra. A maioria aguarda situações imaginárias e injustificáveis para quem nunca levou em linha de conta o esforço próprio.

O anseio de morrer para ser feliz é enfermidade do espírito.

Orando ao Pai pelos discípulos, Jesus rogou para que não fossem retirados do mundo, e sim libertos do mal.

O mal, portanto, não é essencialmente do mundo, mas das criaturas que o habitam.

A Terra, em si, sempre foi boa. De sua lama brotam lírios de delicado aroma, sua natureza maternal é repositório de maravilhosos milagres que se repetem todos os dias.

De nada vale partirmos do planeta, quando nossos males não foram exterminados convenientemente. Em tais circunstâncias, assemelhamo-nos aos portadores humanos das chamadas moléstias incuráveis. Podemos trocar de residência; todavia, a mudança é quase nada se as feridas nos acompanham. Faz-se preciso, pois, embelezar o mundo e aprimorá-lo, combatendo o mal que está em nós.

(*Caminho, verdade e vida*. FEB Editora. Cap. 30)

Dentro da luta

Não peças o afastamento de tua dor.

Roga forças para suportá-la, com serenidade e heroísmo, a fim de que lhe não percas as vantagens do contato.

Não solicites o desaparecimento das pedras de teu caminho.

Insiste na recepção de pensamentos que te ajudem a aproveitá-las.

Não exijas a expulsão do adversário.

Pede recursos para a elevação de ti mesmo, a fim de que lhe transformes os sentimentos.

Não supliques a extinção das dificuldades.

Procura meios de superá-las, assimilando-lhes as lições.

Nada existe sem razão de ser.

A Sabedoria do Senhor não deixa margem à inutilidade.

Jo 17:15

O sofrimento tem a sua função preciosa nos planos da alma, tanto quanto a tempestade tem o seu lugar importante na economia da natureza física.

A árvore, desde o nascimento, cresce e produz, vencendo resistências.

O corpo da criatura se desenvolve entre perigos de variada espécie.

Aceitemos o nosso dia de serviço, onde e como determine a Vontade sábia do Senhor.

Apresentando os discípulos ao Pai celestial, disse o Mestre: "Não peço que os tires do mundo, mas que os livres do mal".

A Terra tem a sua missão e a sua grandeza; libertemo-nos do mal que opera em nós próprios e receber-lhe-emos o amparo sublime, convertendo-nos junto dela em agentes vivos do Abençoado Reino de Deus.

(*Fonte viva*. FEB Editora. Cap. 162)

Em serviço do mundo[67]

Indubitavelmente, os cristãos de todas as procedências são chamados a viver no mundo, sem se agarrarem ao mundo, para servirem ao mundo, em nome do Senhor, valorizando, consequentemente, a si mesmos. É assim que será possível encontrá-los em todas as posições.

---

[67] Texto publicado em *Bênção de paz*. Ed. GEEM. Cap. 45.

> Jo
> 17:15

Aqui e além, somos defrontados por muitos companheiros que não compreendem o cristão verdadeiro sem a moldura externa do sofrimento. Entretanto, poucos se decidem a pensar no tormento dos que exibem sinais de conforto por fora, carregando, no íntimo, pesadas cruzes morais.

Bendito seja o lavrador que aprendeu a conquistar respeitabilidade e sustentação com o suor de cada dia, mas será menos bendito o dono do campo que passa, de semana a semana, sob o fogo mental da responsabilidade para manter a cúpula da lavoura indene de prejuízo e insucesso, tão só porque se apresente no mundo, em forma diferente, nos mecanismos da representação social?

Bendito seja o irmão que bate à porta da sopa fraterna, mostrando paciência e humildade no quadro de penúria em que se destaca; no entanto, será menos bendita a irmã que olvida o convite ao repouso para atendê-lo, apenas porque disponha de pão suficiente para distribuir?

Saibamos honrar cada obreiro na tarefa que a vida lhe atribui e recordemos que o próprio Jesus, em oração, pediu sabiamente ao Pai, em se referindo aos discípulos e seguidores: "Não vos peço que os tires do mundo e, sim, que os livres do mal".

(*Reformador*, abr. 1967, p. 74)

[Eles] não são do mundo, como eu também não sou do mundo.

João 17:16

O servo do Senhor[68]

O servo do Senhor é claramente conhecido na seara ativa do Senhor, mas, se aspiramos a caracterizá-lo no mundo, é fácil reconhecer-lhe a presença em seus traços essenciais:

vive no mundo sem agarrar-se ao mundo;
age sem apego;
ilumina sem alarde;
convence trabalhando;
atravessa o tumulto, construindo em silêncio;
injuriado, esquece;
advertido, aproveita;
considera o passado, apontando o futuro;
renova sem crítica;
perdoa sem jactância;
sofre sem queixa;
carrega fardos pesados, sem pretensão de virtude;
socorre espontaneamente;
fala, edificando;
eleva-se, elevando os outros;
colabora, olvidando a si mesmo, em louvor do interesse geral;
espera, fazendo o melhor que pode;
corrige, abençoando;
educa, amparando sempre.

Em suma, quem se dedica ao Senhor entrega-se-lhe ao bendito poder, como é, onde está, com o que tem e com quem convive, e persevera na execução incessante da obra do Senhor,

---

[68] Texto publicado em *Segue-me!...* Ed. O Clarim. Cap. "O servo do Senhor".

João
17:16

sem perguntar como, onde, quanto ou com quem deve trabalhar para realmente servir.

(*Reformador*, maio 1969, p. 98)

Santifica-os na Verdade. [...]

João 17:17

É a santificação

Não podemos esquecer que, dirigindo-se ao Pai, nos derradeiros momentos do apostolado, rogou-lhe Jesus santificasse os discípulos que ficariam no plano carnal.

É significativo observar que o Mestre não pediu regalias e facilidades para os continuadores. Não recomendou ao Senhor supremo situasse os amigos em palácios encantados do prazer, nem os ilhasse em privilégios particularistas. Em vez disso, suplicou ao Pai que os santificasse na condição humana.

É compreensível, portanto, que os discípulos sinceros recebam da Providência maior quinhão de elementos purificadores em trabalhos e testemunhos benéficos. Na Terra, quase sempre, o dever e a responsabilidade parecem esmagá-los, no entanto, a palavra do Evangelho é bastante clara no terreno das conquistas eternas.

Não nos referimos a recompensas banais de periferia.

Destacamos o engrandecimento espiritual, a iluminação divina e a perfeição redentora, inacessíveis ainda ao entendimento comum.

Em verdade, o Senhor anunciou sacrifícios e sofrimentos aos seguidores, acentuando, porém, que os não deixaria órfãos.

Seriam convocados a interrogatórios humilhantes, contudo, não lhes faltaria a sublime Inspiração.

Seguiriam atribulados, mas não angustiados; perseguidos, mas nunca desamparados.

Receberiam golpes e decepções, mas não lhes seriam negados a esperança e o reconforto.

Suportariam a incompreensão humana, todavia, os desígnios superiores agiriam em favor deles.

Sofreriam flagelações no mundo, no entanto, suas dores abasteceriam os celeiros da graça e da consolação para os aflitos.

Muita vez, participariam dos últimos lugares, entre as criaturas terrestres, para serem dos primeiros na cooperação com o divino Trabalhador.

Seriam detidos nos cárceres, mas disporiam da presença dos anjos sob cânticos de glorificação.

Carregariam cicatrizes por sinais celestes.

Tolerariam sarcasmos em honroso serviço à Verdade.

Perseguidos e torturados, representariam as cartas palpitantes do Cristo à humanidade.

Servos sofredores e humilhados no campo carnal, marchariam assinalados por luz imperecível.

Escalariam calvários de dor, suportando cruzes, encontrando, porém, a ressurreição, coroados de glória

Efetivamente, pois, os colaboradores do Evangelho são, de modo geral, anônimos e desprezados nas esferas convencionalistas da Terra; todavia, para eles, repete o Mestre, em todos os tempos, as sublimes palavras: "Sois meus amigos porque tudo quanto ouvi de meu Pai vos dei a conhecer".

(*Vinha de luz*. FEB Editora. Cap. 139)

Assim como me enviaste ao mundo, eu também os enviei ao mundo.

João 17:18

Médiuns de toda a parte[69]

"Os médiuns são intérpretes dos Espíritos. Representam para eles os órgãos materiais que lhes transmitem as instruções.
Daí serem dotados de faculdades para esse efeito.
Nos tempos modernos de renovação social, cabe-lhes missão especialíssima: são árvores destinadas a fornecer alimento espiritual a seus irmãos.
Multiplicam-se em número para que haja alimento farto.
Existem, por toda a parte, entre os ricos e os pobres, entre os grandes e os pequenos, a fim de que em nenhum ponto faltem, para que todos os homens se reconheçam chamados à verdade.
Se, porém, desviam do objetivo providencial a preciosa faculdade que lhes foi concedida; se a empregam em coisas fúteis ou prejudiciais; se a colocam em serviço dos interesses mundanos; se, ao invés de frutos sazonados, dão maus frutos; se se recusam a utilizá-la em benefício dos outros; ou se nenhum proveito tiram dela, no sentido de se aperfeiçoarem, são comparáveis à figueira estéril."
Estas considerações, tão ricas de oportunidade, à frente da extensão constante das tarefas espíritas na atualidade, não são nossas. São conceitos textuais de Allan Kardec, no item 10, do capítulo XIX de *O evangelho segundo o espiritismo*, escritos há quase um século.
Os médiuns são legiões.
Funcionam aos milhares, em todos os pontos do globo terrestre. Seja na administração ou na colaboração, na beneficência ou no estudo, na tribuna ou na pena, no consolo ou na cura, no

---

[69] Texto publicado em *Livro da esperança*. Ed. Comunhão Espírita Cristã. Cap. 64, com pequenas alterações.

trabalho informativo ou na operação de fenômenos, todos são convocados a servir com sinceridade e desinteresse, na construção do bem, com base no burilamento de si próprios.

Acima de todos, representando a escola sábia e imaculada, que não pode responsabilizar-se pelos erros ou defecções dos alunos, brilha a Doutrina Espírita, na condição de Evangelho redivivo, traçando orientação clara e segura. Fácil concluir, desse modo, que situar a mediunidade na formação do bem de todos ou gastar-lhe os talentos em movimentações infelizes é escolha de cada um.

Jo 17:18

(*Reformador*, jul. 1963, p. 158)

Crê e segue

Se abraçaste, meu amigo, a tarefa espiritista cristã, em nome da fé sublimada, sedento de vida superior, recorda que o Mestre te enviou o coração renovado ao vasto campo do mundo para servi-lo.

Não só ensinarás o bom caminho. Agirás de acordo com os princípios elevados que apregoas.

Ditarás diretrizes nobres para os outros; contudo, marcharás dentro delas, por tua vez.

Proclamarás a necessidade de bom ânimo, mas seguindo, estrada afora, semeando alegrias e bênçãos, ainda mesmo quando incompreendido de todos.

Não te contentarás em distribuir moedas e benefícios imediatos. Darás sempre algo de ti mesmo ao que necessita.

Não somente perdoarás. Compreenderás o ofensor, auxiliando-o a reerguer-se.

Não criticarás. Encontrarás recursos inesperados de ser útil.

Não deblaterarás. Valer-te-ás do tempo para materializar os bons pensamentos que te dirigem.

Não disputarás inutilmente. Encontrarás o caminho do serviço aos semelhantes em qualquer parte.

Não viverás simplesmente no combate palavroso contra o mal. Reterás o bem, semeando-o com todos.

Não condenarás. Descobrirás a luz do amor para fazê-la brilhar em teu coração, até o sacrifício.

Ora e vigia.

Ama e espera.

Serve e renuncia.

Se não te dispões a aproveitar a lição do Mestre divino, afeiçoando a própria vida aos seus ensinamentos, a tua fé terá sido vã.

Jo
17:18

(*Pão nosso*. FEB Editora. Cap. 180)

Mediunidade e nós[70]

Nem sempre conseguirás materializar os amigos da Vida maior para satisfazer a sede de verdade que tortura muitos de nossos companheiros na Terra, mas sempre podes substancializar essa ou aquela providência suscetível de prodigalizar-lhes tranquilidade e consolação.

Nem sempre sonorizarás a voz de desencarnados queridos para reconforto dos que choram de saudade no mundo; entretanto, sempre podes articular a frase calmante que lhes transmita encorajamento e esperança.

Nem sempre obterás a mensagem de determinados amigos que residem no mais Além, para a edificação imediata dos que sofrem no plano físico; no entanto, sempre podes improvisar algum recurso com que se lhes restaurem a energia e o bom ânimo.

Nem sempre lograrás a cura de certas enfermidades no corpo de irmãos padecentes; todavia, sempre podes lenir-lhes o coração e aclarar-lhes a alma, com o amparo fraterno, habilitando-lhes a mente para a cura definitiva do espírito.

---

[70] Texto publicado em *Mediunidade e sintonia*. Ed. Cultura Espírita União. Cap. 9.

Nem sempre te evidenciarás como sendo um fenômeno, mas sempre podes, em qualquer tempo e lugar, erigir-te em auxílio.

Médium significa intérprete, medianeiro.

Jo 17:18

E dar utilidade à própria vida, transformando-nos em apoio e bênção para os demais, é ser médium do eterno Bem, sob a inspiração do Espírito sublime de Jesus Cristo — privilégio que cada um de nós pode ter.

(*Brasil espírita*, jul. 1971, p. 1)

[...] para que sejam um, como [nós] somos um.

João 17:22

Em nome do Evangelho[71]

Reunindo-se aos discípulos, empreendeu Jesus a renovação do mundo.

Congregando-se com cegos e paralíticos, restituiu-lhes a visão e o movimento.

Misturando-se com a turba extenuada, multiplicou os pães para que lhe não faltasse alimento. Ombreando-se com os pobres e os simples, ensinou-lhes as bem-aventuranças celestes.

Banqueteando-se com pecadores confessos, ensinou-lhes o retorno ao caminho de elevação.

Partilhando a fraternidade do Cenáculo, prepara companheiros na direção dos testemunhos de fé viva.

Compelido a oferecer-se em espetáculo na cruz, junto à multidão, despede-se da massa, abençoando e amando, perdoando e servindo.

Compreendendo a responsabilidade da grande assembleia de colaboradores do Espiritismo brasileiro, formulamos votos ardentes para que orientem no Evangelho quaisquer princípios de unificação, em torno dos quais entrelaçam esperanças.

Cremos que a experiência científica e a discussão filosófica representam preparação e adubo no campo doutrinário, porque a semente viva do progresso real, com o aperfeiçoamento do homem interior, permanece nos alicerces divinos da Nova Revelação.

Cultivar o Espiritismo, sem esforço espiritualizante, é trocar notícias entre dois planos diferentes, sem significado substancial na redenção humana.

---

[71] Texto publicado em *Luz no caminho*. Ed. Cultura Espírita União. Cap. "Em nome do Evangelho", com pequenas alterações.

Lidar com assuntos do céu, sem vasos adequados à recepção da essência celestial, é ameaçar a obra salvacionista.

Aceitar a verdade, sem o desejo de irradiá-la, através do propósito individual de serviço aos semelhantes, é vaguear sem rumo.

> Jo 17:22

O laboratório é respeitável.

A academia é nobre.

O templo é santo.

A ciência convence.

A filosofia estuda.

A fé converte o homem ao Bem infinito.

Cérebro rico, sem diretrizes santificantes, pode conduzir à discórdia.

Verbo primoroso, sem fundamentos de sublimação, não alivia nem salva.

Sentimento educado e iluminado, contudo, melhora sempre.

Reunidos, assim, em grande conclave de fraternidade, que os irmãos do Brasil se compenetrem, cada vez mais, do espírito de serviço e renunciação, de solidariedade e bondade pura que Jesus nos legou.

O mundo conturbado pede, efetivamente, ação transformadora. Conscientes, porém, de que se faz impraticável a redenção do todo sem o burilamento das partes, unamo-nos no mesmo roteiro de amor, trabalho, auxílio, educação, solidariedade, valor e sacrifício que caracterizou a atitude do Cristo, em comunhão com os homens, servindo e esperando o futuro, em seu exemplo de abnegação, para que todos sejamos um, em sintonia sublime com os desígnios do supremo Senhor.

(*Reformador*, set. 1977, p. 267)

Pai, quero que onde eu estou, lá estejam comigo os que me deste [...].

João 17:24

Conjunto[72]

No templo espírita cristão, é razoável anotar que todo trabalho é ação de conjunto.

Cada companheiro é indicado à tarefa precisa; cada qual assume a feição de peça particular na engrenagem do serviço, sem cuja cooperação os mecanismos do bem não funcionam em harmonia.

Indispensável apagar-nos pelo brilho da obra.

Na aplicação da eletricidade, congregam-se implementos diversos, mas interessa, acima de tudo, a produção da força, e, no aproveitamento da força, a grande usina é um espetáculo de grandeza, mas não desenvolve todo concurso de que é suscetível, sem a tomada simples.

Necessário, assim, saibamos reconhecer por nós mesmos o que seja essencial a fazer pelo rendimento digno da atividade geral.

Orientando ou colaborando, em determinadas ocasiões, a realização mais importante que se nos pede é o esclarecimento temperado de gentileza ou a indicação paciente e clara da verdade ao ânimo do obreiro menos acordado, na edificação espiritual. Noutros instantes, a obrigação mais valiosa que as circunstâncias nos solicitam é o entendimento com uma criança, a conversação fraternal com um doente, a limpeza de um móvel ou a condução de um fardo pequenino.

Imprescindível, porém, desempenhar semelhantes incumbências, sem derramar o ácido da queixa e sem azedar o

---

[72] Texto publicado em *Livro da esperança*. Ed. Comunhão Espírita Cristã. Cap. 69. *Educandário de luz*. Ed. IDEAL. Cap. 5.

sentimento na aversão sistemática. Irritar-se alguém, no exercício das boas obras, é o mesmo que rechear o pão com cinzas.

Administrar amparando, e obedecer, efetuando o melhor!... Em tudo, compreender que o modo mais eficiente de pedir é trabalhar e que o processo mais justo de recomendar é fazer, mas trabalhar e fazer sem tristeza e sem revolta, entendendo que benfeitorias e providências são recursos preciosos para nós mesmos. Em todas as empresas do bem, somos complementos naturais uns dos outros. O universo é sustentado na base da equipe. Uma constelação é família de sóis. Um átomo é agregado de partículas.

Nenhum de nós procure destaque injustificável. Na direção ou na subalternidade, baste-nos o privilégio de cumprir o dever que a vida nos assinala, discernindo e elucidando, mas auxiliando e amando sempre. O coração, motor da vida orgânica, trabalha oculto e Deus, que é para nós o Anônimo divino, palpita em cada ser, sem jamais individualizar-se na luz do bem.

(*Reformador*, jan. 1964, p. 20)

Jo
17:24

[...] Lança a espada na bainha.

João 18:11

Embainha tua espada

A guerra foi sempre o terror das nações.

Furacão de inconsciência, abre a porta a todos os monstros da iniquidade por onde se manifesta. O que a civilização ergue, ao preço dos séculos laboriosos de suor, destrói com a fúria de poucos dias.

Diante dela, surgem o morticínio e o arrasamento, que compelem o povo à crueldade e à barbaria, em razão das quais aparecem dias amargos de sofrimento e regeneração para as coletividades que lhe aceitaram os desvarios.

Ocorre o mesmo, dentro de nós, quando abrimos luta contra os semelhantes...

Sustentando a contenda com o próximo, destruidora tempestade de sentimentos nos desarvora o coração. Ideais superiores e aspirações sublimes longamente acariciados por nosso espírito, construções do presente para o futuro e plantações de luz e amor, no terreno de nossas almas, sofrem desabamento e desintegração, porque o desequilíbrio e a violência nos fazem tremer e cair nas vibrações do egoísmo absoluto que havíamos relegado à retaguarda da evolução.

Depois disso, muitas vezes devemos atravessar aflitivas existências de expiação para corrigir as brechas que nos aviltam o barco do destino, em breves momentos de insânia...

Em nosso aprendizado cristão, lembremo-nos da palavra do Senhor: "embainha tua espada...".

Alimentando a guerra com os outros, perdemo-nos nas trevas exteriores, esquecendo o bom combate que nos cabe manter em nós mesmos.

Façamos a paz com os que nos cercam, lutando contra as sombras que ainda nos perturbam a existência, para que se faça em nós o reinado da luz.

De lança em riste, jamais conquistaremos o bem que desejamos.

Jo 18:11

A cruz do Mestre tem a forma de uma espada com a lâmina voltada para baixo.

Recordemos, assim, que, em se sacrificando sobre uma espada simbólica, devidamente ensarilhada, é que Jesus conferiu ao homem a bênção da paz, com felicidade e renovação.

(*Fonte viva*. FEB Editora. Cap. 114)

Respondeu Jesus: tu dizes isso de ti mesmo ou outros te disseram [isso] a respeito de mim?

João 18:34

Testemunho

A pergunta do Cristo a Pilatos tem significação mais extensiva. Compreendemo-la, aplicada às nossas experiências religiosas.

Quando encaramos no Mestre a personalidade do Salvador, por que o afirmamos? Estaremos agindo como discos fonográficos, na repetição pura e simples de palavras ouvidas?

É necessário conhecer o motivo pelo qual atribuímos títulos amoráveis e respeitosos ao Senhor. Não basta redizer encantadoras lições dos outros, mas viver substancialmente a experiência íntima na fidelidade ao programa divino.

Quando alguém se refere nominalmente a um homem, esse homem pode indagar quanto às origens da referência.

Jesus não é símbolo legendário; é um Mestre Vivo.

As preocupações superficiais do mundo chegam, educam o espírito e passam, mas a experiência religiosa permanece.

Nesse capítulo, portanto, é ilógico recorrermos, sistematicamente, aos patrimônios alheios.

É útil a todo aprendiz testificar de si mesmo, iluminar o coração com os ensinos do Cristo, observar-lhe a influência excelsa nos dias tranquilos e nos tormentosos.

Reconheçamos, pois, atitude louvável no esforço do homem que se inspira na exemplificação dos discípulos fiéis; contudo, não nos esqueçamos de que é contraproducente repousarmos em edificações que não nos pertencem, olvidando o serviço que nos é próprio.

(*Caminho, verdade e vida*. FEB Editora. Cap. 85)

> *Respondeu Jesus: o meu reino não é deste mundo. Se o meu reino fosse deste mundo, os meus servidores teriam combatido para que [Eu] não fosse entregue aos judeus. Agora, porém, o meu reino não é daqui.*

João 18:36

Na construção do futuro

Esperavas pelos irmãos do caminho a fim de te entregares à construção da Terra melhor e quedastes, muita vez, em amargoso desalento porque tardem a vir.

Observa, porém, a estrada longa da evolução, para que o entendimento te pacifique.

Milhares deles são corações de pensamento verde que te rogam apoio e outros muitos seguem trilha adiante, inibidos por névoas interiores que desconhecem.

Repara os que se renderam às lágrimas excessivas.

Choraram tanto que turvaram os olhos não mais divisando os companheiros infinitamente mais desditosos a lhes suplicarem auxílio nas vascas da aflição.

Contempla os que passam vaidosos sem saberem utilizar, construtivamente, os favores da fortuna.

Habituaram-se tanto às enganosas vantagens da moeda abundante que perderam o senso íntimo.

Enumera os que se embriagam, de poder transitório.

Abusaram tanto da autoridade que caíram na exaltação da paranoia sem darem conta disso.

Relaciona os que asseveram amar, transformando a afetividade no egoísmo envolvente.

Apaixonaram-se tanto por criaturas e coisas, cultivando exigências, que deliram positivamente sem perceber.

Anota os que avançam, hipnotizados pelas dignidades que receberam do mundo.

Fascinaram-se tanto pelas honras exteriores que olvidaram os semelhantes a quem lhes compete o dever de servir.

Nenhum deles atrasou por maldade. Foram vítimas da ilusão que, frequentemente, se agiganta qual imenso nevoeiro na periferia da vida, mas regressarão depois à verdade triunfante para atenderem às tarefas que realizas.

Para todos eles que ainda não conseguiram chegar à grande renovação é compreensível o adiamento do trabalho a fazer.

Entretanto, nada nos justificará desânimo ou deserção na Obra do Cristo, porque embora estejamos consideravelmente distantes da sublimação necessária, transportamos conosco o raciocínio lúcido e libertado no sustento da fé.

Jo 18:36

(*Livro da esperança*. Ed. Comunhão Espírita Cristã. Cap. 3)

O grande futuro

Desde os primórdios do Cristianismo, observamos aprendizes que se retiram deliberadamente do mundo, alegando que o reino do Senhor não pertence à Terra.

Ajoelham-se, por tempo indeterminado, nas casas de adoração e acreditam efetuar na fuga a realização da santidade.

Muitos cruzam os braços à frente dos serviços de regeneração e, quando interrogados, expressam revolta pelos quadros chocantes que a experiência terrena lhes oferece, reportando-se ao Cristo, diante de Pilatos, quando o Mestre asseverou que o seu reino ainda não se instalara nos círculos da luta humana.

No entanto, é justo ponderar que o Cristo não deserdou o planeta. A palavra d'Ele não afiançou a negação absoluta da felicidade celeste para a Terra, mas apenas definiu a paisagem então existente, sem esquecer a esperança no porvir.

O Mestre esclareceu: "Mas agora o meu reino não é daqui." Semelhante afirmativa revela-lhe a confiança.

Jesus, portanto, não pode endossar a falsa atitude dos operários em desalento, tão só porque a sombra se fez mais densa em torno de problemas transitórios ou porque as feridas humanas se fazem, por vezes, mais dolorosas. Tais ocorrências, muita vez, obedecem a pura ilusão visual.

A atividade divina jamais cessa e justamente no quadro da luta benéfica é que o discípulo insculpirá a própria vitória.

Não nos cabe, pois, a deserção pela atitude contemplativa, e sim avançar, confiantemente, para o grande futuro.

(*Pão nosso*. FEB Editora. Cap. 133)

Jo 18:36

No reino do coração

Em verdade, asseverou Jesus que o reino de Deus ainda não é deste mundo, no entanto, várias vezes, afirmou que esse reino permanece dentro de nós.

Muitos aguardam a vinda espetacular do Céu à Terra, ignorando que a construção do Céu há de começar em nós, se nos propomos alcançar a Vida perfeita.

Não olvides o reino do coração, se anelas trabalhar pelo reino do Cristo.

Não podes sustar a perturbação que ruge em derredor de teus passos, entretanto, é possível apaziguar a própria alma e encontrar dentro dela um abrigo de serenidade e esperança.

Não podes paralisar o verbo que fere e vergasta, mas, é fácil guardar o próprio espírito em silêncio para somente movimentá-lo na bondade que ajuda, compreende e perdoa.

Não podes, sem dúvida, inventar, de repente, hospitais e escolas, lares e templos em que a coletividade enferma e sofredora encontre, de imediato, remédio e ensinamento, aconchego e fé viva, contudo, ainda hoje, é possível socorrer o parente desarvorado, amparar a criança infeliz, consolar o velhinho anônimo, auxiliar ao ignorante com uma frase amiga ou encorajar o irmão doente.

Não podes, de improviso, impedir a carreira do mal, no entanto, é justo te consagres ao bem, como ponto de apoio ao amor puro que se derrama da Esfera divina, em benefício da humanidade em crescimento para a Luz.

Para isso, porém, é preciso te escudes, hoje e amanhã, na boa vontade.

Lembremo-nos de que o valor de nossa existência está em função do valor que a nossa vida represente para as vidas que nos rodeiam.

Ainda mesmo que todas as circunstâncias te hostilizem, ajuda sempre.

A eterna Sabedoria, a seu tempo, se manifestará, abençoando-te o sacrifício.

Jo 18:36

Realmente, não podes aguardar o reino de Deus na Terra de agora, mas, desde agora, podes iluminar o reino de Deus que está em ti.

Avalia as bênçãos que te marcam os dias e as vitórias íntimas que entesouraste no campo das próprias experiências e nunca te acomodes com o desespero.

(*Irmão*. Ed. IDEAL. Cap. 19)

[...] Eis o homem.

João 19:5

Humanidade Real

Apresentando o Cristo à multidão, Pilatos não designava um triunfador terrestre...
Nem banquete, nem púrpura.
Nem aplauso, nem flores.
Jesus achava-se diante da morte.
Terminava uma semana de terríveis flagelações.
Traído, não se rebelara.
Preso, exercera a paciência.
Humilhado, não se entregou a revides.
Esquecido, não se confiou à revolta.
Escarnecido, desculpara.
Açoitado, olvidou a ofensa.
Injustiçado, não se defendeu.
Sentenciado ao martírio, soube perdoar.
Crucificado, voltaria à convivência dos mesmos discípulos e beneficiários que o haviam abandonado, para soerguer-lhes a esperança.
Mas exibindo-o, diante do povo, Pilatos não afirma: "Eis o condenado, eis a vítima!".
Diz simplesmente: "Eis o Homem!".
Aparentemente vencido, o Mestre surgia em plena grandeza espiritual, revelando o mais alto padrão de dignidade humana.
Rememorando, pois, semelhante passagem, recordemos que somente nas linhas morais do Cristo é que atingiremos a humanidade real.

(*Fonte viva.* FEB Editora. Cap. 127)

E no primeiro [dia] da semana, Maria Magdalena veio cedo, estando ainda escuro, para o sepulcro, e vê a pedra removida do sepulcro.

João 20:1

De madrugada

Não devemos esquecer a circunstância em que Maria de Magdala recebe a primeira mensagem da ressurreição do Mestre.

No seio de perturbações e desalentos da pequena comunidade, a grande convertida não perde tempo em lamentações estéreis nem procura o sono do esquecimento.

Os companheiros haviam quebrado o padrão de confiança. Entre o remorso da própria defecção e a amargura pelo sacrifício do Salvador, cuja lição sublime ainda não conseguiam apreender, confundiam-se em atitudes negativas. Pensamentos contraditórios e angustiados azorragavam-lhes os corações.

Madalena, contudo, rompe o véu de emoções dolorosas que lhe embarga os passos. É imprescindível não sucumbir sob os fardos, transformando-os, acima de tudo, em elemento básico na construção espiritual, e Maria resolve não se acovardar ante a dor. Porque o Cristo fora imolado na cruz, não seria lícito condenar-lhe a memória bem-amada ao olvido ou à indiferença.

Vigilante, atenta a si mesma, antes de qualquer satisfação a velhos convencionalismos, vai ao encontro do grande obstáculo que se constituía do sepulcro, muito cedo, precedendo o despertar dos próprios amigos, e encontra a radiante resposta da Vida eterna.

Rememorando esse acontecimento simbólico, recordemos nossas antigas quedas, por havermos esquecido o "primeiro dia da semana", trocando, em todas as ocasiões, o "mais cedo" pelo "mais tarde".

(*Pão nosso*. FEB Editora. Cap. 168)

Jesus lhe diz: Maria! Voltando-se, ela lhe diz em hebraico "Rabbuni", que se diz "Mestre".

João 20:16

Madalena

Dos fatos mais significativos do Evangelho, a primeira visita de Jesus, na ressurreição, é daqueles que convidam à meditação substanciosa e acurada.

Por que razões profundas deixaria o divino Mestre tantas figuras mais próximas de sua vida para surgir aos olhos de Madalena, em primeiro lugar?

Somos naturalmente compelidos a indagar por que não teria aparecido, antes, ao coração abnegado e amoroso que lhe servira de Mãe ou aos discípulos amados...

Entretanto, o gesto de Jesus é profundamente simbólico em sua essência divina.

Dentre os vultos da Boa-Nova, ninguém fez tanta violência a si mesmo, para seguir o Salvador, como a inesquecível obsidiada de Magdala. Nem mesmo Paulo de Tarso faria tanto, mais tarde, porque a consciência do Apóstolo dos gentios era apaixonada pela Lei, mas não pelos vícios. Madalena, porém, conhecera o fundo amargo dos hábitos difíceis de serem extirpados, amolecera-se ao contato de entidades perversas, permanecia "morta" nas sensações que operam a paralisia da alma; entretanto, bastou o encontro com o Cristo para abandonar tudo e seguir-lhe os passos, fiel até o fim, nos atos de negação de si própria e na firme resolução de tomar a cruz que lhe competia no calvário redentor de sua existência angustiosa.

É compreensível que muitos estudantes investiguem a razão pela qual não apareceu o Mestre, primeiramente, a Pedro ou a João, à sua Mãe ou aos amigos. Todavia, é igualmente razoável reconhecermos que, com o seu gesto inesquecível, Jesus ratificou a lição de que a sua doutrina será, para todos os aprendizes e seguidores, o código de ouro das vidas transformadas para a glória do bem. E ninguém, como Maria de Magdala, houvera transformado a sua, à luz do Evangelho redentor.

(*Caminho, verdade e vida.* FEB Editora. Cap. 92)

Jo
20:16

> *Então, sendo tarde naquele primeiro deia da semana, e estando fechada a porta do lugar onde os discípulos estavam, por medo dos judeus, veio Jesus, pôs de pé no meio deles e lhes diz: paz convosco!*

João 20:19

Reuniões cristãs

Desde o dia da ressurreição gloriosa do Cristo, a humanidade terrena foi considerada digna das relações com a espiritualidade.

O Deuteronômio proibira terminantemente o intercâmbio com os que houvessem partido pelas portas da sepultura, em vista da necessidade de afastar a mente humana de cogitações prematuras. Entretanto, Jesus, assim como suavizara a antiga lei da justiça inflexível com o perdão de um amor sem limites, aliviou as determinações de Moisés, vindo ao encontro dos discípulos saudosos.

Cerradas as portas, para que as vibrações tumultuosas dos adversários gratuitos não perturbassem o coração dos que anelavam o convívio divino, eis que surge o Mestre muito amado, dilatando as esperanças de todos na vida eterna. Desde essa hora inolvidável, estava instituído o movimento de troca, entre o mundo visível e o invisível. A família cristã, em seus vários departamentos, jamais passaria sem o doce alimento de suas reuniões carinhosas e íntimas. Desde então, os discípulos se reuniriam, tanto nos cenáculos de Jerusalém, como nas catacumbas de Roma. E, nos tempos modernos, a essência mais profunda dessas assembleias é sempre a mesma, seja nas igrejas católicas, nos templos protestantes ou nos centros espíritas.

O objetivo é um só: procurar a influenciação dos planos superiores, com a diferença de que, nos ambientes espiritistas, a alma pode saciar-se, com mais abundância, em voos mais altos, por se conservar afastada de certos prejuízos do dogmatismo e do sacerdócio organizado.

(*Caminho, verdade e vida*. FEB Editora. Cap. 9)

Estejamos em paz[73]

Rujam tempestades em torno de teu caminho, tranquiliza o coração e segue em paz na direção do bem.

Não carregues no pensamento o peso morto da aflição inútil.

Refugia-te na cidadela interior do dever retamente cumprido e entrega à Sabedoria divina a ansiedade que te procura, à feição de labareda invisível.

Se alguém te acusa, aquieta-te e ora em favor dos irmãos desorientados e infelizes.

Se alguma circunstância te contraria, asserena tua alma e espera que os acontecimentos te favoreçam.

Lembra-te de que és chamado a viver um só dia de cada vez, sempre que o Sol se levante.

E por mais amplas se te façam as possibilidades, tomarás uma só refeição e vestirás um só traje de cada vez nas tarefas de cada dia.

Embora te atormentes pela claridade diurna, a alvorada não brilhará antes da hora prevista, e embora te interesses pelo fruto de determinada árvore, não chegarás a colhê-lo, antes do justo momento.

A pretexto, porém, de garantir a própria serenidade, não te demores na inércia.

Mentaliza o bem e prossegue na construção do melhor, como quem sabe que a colheita farta pede terra abençoada pela charrua.

Sejam quais forem as tuas dificuldades, lembra-te de que a paz é a segurança da vida.

Não nos esqueçamos de que, na hora da Manjedoura, as vozes celestiais, após o louvor a Deus, expressaram votos de paz à Terra e, depois da ressurreição, voltando, gloriosamente, ao convívio das criaturas, antes de qualquer plano de trabalho disse Jesus aos discípulos espantados: "A paz seja convosco".

(*Reformador*, dez. 1958, p. 268)

Jo 20:19

---

[73] Texto publicado em *Palavras de vida eterna*. Ed. Comunhão Espírita Cristã. Cap. 47, com pequenas alterações.

[...] mostrou-lhes as mãos [...].

João 20:20

Reparemos nossas mãos

Reaparecendo aos discípulos, depois da morte, eis que Jesus, ao se identificar, deixa-lhes ver o corpo ferido, mostrando-lhes destacadamente as mãos...

As mãos que haviam restituído a visão aos cegos, levantado paralíticos, curado enfermos e abençoado velhinhos e crianças, traziam as marcas do sacrifício.

Traspassadas pelos cravos da cruz, lembravam-lhe a suprema renúncia.

As mãos do divino Trabalhador não recolheram do mundo apenas calos do esforço intensivo na charrua do bem. Receberam feridas sanguinolentas e dolorosas...

O ensinamento recorda-nos a atividade das mãos em todos os recantos do Globo.

O coração inspira.

O cérebro pensa.

As mãos realizam.

Em toda parte, agita-se a vida humana pelas mãos que comandam e obedecem.

Mãos que dirigem, que constroem, que semeiam, que afagam, que ajudam e que ensinam... E mãos que matam, que ferem, que apedrejam, que batem, que incendeiam, que amaldiçoam...

Todos possuímos nas mãos antenas vivas por onde se nos exterioriza a vida espiritual.

Reflete, pois, sobre o que fazes, cada dia.

Não olvides que, além da morte, nossas mãos exibem os sinais da nossa passagem pela Terra. As do Cristo, o eterno Benfeitor, revelavam as chagas obtidas na divina lavoura do amor. As tuas, amanhã, igualmente falarão de ti, no mundo espiritual, onde, interrompida a experiência terrestre, cada criatura arrecada as bênçãos ou as lições da vida, de acordo com as próprias obras.

(*Fonte viva*. FEB Editora. Cap. 179)

Jo
20:20

> *Disse-lhes novamente: paz convosco! Assim como o Pai me enviou, eu também vos envio.*

João 20:21

Paz

Muita gente inquieta, examinando o intercâmbio entre os novos discípulos do Evangelho e os desencarnados, interroga, ansiosamente, pelas possibilidades da colaboração espiritual, junto às atividades humanas.

Por que razão os emissários do invisível não proporcionam descobertas sensacionais ao mundo?

Por que não revelam os processos de cura das moléstias que desafiam a Ciência?

Como não evitam o doloroso choque entre as nações?

Tais investigadores, distanciados das noções de justiça, não compreendem que seria terrível furtar ao homem os elementos de trabalho, resgate e elevação. Aborrecem-se, comumente, com as reiteradas e afetuosas recomendações de paz das comunicações do além-túmulo, porque ainda não se harmonizaram com o Cristo.

Vejamos o Mestre com os discípulos, quando voltava a confortá-los, do plano espiritual. Não lhe observamos na palavra qualquer recado torturante, não estabelece a menor expressão de sensacionalismo, não se adianta em conceitos de revelação supernatural.

Jesus demonstra-lhes a sobrevivência e deseja-lhes paz.

Será isso insuficiente para a alma sincera que procura a integração com a vida mais alta? Não envolverá, em si, grande responsabilidade o fato de reconhecerdes a continuação da existência, além da morte, na certeza de que haverá exame dos compromissos individuais?

Trabalhar e sofrer constituem processos lógicos do aperfeiçoamento e da ascensão. E que atendamos a esses imperativos da Lei, com bastante paz, é o desejo amoroso e puro de Jesus Cristo.

Esforcemo-nos por entender semelhantes verdades, pois existem numerosos aprendizes aguardando os grandes sinais, como os preguiçosos que respiram à sombra, à espera do fogo-fátuo do menor esforço.

(*Caminho, verdade e vida*. FEB Editora. Cap. 53)

Jo 20:21

Ideia espírita[74]

Todos nós, em Doutrina Espírita, desaprovamos qualquer inclinação ao exclusivismo e à intransigência.
Nenhuma religião existe órfã da Providência divina.
Nenhuma parcela da verdade reponta na Terra, endereçada ao desapreço.
Por outro lado, não ignoramos que a transmissão dos nossos princípios começa na reforma individual.
Chamados, porém, a colaborar na seara da nova Revelação, é necessário consagrar o melhor de nós mesmos à ideia espírita, de modo a prestigiá-la e desenvolvê-la.
Nada fácil organizar escritórios e adquirir rotativas da grande imprensa, mas todos, sem exceção, dispomos de meios, ainda que modestos, a fim de apoiar essa ou aquela folha doutrinária que divulgue a ideia espírita.
Muito difícil senhorear integralmente as atividades de emissora moderna; contudo, ninguém aparece tão desvalido que não possa ofertar pequeno esforço para que a ideia espírita seja mantida em minutos breves pela onda radiofônica ou pelos canais da televisão.
Nem sempre dominaremos a tribuna com a retórica perfeitamente unida à gramática; no entanto, por mais humildes que sejamos, todos podemos, através da palavra sincera, expor a ideia espírita com franqueza e carinho, edificando a quem ouve.

---

[74] Texto publicado em *Livro da esperança*. Ed. Comunhão Espírita Cristã. Cap. 68, com pequenas alterações.

Jo
20:21

Muito raramente lograremos organizar editoras para o lançamento de obras em massa; todavia, nenhum de nós está impedido de oferecer um livro que contenha a ideia espírita, para consolo e esclarecimento de quem lê.

Em toda a parte, surge o impositivo da ideia espírita: na interpretação religiosa, para que a fé não se converta em fanatismo; nos estudos filosóficos, para que a exposição verbal não seja discurso infrutífero; nas realizações científicas, para que a experimentação não se faça loucura; nas empresas da arte, para que o sentimento não se desprimore no vício.

O mundo tem sede de raciocínios, em torno da imortalidade da alma, do intercâmbio espiritual, da reencarnação, da morte física, dos valores mediúnicos, da desobsessão, das incógnitas da mente, dos enigmas da dor e, sobretudo, ao redor das Leis divinas a funcionarem, exatas, na consciência de cada um. Para que obtenhamos solução a semelhantes problemas, urge saibamos trabalhar pela difusão da ideia espírita, na construção da Era nova, irradiando-a com todos os recursos lícitos ao nosso alcance, com base no veículo do exemplo.

(*Reformador*, jan. 1964, p. 23)

Assim como

Todo cristão sincero sabe como o Senhor supremo enviou à Terra o Embaixador divino.

Fê-lo nascer na manjedoura singela.

Deu-lhe trabalho construtivo na infância.

Conferiu-lhe deveres pesados, na preparação, com prece e jejum no deserto.

Inspirou-lhe vida frugal e simples.

Não lhe permitiu o estacionamento em alegrias artificiais.

Conduziu-o ao serviço ativo no bem de todos.

Inclinou-lhe o coração para os doentes e necessitados. Enviou-o ao círculo de pecadores contumazes. Induziu-o a banquetear-se com pessoas consideradas de má vida, para que o seu amor não fosse uma joia de luxo e sim o clima abençoado para a salvação de muitos.

Fê-lo ensinar o bem e praticá-lo entre os paralíticos e cegos, leprosos e loucos, de modo a beneficiá-los.

E, ao término de sua missão sublime, deu-lhe a morte na cruz, entre ladrões, com o abandono dos amigos, sob perseguição e desprezo, para que as criaturas aprendessem o processo de sacrifício pessoal, como garantia de felicidade, a caminho da ressurreição do homem interior na vida eterna.

Jo 20:21

Foi assim que o supremo Pai enviou à Terra o Filho divino e, nesse padrão, podemos entender o que Jesus desejava dizer quando asseverou que expediria mensageiros ao mundo nas mesmas normas.

Assim, pois, o cristão que aspira a movimentar-se entre facilidades terrestres, certamente ainda não acordou para a verdade.

(*Vinha de luz*. FEB Editora. Cap. 165)

Palavras de esperança

Se não admites a sobrevivência depois da morte, interroga aqueles que viram partir os entes mais caros; inquire os que afagaram as mãos geladas de pais afetuosos nos últimos instantes do corpo físico; sonda a opinião das viúvas que abraçaram os esposos na longa despedida, derramando as agonias do coração no silêncio das lágrimas; informa-te com os homens sensíveis que sustentaram nos braços as companheiras emudecidas, tentando, em vão, renovar-lhes o hálito na hora extrema; procura a palavra das mães que fecharam os olhos dos próprios filhos, tombados inertes nas primaveras da juventude ou nos brincos da infância... Pergunta aos que carregaram um esquife, como quem sepulta sonhos e aspirações no gelo do desalento, e indaga dos que choram sozinhos, junto às cinzas de um túmulo, perguntando por quê...

> Jo
> 20:21

Eles sabem, por intuição, que os mortos vivem e reconhecem que, apenas por amor deles, continuam igualmente a viver.

Sentem-lhes a presença no caminho solitário em que jornadeiam, escutam-lhes a voz inarticulada com os ouvidos do pensamento e prosseguem lutando e trabalhando, simplesmente por esperarem os supremos regozijos do reencontro.

Se um dia tiveres fome de maior esperança, não temas, assim, rogar a inspiração e a assistência dos corações amados que te precederam na grande viagem. Estarão contigo a sustentarem-te as energias nas tarefas humanas quais estrelas no céu noturno da saudade, a fim de que saibas aguardar, pacientemente, as luzes da alva.

Busca-lhes o clarão de amor nas asas da prece e, se nos templos veneráveis do Cristianismo, alguém te fala de Moisés, reprimindo as invocações abusivas de um povo desesperado, lembra-te de Jesus ao regressar do sepulcro para a intimidade dos amigos desfalecentes, exclamando em transportes de júbilo: "A paz seja convosco".

(Justiça divina. FEB Editora. Cap. 35)

Ao dizer isto, soprou [neles] e lhes diz: recebei o Espírito Santo.

João 20:22

Abre a porta

Profundamente expressivas as palavras de Jesus aos discípulos, nas primeiras manifestações depois do Calvário.

Comparecendo à reunião dos companheiros, espalha sobre eles o seu espírito de amor e vida, exclamando: "Recebei o Espírito Santo".

Por que não se ligaram as bênçãos do Senhor, automaticamente, aos aprendizes? Por que não transmitiu Jesus, pura e simplesmente, o seu poder divino aos sucessores? Ele, que distribuíra dádivas de saúde, bênçãos de paz, recomendava aos discípulos recebessem os divinos dons espirituais. Por que não impor semelhante obrigação?

É que o Mestre não violentaria o santuário de cada filho de Deus, nem mesmo por amor.

Cada espírito guarda seu próprio tesouro e abrirá suas portas sagradas à comunhão com o eterno Pai.

O Criador oferece à semente o sol e a chuva, o clima e o campo, a defesa e o adubo, o cuidado dos lavradores e a bênção das estações, mas a semente terá que germinar por si mesma, elevando-se para a luz solar.

O homem recebe, igualmente, o sol da Providência e a chuva de dádivas, as facilidades da cooperação e o campo da oportunidade, a defesa do amor e o adubo do sofrimento, o carinho dos mensageiros de Jesus e a bênção das experiências diversas; todavia, somos constrangidos a romper por nós mesmos os envoltórios inferiores, elevando-nos para a Luz divina.

As inspirações e os desígnios do Mestre permanecem à volta de nossa alma, sugerindo modificações úteis, induzindo-nos à legítima compreensão da vida, iluminando-nos por meio da consciência superior, entretanto, está em nós abrir-lhes ou não a porta interna.

Cessemos, pois, a guerra de nossas criações inferiores do passado e entreguemo-nos, cada dia, às realizações novas de Deus, instituídas a nosso favor, perseverando em receber, no caminho, os dons da renovação constante, em Cristo, para a vida eterna.

Jo 20:22

(*Vinha de luz*. FEB Editora. Cap. 11)

Tomé, chamado Dídimo, um dos doze, não estava com eles quando veio Jesus.

João 20:24

Ausentes

Tomé, descontente, reclamando provas, por não haver testemunhado a primeira visita de Jesus, depois da morte, criou um símbolo para todos os aprendizes despreocupados das suas obrigações.

Ocorreu ao discípulo ausente o que acontece a qualquer trabalhador distante do dever que lhe cabe.

A edificação espiritual, com as suas bênçãos de luz, é igualmente um curso educativo.

O aluno matriculado na escola, sem assiduidade às lições, apenas abusa do estabelecimento de ensino que o acolheu, porquanto a simples ficha de entrada não soluciona o problema do aproveitamento. Sem o domínio do alfabeto, não alcançará a silabação. Sem a posse das palavras, jamais chegará à ciência da frase.

Prevalece idêntico processo no aprimoramento do espírito.

Longe dos pequeninos deveres para com os irmãos mais próximos, como habilitar-se o homem para a recepção da graça divina? Se evita o contato com as obrigações humildes de cada dia, como dilatar os sentimentos para ajustar-se às glórias eternas?

Tomé não estava com os amigos quando o Mestre veio. Em seguida, formulou reclamações, criando o tipo do aprendiz suspeitoso e exigente.

Nos trabalhos espirituais de aperfeiçoamento, a questão é análoga.

Matricula-se o companheiro, na escola de vida superior, entretanto, em vez de consagrar-se ao serviço das lições de cada dia, revela-se apenas mero candidato a vantagens imediatas.

Em geral, nunca se encontra ao lado dos demais servidores, quando Jesus vem; logo após, reclama e desespera.

A lógica, no entanto, jamais abandona o caminho reto.

Quem desejar a bênção divina, trabalhe por merecê-la.

O aprendiz ausente da aula não pode reclamar benefícios decorrentes da lição.

Jo 20:24

(*Fonte viva*. FEB Editora. Cap. 100)

*Ele lhes disse: lançai a rede para a parte
direita do barco, e encontrareis. [...]*

João 21:6

Caminhos retos

A vida deveria constituir, por parte de todos nós, rigorosa observância dos sagrados interesses de Deus.

Frequentemente, porém, a criatura busca sobrepor-se aos Desígnios divinos.

Estabelece-se, então, o desequilíbrio, porque ninguém enganará a divina Lei. E o homem sofre, compulsoriamente, na tarefa de reparação.

Alguns companheiros desesperam-se no bom combate pela perfeição própria e lançam-se num verdadeiro inferno de sombras interiores. Queixam-se do destino, acusam a sabedoria criadora, gesticulam nos abismos da maldade, esquecendo o capricho e a imprevidência que os fizeram cair.

Jesus, no entanto, há quase vinte séculos, exclamou: "Lançai a rede para a banda direita do barco e achareis".

Figuradamente, o espírito humano é um "pescador" dos valores evolutivos, na escola regeneradora da Terra. A posição de cada qual é o "barco". Em cada novo dia, o homem se levanta com a sua "rede" de interesses. Estaremos lançando a nossa "rede" para a "banda direita"? Fundam-se nossos pensamentos e atos sobre a verdadeira justiça?

Convém consultar a vida interior, em esforço diário, porque o Cristo, nesse ensinamento, recomendava, de modo geral, aos seus discípulos: "Dedicai vossa atenção aos caminhos retos e achareis o necessário".

(*Caminho, verdade e vida*. FEB Editora. Cap. 21)

> [Jesus] diz a ele pela terceira vez: Simão, [filho de] João, [tu] me amas? Pedro entristeceu-se por lhe ter dito pela terceira vez "tu me amas?", e lhe diz: Senhor, tu sabes todas [as coisas], tu sabes que te amo. [Jesus] lhe diz: alimenta as minhas ovelhas.

João 21:17

Amas o bastante?

Aos aprendizes menos avisados é estranhável que Jesus houvesse indagado do Apóstolo, por três vezes, quanto à segurança de seu amor. O próprio Simão Pedro, ouvindo a interrogação repetida, entristecera-se, supondo que o Mestre suspeitasse de seus sentimentos mais íntimos.

Contudo, o ensinamento é mais profundo.

Naquele instante, confiava-lhe Jesus o ministério da cooperação nos serviços redentores. O pescador de Cafarnaum ia contribuir na elevação de seus tutelados do mundo, ia apostolizar, alcançando valores novos para a vida eterna.

Muito significativa, portanto, a pergunta do Senhor nesse particular. Jesus não pede informação ao discípulo, com respeito aos raciocínios que lhe eram peculiares, não deseja inteirar-se dos conhecimentos do colaborador, relativamente a Ele, não reclama compromisso formal. Pretende saber apenas se Pedro o ama, deixando perceber que, com o amor, as demais dificuldades se resolvem. Se o discípulo possui suficiente provisão dessa essência divina, a tarefa mais dura converte-se em apostolado de bênçãos promissoras.

É imperioso, desse modo, reconhecer que as tuas conquistas intelectuais valem muito, que tuas indagações são louváveis, mas em verdade somente serás efetivo e eficiente cooperador do Cristo se tiveres amor.

(*Caminho, verdade e vida*. FEB Editora. Cap. 97)

Apascenta

Significativo é o apelo do Divino Pastor ao coração amoroso de Simão Pedro para que lhe continuasse o apostolado.

Observando na humanidade o seu imenso rebanho, Jesus não recomenda medidas drásticas em favor da disciplina compulsória.

Jo 21:17

Nem gritos, nem xingamentos.
Nem cadeia, nem forca.
Nem chicote, nem vara.
Nem castigo, nem imposição.
Nem abandono aos infelizes, nem flagelação aos transviados.
Nem lamentação, nem desespero.
"Pedro, apascenta as minhas ovelhas!"

Isso equivale a dizer: Irmão, sustenta os companheiros mais necessitados que tu mesmo.

Não te desanimes perante a rebeldia, nem condenes o erro, do qual a lição benéfica surgirá depois.

Ajuda ao próximo, ao invés de vergastá-lo.

Educa sempre.

Revela-te por trabalhador fiel.

Sê exigente para contigo mesmo e ampara os corações enfermiços e frágeis que te acompanham os passos.

Se plantares o bem, o tempo se incumbirá da germinação, do desenvolvimento, da florescência e da frutificação, no instante oportuno.

Não analises, destruindo.

O inexperiente de hoje pode ser o mentor de amanhã.

Alimenta a "boa parte" do teu irmão e segue para diante. A vida converterá o mal em detritos e o Senhor fará o resto.

(*Fonte viva*. FEB Editora. Cap. 19)

No pão espiritual[75]

Jo
21:17

Assinalando a preocupação do divino Pastor, em se dirigindo a Simão Pedro para recomendar-lhe as ovelhas, é importante observar que o Mestre não solicita qualquer atividade maravilhosa.

Não ordena que o apóstolo lhes converta os balidos em trechos de música.

Não determina se lhes transforme o pelo em fios de ouro.

Não aconselha se transfigure o redil em palácio.

Não exige se lhes conceda regime de exceção.

Não manda se lhes dê asas.

Roga simplesmente para que o apóstolo lhes administre alimento, a fim de que vivam e produzam para o bem geral, sem fugir aos preceitos do trabalho e sem abolir os ditames da evolução.

Certo, no entanto, o excelso Condutor não sentia necessidade de advertir o companheiro quanto ao cuidado justo de não se adicionarem agentes tóxicos aos bebedouros e à forragem normal.

Assim também, no domínio das criaturas humanas.

Trabalhadores das ideias, chamados a nutrir o pensamento da multidão, em verdade, o Cristo não espera mudeis os vossos leitores e ouvintes em modelos de heroísmo e virtude. Conta com o vosso esforço correto para que a refeição do conhecimento superior seja distribuída com todos, aguardando, porém, que a mesa de vossas atitudes se mostre asseada e que o alimento de vossas palavras esteja limpo.

(*Reformador*, nov. 1962, p. 242)

---

[75] Texto publicado em *Palavras de vida eterna*. Ed. Comunhão Espírita Cristã. Cap. 123.

Jesus lhe diz: se quero que ele permaneça até que [Eu] venha, que te importa? Segue-me tu.

João 21:22

Segue-me tu

Nas comunidades de trabalho cristão, muitas vezes observamos companheiros altamente preocupados com a tarefa conferida a outros irmãos de luta.

É justo examinar, entretanto, como se elevaria o mundo se cada homem cuidasse de sua parte, nos deveres comuns, com perfeição e sinceridade.

Algum de nossos amigos foi convocado para obrigações diferentes?

Confortemo-lo com a legítima compreensão.

Às vezes, surge um deles, modificado ao nosso olhar. Há cooperadores que o acusam. Muitos o consideram portador de perigosas tentações. Movimentam-se comentários e julgamentos à pressa. Quem penetrará, porém, o campo das causas? Estaríamos na elevada condição daquele que pode analisar um acontecimento, por todos os ângulos? Talvez o que pareça queda ou defecção pode constituir novas resoluções de Jesus, relativamente à redenção do amigo que parece agora distante.

O bom Pastor permanece vigilante. Prometeu que, das ovelhas que o Pai lhe confiou, nenhuma se perderá.

Convém, desse modo, atendermos com perfeição aos deveres que nos foram deferidos. Cada qual necessita conhecer as obrigações que lhe são próprias.

Nesse padrão de conhecimento e atitude, há sempre muito trabalho nobre a realizar.

Se um irmão parece desviado aos teus olhos mortais, faze o possível por ouvir as palavras de Jesus ao pescador de Cafarnaum: "que te importa a ti? Segue-me tu".

(*Caminho, verdade e vida*. FEB Editora. Cap. 2)

Inesquecível advertência[76]

Jo
21:22

Viste, sim, as desilusões com que não contávamos.

Muitos daqueles mesmos amigos que nos exortavam à estrada certa, enovelaram-se nos cipoais da perturbação, como que petrificados na indiferença.

Companheiros que supúnhamos estandartes vivos nas trilhas da verdade, renderam-se a deslavadas mentiras.

Irmãos que nos prometeram fidelidade inquebrantável deixaram-nos a sós, na primeira dificuldade.

Parentes que nos deviam proteção e respeito bandearam-se para campos de sombra e vício, hostilizando-nos o ideal.

E multiplicam-se tropeços para que a nossa caminhada se desenvolva.

Converteram-se estímulos em sarcasmos.

Quem nos dava esperança, fornece negação.

Quem ontem nos ajudava, hoje nos desajuda.

Mãos que nos atiravam flores de aplauso fazem agora chover sobre nós as farpas da incompreensão.

Sozinhos, sim...

Muita vez, encontrar-nos-emos, desse modo, entre a expectativa e a solidão.

Nosso primeiro impulso é o de reclamar naquilo que supomos nosso direito; contudo, buscando a palavra do Evangelho, surpreendemos a inesquecível advertência do Senhor: "Que te importa a ti? Segue-me tu".

(*Reformador*, fev. 1961, p. 26)

---

[76] Texto publicado em *Palavras de vida eterna*. Ed. Comunhão Espírita Cristã. Cap. 89, com pequenas alterações.

Relação de comentários por ordem alfabética

A ascendência do Evangelho – JO 1:1
A exemplo do Cristo – JO 2:25
A porta – JO 10:7
A porta divina – JO 10:9
A verdade – JO 14:6
A videira – JO 15:1
Abre a porta – JO 20:22
Afirmação e ação – JO 4:34
Afirmação esclarecedora – JO 5:40
Alegria cristã – JO 16:20
Aliança espírita – JO 13:35
Amas o bastante? – JO 21:17
Amigos de Jesus – JO 15:14
Amigos – JO 15:15
Amizade – JO 15:15
Amor – JO 13:34
Anotemos – JO 13:34
Ante a indulgência divina – JO 13:34
Ante a Luz da Verdade – JO 8:32
Ante a palavra do Cristo – JO 6:63
Ante o Cristo Libertador – JO 10:7
Ante o livre arbítrio – JO 3:7
Ante o poder do amor – JO 3:16
Ante os incrédulos – JO 8:32
Ao sol da verdade – JO 16:13
Apascenta – JO 21:17
Apelo fraternal – JO 13:34
As sentinelas da luz do santuário – JO 13:34
As varas da videira – JO 15:5

Assim como – JO 20:21
Atribulações – JO 16:33
Ausentes – JO 20:24
Auxílio e nós – JO 16:24
Bases – JO 13:8
Basta Pouco – JO 14:22
Benfeitores desencarnados – JO 8:12
Burilamento – JO 5:17
Caminhos retos – JO 21:6
Caridade e convivência – JO 13:34
Coisas terrestres e celestiais – JO 3:12
Como falas? Como escreves? – JO 8:8
Como Lázaro – JO 11:44
Como pedes? – JO 16:24
Comungar com Deus – JO 10:30
Conduta espírita – JO 8:12
Conforto – JO 12:26
Conjunto – JO 17:24
Consultas – JO 8:5
Coração puro – JO 14:1
Corrijamos agora – JO 12:35
Crê e segue – JO 17:18
Crenças – JO 8:32
Cresçamos para o bem – JO 3:34
Crises – JO 12:27
De madrugada – JO 20:1
Demonstrações do céu – JO 6:30
Dentro da luta – JO 17:15
Diante da fé – JO 8:32
Diante da vida social – JO 14:21

Diante do amanhã – JO 12:35
Diante do Mestre – JO 15:14
Diante do Senhor – JO 8:43
Diferenças – JO 13:35
Do lado de Deus – JO 3:16
Domicílios espirituais – JO 14:2
Domínio espiritual – JO 16:32
Doutos e simples – JO 8:32
É a santificação – JO 17:17
E o adultério? – JO 8:4
É o mesmo – JO 16:27
É porque ignoram – JO 16:3
Educação no lar – JO 8:38
Em nome do Evangelho – JO 17:22
Em serviço do mundo – JO 17:15
Emmanuel e a unificação do espiritismo – JO 10:30
Embainha tua espada – JO 18:11
Endireitai os caminhos – JO 1:23
Enquanto é dia – JO 9:4
Escolhas – JO 15:10
Espera por Deus – JO 14:10
Espíritas, instruí-vos! – JO 14:26
Espiritismo e nós – JO 14:15
Estejamos em paz – JO 20:19
Evangelho e paz – JO 14:27
Evangelho e simpatia – JO 5:8
Evolução e aprimoramento – JO 3:3
Existimos – JO 10:10
Êxito – JO 15:7
Fé e caridade – JO 10:30
Fermento verbal – JO 1:1
Filhos e servos – JO 8:35

Força – JO 15:12
Fraternidade – JO 13:35
Grupo em crise – JO 15:7
Hegemonia de Jesus – JO 8:58
Humanidade real – JO 19:5
Ideia espírita – JO 20:21
Inesquecível advertência – JO 21:22
Inimigos outros – JO 8:32
Instituto de tratamento – JO 3:6
Irmãos inconformados – JO 14:1
Jesus e dificuldade – JO 14:27
Jesus e os amigos – JO 15:13
Jesus e paz – JO 14:27
Lei de retorno – JO 5:29
Lei do uso – JO 6:12
Lembrança fraternal aos enfermos – JO 5:14
Lesões afetivas – JO 8:7
Levantai os olhos – JO 4:35
Levantemo-nos – JO 14:31
Libertemos – JO 11:44
Lição viva – JO 6:60
Livres, mas responsáveis – JO 3:32
Madalena – JO 20:16
Mais amor – JO 13:34
Marcos indeléveis – JO 10:25
Mediunidade e nós – JO 17:18
Médiuns de toda a parte – JO 17:18
Mensagem de Emmanuel – JO 14:6
Mensagens – JO 14:6
Moradias de luz – JO 14:2
Na construção do futuro – JO 18:36
Na difusão do Espiritismo – JO 14:16

Na esfera do reajuste – JO 3:7
Na exaltação do Reino divino – JO 15:8
Na experiência diária – JO 15:17
Na hora da fadiga – JO 5:17
Na lei do auxílio – JO 8:12
Na luz da Verdade – JO 8:32
Na propaganda eficaz – JO 3:30
Na senda renovadora – JO 13:34
Na tarefa da paz – JO 14:27
Na vitória real – JO 16:33
Não te esqueças – JO 12:11
Não tropecemos – JO 11:9
Ninguém se retira – JO 6:68
No convívio de Cristo – JO 14:15
No pão espiritual – JO 21:17
No quadro real – JO 17:14
No reino do coração – JO 18:36
No reino em construção – JO 14:2
Nos círculos da fé – JO 8:32
Nossa casa – JO 5:17
O caminho – JO 14:6
O caminho – JO 16:13
O caminho da paz – JO 8:32
O diabo – JO 6:70
O grande futuro – JO 18:36
O mundo e o mal – JO 17:15
O novo mandamento – JO 13:34
O pão divino – JO 6:32
O quadro negro – JO 16:4
O servo de Senhor – JO 17:16
O sublime convite – JO 5:8
Opiniões convencionais – JO 7:20
Oportunidade – JO 7:6

Ora e serve – JO 16:33
Orientadores do mundo – JO 3:10
Ouvistes? – JO 16:1
Palavras da vida eterna – JO 6:68
Palavras de esperança – JO 20:21
Palavras de mãe – JO 2:5
Pão – JO 6:48
Paz – JO 20:21
Paz do mundo e paz do Cristo – JO 14:27
Pena de morte – JO 8:7
Pensa um pouco – JO 10:25
Perante o mundo – JO 14:1
Pergunta 63 do livro O Consolador – JO 8:7
Pergunta 64 do livro O Consolador – JO 8:7
Pergunta 261 do livro O Consolador – JO 1:1
Pergunta 283 do livro O Consolador – JO 1:14
Pergunta 288 do livro O Consolador – JO 10:30
Pergunta 302 do livro O Consolador – JO 10:34
Pergunta 308 do livro O Consolador – JO 1:5
Pergunta 309 do livro O Consolador – JO 3:29-30
Pergunta 314 do livro O Consolador – JO 13:5
Pergunta 315 do livro O Consolador – JO 13:4
Pergunta 317 do livro O Consolador – JO 11:43

Pés e paz – JO 13:5
Por amor – JO 12:40
Posses definitivas – JO 10:10
Prece do natal – JO 14:27
Preserva a ti próprio – JO 8:11
Problemas conosco – JO 3:3
Produzimos – JO 15:4
Que buscais? – JO 1:38
Que ovelha somos? – JO 10:14
Quem segue – JO 8:12
Recapitulações – JO 12:43
Renasce agora – JO 3:3
Renovação – JO 8:32
Reparemos nossas mãos – JO 20:20
Ressuscitará – JO 11:23
Reuniões cristãs – JO 20:19
Rogando paz – JO 14:27
Saber e fazer – JO 13:17
Saibamos cooperar – JO 15:5
Saudando Allan Kardec – JO 16:13
Segue-me Tu – JO 21:22
Seguirás a luz – JO 8:12
Sejamos irmãos – JO 15:12
Separação – JO 16:7
Ser espírita – JO 16:33
Seria inútil – JO 9:27
Sigamo-lo – JO 8:12
Sigamos até lá – JO 15:7
Sigamos com Jesus – JO 8:12
Sinais do céu – JO 6:26
Sirvamos ao bem – JO 1:5
Somente Assim – JO 15:8
Também tu – JO 12:10

Tarefa mediúnica – JO 13:34
Tempo de hoje – JO 12:35
Tende calma – JO 6:10
Tenhamos fé – JO 14:2
Terra - bênção divina – JO 3:16
Testemunho – JO 18:34
Trabalho – JO 5:17
Trabalho e tempo – JO 9:4
Trabalho, solidariedade, tolerância – JO 5:17
Tranquilidade – JO 16:33
Tudo em Deus – JO 5:30
União em Jesus – JO 8:12
Unificação 10:16
Valei-vos da luz – JO 12:35
Vê e Segue – JO 9:25
Verdade e crença – JO 8:46
Verdades e Fantasias – JO 8:45
Véspera da alegria – JO 16:33
Vidas sucessivas – JO 3:7

Índice geral

A

Abnegação
  doação de * ao filho estremecido (JO 5:17)

Aborto
  extinção do * e a toxicomania (JO 14:26)
  indústria de (JO 3:3)

Abraão
  Jesus e (JO 8:58)

Administrador
  erros tremendos do * improvisado (JO 3:10)

Adoração
  ídolos humanos e (JO 16:27)
  louvor exclusivo e coagulação da
    * improdutiva (JO 8:12)

Adultério unilateral
  errôneo conceito de (JO 8:4)

Adversário
  amor ao (JO 8:43)
  expulsão do (JO 17:15)

Afetividade
  transformação da * no egoísmo
    envolvente (JO 18:36)

Agressão moral
  auxílio aos espoliados vítimas da (JO 15:17)

Água
  notícias do trabalho incessante da (JO 6:30)
  sangue do organismo terrestre e (JO 10:25)

Alegria
  desparecimento das bênçãos da (JO 3:6)
  prazeres da inconsciência e * cristã (JO 16:20)
  semeadura de * e bênçãos (JO 17:17)

Allan Kardec
  interrogação de (JO 16:13)

Alma
  abrigo de serenidade e esperança
    dentro da (JO 18:36)
  colheita da (JO 15:8)
  espiritual (JO 6:32)
  forças exteriores e (JO 16:32)
  fragilidade da * crente (JO 16:24)
  movimento de iluminação da * para Deus (JO 1:38)
  necessidade da (JO 6:63)
  preparação da * ante a grandeza da vida (JO 6:32)
  provas da existência da (JO 3:10)
  raciocínio em torno da imortalidade da (JO 20:21)
  salvador da (JO 6:68)
  trabalho construtivo, jornada sublime da (JO 14:6)

Ambição
  imposto dos que desejam passar e (JO 16:13)

Amigo
  comandantes da perturbação e da
    delinquência e (JO 15:14)
  fuga do (JO 8:11)
  Jesus e (JO 15:13)
  porta estreita e (JO 15:13)
  recursos de trabalho em favor do (JO 9:27)
  socorro indefinido do bom (JO 16:4)
  transformação compulsória do (JO 9:27)

Amor
  afirmação da grande revelação
    de * em tudo (JO 12:40)
  condição para eficiência do cooperador
    de Jesus e (JO 21:17)
  crença no * em planos diferentes
    da Terra (JO 17:15)
  criação de laços de * e paz (JO 3:3)
  descoberta da luz do (JO 17:17)
  equilíbrio e (JO 12:40)
  guia do homem e (JO 16:13)
  Jesus e (JO 13:34)
  luz no caminho e (JO 14:15)
  sabedoria da vida e missão do (JO 15:17)
  sementes de * puro e transformação
    do mundo (JO 15:7)
  solução para as dificuldades e (JO 21:17)
  verdade, Cristianismo e (JO 6:60)

Amparo
  pedido de * e compreensão (JO 14:1)

Animal
  conhecimento do (JO 10:25)

Ânimo
  rogativa de bom (JO 14:1)

Animosidade
  leis transitórias e reflexos de * e
    desconfiança (JO 11:9)

Anormalidade
	desestima dos gozos vulgares e (JO 7:20)
Ansiedade
	expectativa sem trabalho e * inútil (JO 8:12)
Antropopiteco
	homem e dessemelhança do (JO 1:1)
Aperfeiçoamento
	lentidão do (JO 20:1)
	trabalho e sofrimento, processos lógicos de (JO 20:21)
Apetrecho bélico
	gasto de verbas fabulosas em (JO 14:26)
Aprendiz
	diluição do prurido de superioridade e (JO 9:27)
	espera pela proteção de Jesus e (JO 5:40)
	fuga aos testemunhos de entendimento e (JO 5:40)
	iluminação na fé e (JO 5:40)
	retirada deliberada do mundo e (JO 18:36)
	súplica das bênçãos da ressurreição e (JO 5:40)
	vislumbre dos poderes de Jesus e (JO 5:40)
Aprendiz sincero
	primeiros deslumbramentos da fé e (JO 6:12)
Aprimoramento
	melhoria e (JO 12:35)
	tempo e (JO 12:35)
Ar
	poder do * na manutenção da vida (JO 6:30)
Arbitrário
	exigência da obediência de que se julga credor e (JO 16:32)
Árvore
	destruição da * tenra (JO 8:11)
	seleção da * pelos frutos (JO 6:30)
	transformação da planta frágil em * vigorosa (JO 14:10)
Ascensão
	deveres diários no caminho da (JO 6:48)
Aspiração
	meditação em torno da * oculta (JO 1:38)
Assembleia
	objetivo da * no ambiente espiritista (JO 20:19)
Assistência fraterna
	obreiro modesto e (JO 1:38)
Ateísmo
	enrijecimento das convicções e (JO 8:32)

Atitude
	deserção pela * contemplativa (JO 18:36)
Atividade
	reconhecimento do que seja essencial na * geral (JO 17:24)
Átomo
	síntese de força cósmica e (JO 3:3)
Autoridade
	abuso da (JO 18:36)
Auxílio
	ornamentação do caminho dos pais com * e ternura (JO 5:17)
Avarento
	clamor pelas posses efêmeras e (JO 16:32)
Avareza
	modelos completos de * e crueldade (JO 14:2)
Ave
	desencanto da * cativa e mutilada (JO 3:6)
Aversão
	melhor antídoto contra os tóxicos da (JO 3:3)

B

Bajulação
	respeito a ordem e a hierarquia e (JO 7:20)
Barreira
	transposição de * natural (JO 10:7)
Bem
	ação incessante na sementeira do (JO 13:35)
	advogados para o socorro do (JO 3:16)
	ajuda no refazimento para o (JO 11:44)
	busca do * entre pedras e abismos (JO 14:1)
	consagração ao * como apoio ao amor puro (JO 18:36)
	consagração ao serviço do (JO 3:3)
	estabilização de equipe consagrada ao serviço do (JO 15:7)
	impedimento das manifestações do (JO 16:3)
	interessados na lavoura do (JO 15:7)
	luta do * contra a extinção do mal (JO 14:16)
	necessidade do desenvolvimento infinito no (JO 16:27)
	prática do (JO 16:3)
	procura, salienta e segue o (JO 3:16)
	renovação das oportunidades do (JO 14:27)
	renovação para o (JO 2:25; 3:34)
	retenção e semeadura do (JO 17:17)

simplificação do caminho servindo ao (JO 15:7)
sozinho no serviço ao (JO 1:5)
trabalho duplicado na sementeira do (JO 14:2)
uso da liberdade na exaltação do (JO 3:7)
verdade e atividade no (JO 8:32)

BEM COMUM
viuvez, orfandade, dor e conveniência ao (JO 16:7)

BEM MATERIAL
descontrole e excesso na distribuição do (JO 6:12)
preocupação e (JO 8:43)

BÊNÇÃO DIVINA
alegria do trabalho e (JO 3:16)
amparo das afeições e (JO 3:16)
calor do berço e (JO 3:16)
condição para merecimento da (JO 20:24)
conforto do lar e (JO 3:16)
luz do conhecimento e (JO 3:16)
privilégio da oração e (JO 3:16)
refúgio do corpo e (JO 3:16)
regaço materno e (JO 3:16)
riqueza da experiência e (JO 3:16)

BENEFICÊNCIA
funcionamento da máquina da Eterna (JO 16:24)

BERÇO
início de viagem laboriosa para a alma e (JO 14:1)

BOA-NOVA
cooperador diferente nos trabalhos da (JO 13:35)
discípulos da (JO 9:4)
discípulos da *, mensageiros do amor de Jesus (JO 9:4)
penetração da * no santuário dos corações (JO 13:34)
penetração nos ensinamentos da (JO 8:43)
serviço sutil do aproveitamento da (JO 9:25)
titulares da * por atitudes exteriores (JO 13:35)

BOA VONTADE
ausência de (JO 11:9)
ausência de * individual (JO 11:9)
desafeto e (JO 3:3)

BOM ÂNIMO
proclamação da necessidade de (JO 17:17)

BOM COMBATE
desenvolvimento do (JO 18:11)

BOM TRABALHADOR
aproveitamento das lições da natureza e (JO 7:6)
caminho e (JO 7:6)

respeito às possibilidades alheias e (JO 7:6)
sentido profundo da oportunidade recebida e (JO 7:6)
valorização dos elementos colocados no (JO 7:6)

BONDADE
busca da * e tolice (JO 14:2)
gestos de * e oportunismo (JO 14:2)

BURILAMENTO
serviço do próprio (JO 3:3)

C

CALMA
convite à (JO 6:10)
João, apóstolo, e (JO 6:10)

CALÚNIA
retorno das injúrias do passado e (JO 3:7)

CALUNIADOR
ajuda ao * e aos maus (JO 8:43)

CALVÁRIO
Jesus e (JO 20:22)
primeiras palavras de Jesus depois do (JO 20:22)

CAMINHO
aproveitamento das pedras do (JO 17:15)
perda de tempo e retomada do (JO 10:9)

CAMÕES
exaltação de uma raça e (JO 6:63)

CAMPO INFERIOR
encarceramento no (JO 4:35)

CARÁTER
processo de desagregação do (JO 14:2)

CARIDADE
discernimento e (JO 6:12)
exigência de discernimento generoso e (JO 6:12)
projetos simples e (JO 16:3)

CASTELO
construção do * interior (JO 10:10)

CEGO
repetição das palavras do * que alcançou a visão (JO 9:25)
resposta do * de nascença aos judeus (JO 9:27)

CEGO DE ESPÍRITO
amparo do * na clínica do coração (JO 8:32)

CELESTE
    genuflexão e intervenção (JO 14:6)
CENÁCULO
    reunião dos discípulos no * e nas
        catacumbas (JO 20:19)
CENTRO RELIGIOSO
    morte e (JO 17:15)
CÉREBRO
    destruição do próprio (JO 10:10)
CÉTICO
    orgulho infeliz e (JO 10:25)
CÉU
    construção do (JO 18:36)
    invocação do (JO 1:23)
    marcha constante e * sem nuvens (JO 14:1)
    pedido das provas do (JO 6:26)
    visão espiritual para compreensão
        dos sinais do (JO 6:26)
CHARLATÃO
    fabricação de mentiras brilhantes e (JO 8:45)
CHARRUA
    colheita farta pede terra abençoada pela (JO 20:19)
CIÊNCIA
    acessibilidade dos tesouros da (JO 3:34)
    afastamento da cegueira e da surdez e (JO 3:16)
    neutralização do sofrimento e (JO 3:16)
    plástica cirúrgica e (JO 3:16)
    valores da consciência e fragilidade da (JO 15:5)
CIVILIZAÇÃO
    noções de * e responsabilidade (JO 14:26)
COLETIVIDADE
    reajustamento dos propósitos da (JO 8:38)
COLÔNIA PENAL
    merecimento à * que reúne os
        doentes de espírito (JO 3:16)
COMBATE
    desespero no bom * pela perfeição
        própria (JO 21:6)
    esquecimento do bom (JO 18:11)
COMENDA
    criação de * e cargos religiosos (JO 13:35)
COMPREENSÃO
    espírito amadurecido na * da obra
        redentora (JO 16:1)
    regresso à luz da (JO 11:44)

COMPROMISSO
    exoneração de todo (JO 11:44)
COMUNICAÇÃO
    progresso dos processos de * com
        o invisível (JO 6:32)
CONDENAÇÃO
    observação de defeitos e (JO 2:25)
    ressurreição dos maus em nova (JO 5:29)
CONFIANÇA
    desprezo pelo valor da (JO 16:27)
    valores da (JO 16:27)
CONFORTO
    discípulos de Jesus e (JO 12:26)
    pão do mundo e * espiritual (JO 12:26)
CONFORTO ESPIRITUAL
    sol e (JO 12:26)
CONHECIMENTO
    distribuição da refeição do * superior (JO 21:17)
    prática do (JO 8:11)
    proselitismo e (JO 9:27)
CONSCIÊNCIA
    coração puro e intimorato e * pura (JO 14:1)
    interrogação da * sobre o conteúdo
        das rogativas (JO 16:24)
    interrogação e (JO 16:24)
    responsabilidade pelo próprio destino e (JO 3:3)
    surgimento da emancipação íntima e (JO 8:32)
CONSELHO
    administração de * precioso (JO 15:14)
CONSOLADOR
    promessa da vinda do (JO 16:13)
CONSOLADOR PROMETIDO
    Doutrina dos Espíritos e (JO 12:26)
CONSTRANGIMENTO
    criação do pavor instintivo e *
        obrigatório (JO 11:23)
CONTRARIEDADE
    serenidade na alma e (JO 20:19)
COOPERAÇÃO
    fuga ao benefício da (JO 16:27)
CORAÇÃO
    afeições modificadas e doloroso adeus ao (JO 9:4)
    amparo ao * enfermiço e frágil (JO 21:17)
    esquecimento do reino do (JO 18:36)
    iluminação do * com os ensinos de Jesus (JO 18:34)

ligação da lâmpada do * à usina do
amor de Deus (JO 10:10)
motor da vida orgânica e (JO 17:24)
revelação da íntima excelsitude
do * materno (JO 10:25)
tempestade de sentimentos e
desavoramento do (JO 18:11)

CORAGEM
abatimento da (JO 9:4)

CORDURA
cautela na orientação a seguir e (JO 10:7)

CORPO FÍSICO
decadência do *, aconchego dos templos (JO 14:6)
enfermidade e morte do (JO 10:10)
graça divina e (JO 8:11)
morte do (JO 16:7)

COVARDIA
tolerância das ofensas com amor e (JO 7:20)

CREDOR
pretérito ominoso e * inflexível (JO 14:1)

CRENÇA
fuga e (JO 18:36)

CRENTE
culto exterior e (JO 8:12)
fé religiosa e (JO 8:12)
poder da fé e (JO 10:25)
propaganda construtiva no coração do (JO 3:30)

CRESCIMENTO
esforço e (JO 16:27)

CRIAÇÃO
ternura de Deus pela (JO 12:40)

CRIANÇA
esboço de caráter plasmado em
vidas passadas e (JO 10:25)
transfiguração da * recém-nata (JO 14:10)

CRIME
promoção de * e misericórdia dos Céus (JO 15:17)

CRIMINOSO
pena do * entre os homens (JO 3:7)

CRIPTA
mortos na * de nossas agoniadas
recordações (JO 11:44)

CRISE
cruz de Jesus e (JO 12:27)
decisão do futuro e (JO 12:27)
fonte sublime de espírito renovador e (JO 12:27)
preparação para (JO 12:27)
renovação e (JO 12:27)

CRISTÃO
descaridosa opinião sobre o * leal (JO 14:2)
estagnação do (JO 14:6)
facilidades terrestres e aspiração do (JO 20:21)
facilidades terrestres e (JO 20:21)
modificação dos valores do (JO 9:25)
respeito devido ao * leal (JO 14:2)
sal da Terra e (JO 17:14)
sofrimento e compreensão do *
verdadeiro (JO 17:15)
testemunhos sucessivos e (JO 12:27)
vivência do * no mundo (JO 17:15)

CRISTIANISMO
avanço para a vida melhor e (JO 14:6)
características do (JO 17:14)
convocação de corações para a
vida mais alta e (JO 6:60)
escolas do * e ligação com Jesus (JO 13:35)
morte e (JO 11:23)
panaceia e (JO 14:6)
panaceia para salvação das almas e (JO 14:6)
Pedro, sustentáculo do (JO 2:25)
revestimento do fenômeno da morte e (JO 11:23)
surgimento do (JO 1:5)
tarefas do (JO 3:30)
tarefas indispensáveis na extensão do (JO 3:30)
trabalho, aperfeiçoamento incessante e (JO 17:14)
verdade, amor e (JO 6:60)

CRUELDADE
adoção consciente da * por trilha de ação (JO 3:3)

CULTO
modificação do * externo (JO 6:32)

CULTO EXTERIOR
esquivas às imposições do (JO 8:12)
sacrossanto dever e (JO 8:12)

CULTO EXTERNO
sustentação assídua no (JO 15:8)

CURA
conservação da * dentro de nós (JO 8:11)
Jesus e (JO 8:11)
revelação dos processos de * das
moléstias (JO 20:21)
vulgarização dos métodos de * das
moléstias incuráveis (JO 3:12)

D

DÁDIVA
procedência da boa (JO 16:24)

DANTE
definição de uma época e (JO 6:63)

DEFICIÊNCIA
perigos resultantes da * do próximo (JO 3:16)

DELINQUÊNCIA
golpes da * e socorro das mãos (JO 15:17)
sacrifícios no lar e desaparecimento da (JO 14:2)

DELINQUENTE
produção do desequilíbrio e (JO 15:4)

DESAFETO
antídoto contra o (JO 3:3)
boa vontade e (JO 3:3)
substituição das algemas do (JO 3:3)

DESAJUSTAMENTO
espanto diante do * juvenil (JO 14:26)

DESEMPREGADO
problema de * na época moderna (JO 11:9)

DESEQUILÍBRIO
consciências desencarnadas em (JO 3:3)
ignorância, fonte comum do (JO 16:3)
reparação e (JO 21:6)

DESÍGNIO DIVINO
submissão ao (JO 15:7)

DESILUSÃO
entusiasmo, esperança e (JO 9:4)

DESOBSESSÃO
raciocínio em torno da (JO 20:21)

DESTAQUE
procura por * injustificável (JO 17:24)

DESTINO
reconstituição e santificação dos elos do * espiritual (JO 11:44)

DESVALORIZAÇÃO
sofrimento com paciência e (JO 7:20)

DESVARIO
consciências encarnadas em (JO 3:3)

DEUS
abertura das portas sagradas à comunhão com (JO 20:22)
adoração de * nas alegrias (JO 15:8)
alterações das leis de abundância e (JO 3:34)
bênçãos de (JO 15:8)
condição para glorificação de (JO 15:8)
construção das obras de (JO 9:4)
convite de Jesus e filhos de (JO 8:35)
convocação de * à cooperação (JO 12:40)
criação dos seres e (JO 15:1)
declaração de obediência às ordens de (JO 4:34)
desígnios de (JO 15:1)
doação dos dons de (JO 3:34)
espera de * na noite tempestuosa (JO 15:8)
exortação da grandeza de (JO 6:68)
força subornável e (JO 1:38)
identificação das necessidades dos filhos e (JO 3:7)
inspiração ao médico, amparo ao doente e (JO 16:27)
invocação de * nas aflições (JO 15:8)
Jesus e (JO 15:1)
lições de * na Terra (JO 8:35)
movimento dos mundos no ilimitado e (JO 15:1)
obra eterna de amor e sabedoria e (JO 5:17)
observância plena dos desígnios de (JO 15:7)
refazimento e reajustamento das concessões de (JO 9:4)
reunião dos filhos pela rede de compromissos edificantes e (JO 3:7)
reunião dos filhos pelos laços de sangue e (JO 3:7)
reverência solene a * no dia festivo (JO 15:8)
servos de (JO 8:35)
Terra e casa de (JO 8:35)
testemunho da glória no campo infinito da vida e (JO 10:25)
unicidade e (JO 16:27)
violência ao santuário de cada filho de (JO 20:22)

DEUTERONÔMIO
proibição de intercâmbio com os espíritos e (JO 20:19)
proibição e (JO 20:19)

DEVER
esquecimento de comezinho * que a vida preceitua (JO 14:26)
refúgio na cidadela interior do (JO 20:19)

DEVOTAMENTO
vaidade ou (JO 14:2)

DIABO
apóstolos e (JO 6:70)
compartilhamento dos serviços apostólicos e (JO 6:70)
conceito de Jesus e (JO 6:70)
conversão do apóstolo em (JO 6:70)
senhor absoluto do mal e (JO 6:70)

teologia e (JO 6:70)
visão de Jesus e (JO 6:70)

DIAMANTE
conversão do carvão em (JO 14:6)

DIFICULDADE
afirmação de Filipe quanto à * imprevista (JO 6:10)
súplica pela extinção da (JO 17:15)

DINHEIRO
homem e função do (JO 15:10)

DIPLOMA ACADÊMICO
trabalho pela competência adquirida e (JO 14:21)

DIRETRIZ
expressão da * de Jesus (JO 15:14)

DISCÍPULO
atribulação, perseguição e (JO 17:17)
conquistas eternas e * sincero (JO 17:17)
convocação a interrogatórios humilhantes e (JO 17:17)
hora de revelações do aproveitamento individual e (JO 16:4)
procedência das possibilidades do * sincero (JO 5:30)
representação das cartas palpitantes de Jesus e (JO 17:17)
ressurreição e (JO 17:17)
servos sofredores e humilhados e (JO 17:17)
verdadeiro * de Jesus (JO 13:35)
vitória do * na luta benéfica (JO 18:36)

DISCÓRDIA
alimentação da separação e da (JO 13:35)

DISCURSO
lançamento ao vento e * vazio (JO 6:68)

DISCUSSÃO
esquiva de * e agitação (JO 1:5)

DOENÇA
amor sublimação e santificação e (JO 7:20)
renovação do espírito e * do corpo (JO 14:10)

DOGMATISMO
prejuízos do * e do sacerdócio organizado (JO 20:19)

DOM
esquecimento do (JO 10:10)

DOR
compreensão da (JO 16:7)
pedido de afastamento da (JO 17:15)
raciocínio em torno dos enigmas da (JO 20:21)

resistência à (JO 17:15)
restauração e (JO 12:40)
suporte da * com serenidade e heroísmo (JO 17:15)

DOUTRINA DOS ESPÍRITOS
Consolador Prometido e (JO 12:26)
pensamento humano e (JO 12:26)

E

EDIFICAÇÃO ESPIRITUAL
curso educativo e (JO 20:24)

EDUCAÇÃO
esclarecimentos edificantes e * dos sentimentos (JO 15:14)
Jesus e (JO 8:38)
liberdade e (JO 8:38)
sublimação pela força da (JO 3:3)

EGOÍSMO
aumento do (JO 16:7)
felicidade sozinha, * consagrado (JO 14:21)
perpetuação da indolência de uns e * de outros (JO 16:7)

ELEVAÇÃO
descobrimento de diferentes motivos de (JO 9:25)

ELEVAÇÃO ESPIRITUAL
ensinamento de Jesus e (JO 9:25)
sacrifício pessoal e (JO 9:25)

ENERGIA
crueldade ou (JO 14:2)
mobilização da * e crueldade (JO 14:2)

ENFERMIDADE
anseio de morrer, * do espírito (JO 17:15)

ENSINAMENTO
Jesus e (JO 8:11)

ENTENDIDO
revelação do * pelas mostras de prudência (JO 6:30)

ENTENDIMENTO
afastamento da condição inferior e aquisição de (JO 12:35)
destaques inacessíveis ao * comum (JO 17:17)
pacificação pelo (JO 18:36)

ENTORPECENTE
mercados de (JO 3:3)

ENXADA
enferrujamento da * não utilizada (JO 8:11)

EQUILÍBRIO
cooperação restauradora e (JO 14:27)

EQUILÍBRIO SOCIAL
trabalho do amor e (JO 3:16)

ERRO
arrependimento do (JO 6:60)
condenação do (JO 21:17)
retificação do * interpretativo (JO 15:5)

ESCOLHA
frutos de nossa (JO 8:32)

ESCRAVIDÃO
estabelecimento de dolorosa * espiritual (JO 16:13)

ESCRITA
abusos dos recursos da (JO 8:8)
descuido da * diária (JO 8:8)

ESFORÇO
amor ao * conferido (JO 5:17)
continuação no * renovador (JO 5:17)
diminuição do (JO 3:16)

ESFORÇO FRATERNO
desarmonia em torno do (JO 16:3)

ESFORÇO PESSOAL
vida espiritual e (JO 6:32)

ESPADA SIMBÓLICA
Jesus e (JO 18:11)
paz e (JO 18:11)

ESPERANÇA
consolação, refazimento e (JO 14:27)
vida eterna e (JO 20:19)

ESPÍRITA
apelo ao refazimento e (JO 16:33)
ensinamento *, palavra de Jesus (JO 16:33)
esteio da ordem e (JO 16:33)
função da viga robusta e (JO 16:33)
mensagem de esperança e (JO 16:33)
obra *, construção do Evangelho (JO 16:33)
recuperação do organismo social e (JO 16:33)
renovação dos semelhantes e (JO 16:33)

ESPIRITISMO
auxílio do * na descoberta dos Estatutos divinos (JO 3:7)
caminhos novos para o pensamento humano e (JO 12:26)
certeza, esperança e * Evangélico (JO 6:32)
chamamento à revivescência do Cristianismo e (JO 14:15)
Consolador Prometido por Jesus à humanidade e (JO 14:16)
contribuição para o progresso e (JO 16:13)
Cristianismo Renascente e (JO 16:33)
delírios do personalismo deprimente e (JO 14:15)
deserção do concurso aos semelhantes e (JO 14:15)
destruição do materialismo e (JO 16:13)
disputa política, fortuna terrestre e (JO 16:13)
divina expressão do Consolador Prometido e (JO 12:26)
Evangelho Redivivo e (JO 17:17)
guerra verbal a greis ou pessoas e (JO 16:13)
hipnose de adoração a pessoas e (JO 14:15)
ilusão de posses materiais passageiras e (JO 14:15)
inquisições de fanatismo e da violência e (JO 14:15)
interesse no combate ao (JO 14:16)
materialismo e (JO 16:13)
mediunidade e (JO 17:17)
nova era na história da humanidade e (JO 14:16)
obstáculos do (JO 16:13)
profissionalismo religioso e (JO 14:15)
progresso e (JO 16:13)
propósitos do * cristão (JO 16:13)
reflexo da palavra de Jesus e (JO 6:63)
religião da assistência gratuita e (JO 14:15)
religião da solidariedade e (JO 14:15)
religião do desprendimento e (JO 14:15)
religião do esclarecimento livre e (JO 14:15)
revivescência do Cristianismo puro e (JO 14:15)
solidariedade e (JO 16:13)
vida futura e (JO 16:13)
vitória do * sobre os obstáculos (JO 16:13)

ESPÍRITO
abertura de portas ao nosso (JO 10:9)
concessões de Deus no reino do (JO 3:34)
faina evolutivo do (JO 11:44)
incrédulos e verdades do (JO 8:32)
mágoas e júbilos nos recessos do (JO 3:6)
óbices infinitos para a passagem do (JO 16:13)
processo de aprimoramento do (JO 20:24)
recapitulações das más experiências e * humano (JO 12:43)
reclamações sobre a existência do (JO 3:10)
submissão aos desígnios divinos e (JO 15:7)
tesouro do (JO 20:22)
valor ou demérito de cada (JO 10:25)

ESPÍRITO DE JESUS
crescimento do * na vida dos discípulos (JO 3:30)

ESPÍRITO DE VERDADE
  luz que combate e vence as sombras e (JO 16:13)
ESPÍRITO DESENCARNADO
  gênero de vida do (JO 3:12)
ESPÍRITO HUMANO
  recapitulações do (JO 12:43)
ESPÍRITO SANTO
  João, apóstolo, e (JO 20:22)
ESPIRITUALIDADE
  serviço da (JO 6:68)
ESQUECIMENTO
  aversões redivivas e (JO 3:6)
  bênção de temporário (JO 3:7)
ESTÍMULO
  conversão de * em sarcasmo (JO 21:22)
ESTUDO
  desinteresse ante o (JO 8:43)
EU
  cura da hipertrofia congenial do (JO 3:30)
EVANGELHO
  acidentes espirituais e companheiro do (JO 6:68)
  aprendiz do * na caminhada para o Céu (JO 6:30)
  atitudes exteriores e (JO 13:35)
  boa intenção dos crentes do (JO 4:34)
  Carta da Redenção e (JO 2:5)
  colaboradores do (JO 2:5)
  companheiro do (JO 6:68)
  Documento Sagrado e (JO 2:5)
  escrita de conceitos edificantes e (JO 13:35)
  facilidades humanas e aprendizes do (JO 17:14)
  festa de noivado do * com a Terra (JO 2:5)
  guerras de ódio em nome do (JO 16:13)
  incontestabilidade da palavra do (JO 15:8)
  intercâmbio entre discípulos do * e desencarnados (JO 20:21)
  Jesus e censores no (JO 15:12)
  lei reencarnacionistas e passagens do (JO 5:29)
  Maria de Magdala e (JO 20:16)
  mensagem do (JO 13:8)
  notícias dolorosas através de séculos e (JO 16:20)
  obreiros do (JO 16:27)
  obreiros sinceros do * e favoritismo pernicioso (JO 16:27)
  ociosidade e desânimo dos crentes do (JO 4:34)
  paz e (JO 16:33)
  recepção de recordações amigas e (JO 2:5)
  reminiscências de Maria e (JO 2:5)
  ressuscitação dos participantes do (JO 12:10)
  Revelação divina e (JO 6:30)
  roteiro iluminado e (JO 2:5)
  seguidores vacilantes do (JO 6:68)
  trabalho renovador no (JO 9:25)
EVANGELIZAÇÃO INFANTIL
  servidor e (JO 1:38)
EVOLUÇÃO
  claridade imaculada e estágio da * humana (JO 14:6)
EXCLUSIVISMO
  desaprovação à inclinação ao (JO 20:21)
EXISTÊNCIA
  correção dos caminhos da (JO 1:23)
ÊXITO
  Jesus, conquistador do maior * de todos os tempos (JO 15:7)
  preocupação desmedida em torno do (JO 15:7)
EXPERIÊNCIA
  permanência da * religiosa (JO 18:34)
  recebimento de proveitosa (JO 10:9)
EXPOSITOR
  experiência e (JO 6:68)
ÊXTASE
  transformação da admiração pura em * inoperante (JO 8:12)

F
FADIGA
  renúncia do próprio corpo à * precoce (JO 14:2)
FALTA
  queda em * lastimável (JO 9:4)
FAMÍLIA
  integração dos membros da * humana (JO 15:12)
  referência à humanidade como nossa (JO 6:68)
FANATISMO
  crença e geração de * e discórdia (JO 8:12)
  prudência e dignidade e (JO 7:20)
FANTASIA
  conversão das consciências alheias e (JO 8:45)
  distinção ruidosa dos exploradores da (JO 8:45)
  técnica do elogio e (JO 8:45)

Fardo
    elemento básico na construção espiritual e (JO 20:1)

Farisaísmo
    crucificação de Jesus e (JO 12:10)
    instalação de perseguições e (JO 12:10)
    Lázaro e (JO 12:10)
    participantes do Evangelho e (JO 12:10)
    trabalho do * contra o valor da fé (JO 12:10)

Fé
    ameaças das nuvens e horas para a (JO 15:7)
    balanço de (JO 8:12)
    candidatos à (JO 1:23)
    comentário leviano acerca da * religiosa (JO 8:12)
    costumeiro balanço da (JO 8:12)
    cultivadores da (JO 15:5)
    deslumbramentos da (JO 6:12)
    despertamento da * raciocinada (JO 1:38)
    despertamento da * viva nos companheiros (JO 11:23)
    desrespeito às sagradas noções da (JO 4:34)
    diapasão da (JO 13:35)
    elevação da lâmpada da * acima das sombras (JO 4:35)
    extensão da (JO 3:30)
    imposição da (JO 3:30)
    imposição dos princípios da (JO 3:30)
    martírio dos que desvirtuam a * religiosa (JO 3:7)
    necessidade da luz da (JO 15:7)
    orientador das assembleias da (JO 1:38)
    partilha do alimento da (JO 8:32)
    penetração nos círculos da * renovadora (JO 14:1)
    proselitismo e * alheia (JO 9:27)
    representação dos serviços da * viva (JO 6:32)
    talento morto, * que não se exprime em obras (JO 15:8)
    Tomé, apóstolo, e falta de (JO 20:24)

Felicidade
    encontro com a * no mundo (JO 14:1)
    mito da (JO 4:35)
    morte e (JO 17:15)
    multiplicação da * verdadeira (JO 14:21)
    sacrifício pessoal e (JO 20:21)
    terra e (JO 18:36)

Fenômeno da vida
    fatores transcendentes e (JO 5:30)

Festa de bodas
    expressão simbólica e (JO 2:5)

Fidelidade
    promessa de * inquebrantável (JO 21:22)

Fiel
    revelação por trabalhador (JO 21:17)

Filho
    interesse em comum com o Pai e (JO 8:35)

Filósofo
    mensagem instável do * no mundo (JO 8:58)
    revelação de uma luz refratada e (JO 8:58)

Fingimento
    assunção de responsabilidade e (JO 14:2)

Fogo
    liberdade para usar o * de maneiras diversas (JO 15:10)
    papel inconfundível do * na Criação (JO 10:25)
    purificação no * dos sofrimentos reparadores (JO 15:5)

Fonte
    secagem da * desamparada (JO 8:11)

Força
    confiança estagnada e * inerte (JO 8:12)

Força atômica
    manejo da * por morticínio e arrasamento (JO 15:10)

Força da gravitação
    vínculo de compreensão na intimidade do ser e (JO 15:12)

Força das forças
    força do amor e (JO 15:12)

Força elétrica
    peso da angústia no coração e (JO 15:12)

Força executiva
    modificação no espírito e (JO 15:12)

Força exterior
    alma e (JO 16:32)
    Jesus e (JO 16:32)

Força física
    clareamento no campo do sentimento e (JO 15:12)

Fórmula
    recitação maquinal da * verbal (JO 15:7)

Fortuna
    utilização construtiva da (JO 18:36)

Fraternidade
    aplicação de (JO 3:3)

consecução dos objetivos de (JO 5:17)
extensão da * pura e simples (JO 13:35)
perdão e (JO 21:17)

Fruto
apodrecimento do * não aproveitado (JO 8:11)

Futuro
antevisão da bendita luz da imortalidade e (JO 12:35)
presente e preparação do (JO 16:13)

G

Glória terrena
amor da criatura humana pela (JO 12:43)

Graça
habilitação do homem para a recepção da * divina (JO 20:24)
corpo físico e (JO 8:11)

Guerra
alimentação da (JO 18:11)
apetrechos de (JO 3:3)
estabelecimento de * política inferior (JO 16:13)
existências de expiação e (JO 18:11)
grupos de incensadores e promotores de (JO 15:14)
ideais superiores e (JO 18:11)
incentivo à * arrasadora (JO 13:35)
iniquidade e (JO 18:11)
monstros da iniquidade e (JO 18:11)
morticínio e (JO 18:11)
sentimentos e * interior (JO 18:11)
substituição da escura fermentação da (JO 3:3)
surgimento do morticínio e do arrasamento e (JO 18:11)
terror das nações e (JO 18:11)

H

Harmonia
começo da * da vida (JO 14:27)

Homem
acendimento de fogueiras de perseguição e (JO 16:13)
análise do passado e do futuro e * de meditação (JO 12:35)
aprimoramento moral do (JO 3:3)
apropriação do verbo santificante de Jesus e (JO 16:13)
árvore gloriosa e (JO 15:5)
atitude louvável do (JO 18:34)
Buena-dicha, invenção do (JO 8:45)
comando da política e (JO 3:3)
contato do * com Jesus e seus ensinamentos (JO 13:8)
convocação do * à regeneração (JO 1:23)
cooperação na objetivação dos propósitos divinos e (JO 4:34)
cooperador de Jesus e (JO 16:13)
crescimento espiritual e (JO 5:29)
demonstração destrutiva e * de posição de evidência (JO 16:3)
derrubada das florestas e (JO 3:3)
desinteresse do * pelas obrigações superiores (JO 13:8)
destinação do (JO 4:35)
domesticação dos animais e (JO 3:3)
eletricidade, magnetismo e desejos do (JO 3:3)
estabelecimento das medidas de julgamento e (JO 15:12)
exigências do (JO 16:3)
fome de estabilidade e (JO 12:43)
inspiração do * na exemplificação dos discípulos fiéis (JO 18:34)
interesses do (JO 1:38)
luz divina e (JO 20:22)
manifestações religiosas do (JO 1:1)
materialização da tarefa do (JO 4:34)
minérios arrancados às entranhas do globo e (JO 3:3)
movimento das vitórias fáceis e (JO 14:31)
necessidade de aprimoramento e iluminação e (JO 15:1)
paz e estabilidade do (JO 12:43)
percentagem de expressão diabólica e (JO 6:70)
preciosidade da existência do (JO 11:44)
requisição de iluminação espiritual e (JO 4:35)
sede de paz e (JO 12:43)
senhor da evolução da Terra e (JO 3:3)
tradições familiares e preocupações do (JO 10:25)
transformação da montanha em matéria-prima e (JO 3:3)
vara verde da árvore gloriosa e (JO 15:5)
viciação de sentimentos e (JO 1:38)
visão do mal e (JO 8:4)
vitória do * palavroso (JO 8:45)

Honra
fascinação pela * exterior (JO 18:36)

Horizonte
descoberta de * mais largo (JO 14:6)

Horto
oração e (JO 14:31)

HOSPITAL
  apreço ao * que congrega doentes
    do corpo (JO 3:16)

HUMANIDADE
  alcance da * real nas linhas morais
    de Jesus (JO 19:5)
  esmero na procura das deficiências da (JO 14:2)
  influenciação de Jesus nas noções da (JO 15:5)
  legiões de admiradores e tiranos da (JO 15:14)
  lição palpitante na escola da (JO 5:8)
  processo de desagregação e (JO 16:33)

HUMANIDADE REAL
  moral do Cristo e (JO 19:5)

HUMILDADE
  covardia ou (JO 14:2)
  exercício da * e covardia (JO 14:2)
  Jesus e (JO 13:8)

I

IDEAL NOBILITANTE
  agressões e zombarias toleradas pelo (JO 3:7)

IDEIA ESPÍRITA
  apoio à folha doutrinária que divulgue a (JO 20:21)
  exposição da * com franqueza e carinho (JO 20:21)
  impositivo da * na interpretação
    religiosa (JO 20:21)
  impositivo da * nas empresas de arte (JO 20:21)
  impositivo da * nas realizações
    científicas (JO 20:21)
  impositivo da * nos estudos filosóficos (JO 20:21)
  manutenção da * pelos canais da
    televisão (JO 20:21)
  prestígio e desenvolvimento da (JO 20:21)
  trabalho na difusão da (JO 20:21)

ÍDOLO
  criação de * humano (JO 16:27)

IGNORÂNCIA
  desequilíbrio e (JO 16:3)
  dissipação das trevas da (JO 3:16)
  domínio da * no mundo (JO 16:1)
  inteligências transviadas nos domínios da (JO 3:3)

IGREJA DOGMÁTICA
  estagnação das verdades na (JO 14:6)

ILUMINAÇÃO
  dificuldade no serviço de (JO 8:45)
  localização da * necessária (JO 10:10)

ÍMPIO
  progresso efêmero do (JO 16:1)

IMPRUDÊNCIA
  perda de oportunidade preciosa e (JO 10:7)

INCOMPREENSÃO
  flores de aplauso e farpas de (JO 21:22)

INCRÉDULO
  cego de espírito e (JO 8:32)
  procedência do (JO 8:32)
  viajores de indesejável convívio e (JO 8:32)

INDIVIDUALIDADE
  esforço iluminativo e (JO 15:7)
  valorização da (JO 6:30)

INFERNO
  localização do (JO 6:70)

INFORTÚNIO
  coração preso ao catre do (JO 5:8)

INGRATO
  conversão de favores em novas
    exigências e (JO 12:40)

INICIATIVA
  apoio ao levantamento da * mais nobre (JO 14:1)

INSPIRAÇÃO
  instrutores benevolentes e sábios
    e * das mãos (JO 16:4)

INSURREIÇÃO
  estímulo à (JO 13:35)

INTELIGÊNCIA
  tortura dos que abusam da (JO 3:7)

INTERCÂMBIO
  raciocínio em torno do * espiritual (JO 20:21)

INTERCESSÃO
  exaltação da * divina (JO 13:35)

IRMÃO
  exame do * de luta (JO 6:30)
  responsabilidade maior para o * socorrido (JO 5:8)

J

JESUS
  abafamento transitório da Sementeira
    divina e (JO 16:13)
  abandono dos entes amados e (JO 12:27)
  abertura de caminhos novos e (JO 8:58)
  Abraão e (JO 8:58)

abrandamento da fome da alma e (JO 6:26)
ação sem apego e servo de (JO 17:16)
aceitação da vontade sábia e
    generosa de (JO 16:24)
aceitação das revelações de (JO 14:15)
admissão da grandeza de (JO 14:15)
afastamento dos seguidores de (JO 6:68)
afeição de * pela humanidade (JO 15:13)
ajuda aos próprios verdugos e (JO 14:27)
alcance do título de filiação a Deus e (JO 8:35)
amigo fiel dos necessitados e (JO 15:13)
amigos e (JO 15:13)
amigos reais e (JO 15:14)
amor e (JO 13:34)
amor enternecido aos discípulos e (JO 16:32)
amparo pela educação e servo de (JO 17:16)
anúncio da dispersão dos
    companheiros e (JO 16:33)
anúncio das verdades eternas e (JO 14:22)
anúncio de sacrifício aos seguidores de (JO 17:17)
apelo de (JO 21:17)
aplicação da caridade natural e (JO 8:46)
apostolado de (JO 21:17)
apostólico e (JO 1:5)
aproveitamento da advertência
    e servo de (JO 17:16)
aspirante ao título de amigo de (JO 15:14)
assalto das trevas à Mensagem de (JO 16:13)
atendimento leal ao governo humano e (JO 16:32)
atitudes negativas dos companheiros de (JO 20:1)
ato de Judas e (JO 16:32)
atribuição de títulos amoráveis a (JO 18:34)
atribuição de títulos e (JO 18:34)
ausência de (JO 16:7)
banquete com pessoas de má vida e (JO 20:21)
beijo de Judas e (JO 15:13)
bênção da paz conferida ao homem e (JO 18:11)
busca do bem e (JO 1:5)
busca efetiva da redenção com (JO 9:25)
calvário de (JO 20:22)
caminho de *e prosperidade espiritual (JO 14:6)
caminho de toda a Verdade e (JO 16:13)
caracterização do servo de (JO 17:16)
ciladas de angústia e amparo de (JO 15:17)
círculo de pecadores contumazes e (JO 20:21)
clamor pela paz de (JO 1:23)
código de ouro das vidas
    transformadas e (JO 20:16)
comparação da lição de (JO 6:63)
compartilhamento da obra e vida de (JO 14:15)

compreensão da divina mensagem de (JO 6:60)
compromisso de assistência contínua e (JO 8:12)
concessão do amor puro e (JO 8:46)
concessões de (JO 12:43)
condenação da memória de * ao
    esquecimento (JO 20:1)
condição para a bem-aventurança e (JO 13:17)
condição para seguir o caminho de (JO 14:15)
conhecimento do passado e (JO 2:25)
consequências da palavra de (JO 5:8)
consideração do passado e servo de (JO 17:16)
conspiração das trevas e (JO 14:1)
construção das obras de Deus e (JO 9:4)
construção em silêncio e servo de (JO 17:16)
convencimento pelo trabalho e servo de (JO 17:16)
conveniência da partida de (JO 16:7)
convite ao discípulo na consulta
    à sabedoria de (JO 8:5)
cooperador diferente e (JO 13:35)
correção abençoando e servo de (JO 17:16)
criação do novo mandamento na
    comunidade cristã e (JO 13:34)
criaturas hipnotizadas pelo vício e (JO 3:16)
crucificação de (JO 19:5)
cura e (JO 5:40; 8:11)
demonstrações da sobrevivência e (JO 20:21)
desaparecimento dos curados
    pelas mãos de (JO 15:13)
descoberta da luz bendita de (JO 14:6)
desencarnados e deleite do suplício de (JO 14:1)
desenvolvimento da humanidade
    terrena e (JO 1:1)
despedida dos companheiros simples e (JO 16:13)
Deus e (JO 15:1)
devotamento ao trabalho e (JO 16:32)
dilatação das esperanças na vida
    eterna e (JO 20:19)
disciplina compulsória e (JO 21:17)
discípulos de (JO 13:35; 15:8)
doação de vida fácil e (JO 17:14)
dúvidas de Tomé, apóstolo, e (JO 2:25)
edificação pela fala e servo de (JO 17:16)
educação e (JO 8:38)
elevação do próximo e servo de (JO 17:16)
elevação do Reino divino e (JO 12:26)
embate com as forças destruidoras e (JO 15:13)
emoção de * junto ao sepulcro de Lázaro (JO 11:23)
encontro de * com João e Tiago no Horto (JO 15:13)
endosso de * à falsa atitude dos operários
    em desalento (JO 18:36)
ensejo de contato direto com as criaturas e (JO 9:4)

ensinamento eficaz e (JO 6:26)
ensinamentos de (JO 8:11)
ensinamentos e atos de (JO 8:5)
ensino da verdade e (JO 8:46)
ensino de * para aquisição das alegrias eternas (JO 16:20)
ensino e exemplificação de (JO 1:38)
entes amados e (JO 12:27)
equação de serenidade, entendimento e perdão e (JO 16:4)
escândalo e (JO 16:1)
espada simbólica e (JO 18:11)
Espírito da Verdade e (JO 16:13)
espírito e vida, palavras de (JO 6:63)
Espíritos endividados perante a lei e (JO 3:16)
esquecimento de injúria e servo de (JO 17:16)
esquecimento de si mesmo e servo de (JO 17:16)
estudo das lições de (JO 14:15)
estudo das palavras e atitudes de (JO 15:14)
excelência dos ensinos de (JO 8:46)
exemplificação do amor sem mácula e (JO 6:26)
exemplo de dignidade e (JO 19:5)
exemplo de (JO 13:17; 14:31)
exigência de Tomé depois da Ressurreição e (JO 15:13)
exortação de (JO 16:20)
extensão do pão espiritual de (JO 3:30)
fala de * à alma imortal (JO 14:22)
força da verdade de (JO 1:5)
forma da cruz de (JO 18:11)
formação da Terra e (JO 1:1)
fortalecimento dos companheiros acovardados e (JO 14:27)
fraqueza de Pedro e (JO 2:25)
fraternidade e (JO 13:35)
glorioso destino de reencontro de * com Deus (JO 14:31)
humanidade Real e (JO 19:5)
humildade e (JO 13:8)
ideia da origem divina de (JO 1:1)
identificação do poder de (JO 14:15)
iluminação sem alarde e servo de (JO 17:16)
imortalidade do espírito e (JO 1:1)
importância do tempo e (JO 12:35)
incompreensão dos homens e (JO 16:33)
indagações de * aos lidadores do Espiritismo (JO 1:38)
infinita sabedoria na atitude de (JO 8:4)
influência santificadora de (JO 1:23)
influenciação de (JO 15:5)
ingratidão dos beneficiados e (JO 16:32)

início da missão divina de (JO 10:25)
instituição do reinado salvador e (JO 1:5)
intercessão divina e (JO 13:35)
interrogação, ansiedade e aprendiz sincero de (JO 16:3)
interrogações do espírito de má-fé e (JO 8:5)
isenção de dificuldades e promessa de (JO 14:1)
Judas, apóstolo, e (JO 2:25)
justificativa do desânimo na obra de (JO 18:36)
latência do poder de * nas criaturas (JO 15:5)
lavagem dos pés dos discípulos e (JO 13:8; 15:13)
lavagem dos pés dos seguidores sinceros de (JO 13:8)
Lázaro e (JO 12:10)
legado dos tesouros da vida imperecível e (JO 8:8)
lei de retorno e (JO 5:29)
lembrança de * quando em crise (JO 16:33)
libertação das consciências humanas e (JO 5:8)
libertação do mal e (JO 17:15)
lição de domínio espiritual e (JO 16:32)
lições espontâneas de (JO 8:5)
linguagem de (JO 8:43)
localização de * na História (JO 8:58)
localização histórica de (JO 8:58)
luz de nossa vida e (JO 6:60)
luz do mundo e (JO 8:12)
luz no mundo das consciências e (JO 16:13)
mal e (JO 17:15)
manuseio dos ensinamentos de (JO 6:63)
marcas do sacrifício e (JO 20:20)
Maria de Magdala e (JO 2:25)
Marta e (JO 11:23)
medida drástica e (JO 21:17)
mensageiros generosos e presença de (JO 1:23)
missão de (JO 4:34)
momento de amarga solidão e (JO 16:33)
morte na cruz entre ladrões e (JO 20:21)
multidão e (JO 7:20)
multidões enganadas e sofredoras e antevisão de (JO 16:13)
nascimento na manjedoura singela e (JO 20:21)
necessidade da ausência de (JO 16:7)
necessidade da evidência social ou econômica e (JO 14:22)
necessidade de testemunho e (JO 12:27)
Nicodemos e palavras de (JO 3:7)
Nicodemos e (JO 2:25; 3:7; 3:10)
opiniões de (JO 8:5)
opiniões decisivas e profundas e (JO 8:5)
oração do jardim e (JO 14:1)

ordem, harmonia e (JO 6:10)
paixão pelo apostolado de (JO 14:15)
palavra firme e incontestável e (JO 8:5)
palavras de (JO 13:35; 15:8: 17:14)
palavras eternas e (JO 6:68)
pão vivo das almas e (JO 15:1)
partilha do serviço da estrada com (JO 5:40)
Paulo de Tarso e (JO 20:16)
paz de *, serviço do bem eterno (JO 14:27)
paz e (JO 14:27; 16:33; 20:21)
pedido de milagre nas mãos de (JO 5:40)
pedido de proteção de Deus e (JO 12:27)
pedido em nome de (JO 16:24)
pedidos e (JO 16:24)
percepção da tolerância de (JO 14:15)
percepção de emoções à distância de (JO 6:68)
percepção do erro geral e (JO 8:4)
perdão e (JO 20:19)
perdão incondicional e (JO 8:46)
perdão sem jactância e servo de (JO 17:16)
personificação de (JO 1:1)
pesada e escura bagagem do homem e (JO 2:25)
plataforma de princípios imortais e (JO 6:60)
polêmicas inúteis e (JO 1:5)
Pôncio Pilatos e (JO 19:5)
porta da vida abundante e (JO 10:7)
potencialidades sublimes do amor de (JO 5:8)
povos mais cultos da Terra e (JO 15:14)
pranto das mulheres de Jerusalém e (JO 16:32)
prece e jejum no deserto e (JO 20:21)
precursores de (JO 3:30)
preocupação de * com Simão Pedro (JO 21:17)
presença de * no umbral dos templos (JO 1:38)
primeira manifestação do apostolado de (JO 15:13)
primeira visita de * na ressurreição (JO 20:16)
promessa de claridade e (JO 8:12)
promessa de luta edificante e (JO 16:1)
promessas de (JO 8:12; 14:2; 16:1; 16;24)
razões para a apresentação de *
 à Madalena (JO 20:16)
recebimento das concessões de (JO 14:15)
recebimento de heranças amoedadas e (JO 15:7)
recepção dos dons da renovação
 constante em (JO 20:22)
recomendação de * a Simão Pedro (JO 21:17)
reconhecimento da bondade de (JO 14:15)
reconhecimento do poder de (JO 12:11)
recordação das advertências de (JO 16:1)
reencarnação e (JO 3:3)
regozijo com a influência curativa de (JO 5:40)

remodelação da vida terrestre e (JO 14:22)
renovação de Madalena para o
 amor puro e (JO 2:25)
renovação sem crítica e servo de (JO 17:16)
representação da árvore da vida e (JO 15:5)
reprovações descabidas e (JO 1:5)
resoluções de (JO 21:22)
respeito à lei de Moisés e (JO 16:32)
respeito às orientações de * nas
 assembleias humanas (JO 15:14)
responsabilidade dos seguidores de (JO 6:68)
resposta de * aos instrutores modernos (JO 3:10)
resposta materializada e (JO 8:32)
ressurreição e (JO 20:16)
retorno da morte aureolado de
 paz sublime e (JO 14:27)
retorno de * à convivência dos discípulos (JO 19:5)
retorno de * às Esferas resplandecentes (JO 16:1)
reunião dos companheiros para o
 serviço apostólico e (JO 1:5)
revelação das características da
 doutrina de (JO 6:68)
revelação de * como o caminho (JO 14:6)
revelação de * na própria experiência (JO 3:30)
rogativa de * pela libertação do mal (JO 17:15)
sabedoria e (JO 8:4)
salvação e (JO 10:9)
salvador das almas e (JO 6:68)
santificação dos discípulos e rogativa de (JO 17:17)
santificação e (JO 17:17)
sarcasmo da multidão e (JO 16:32)
sarcasmos da opinião pública e (JO 7:20)
sentido profundo da exemplificação de (JO 14:31)
serenidade ante a cruz e (JO 16:32)
serviço ativo no bem de todos e (JO 20:21)
serviço de precursores de (JO 3:30)
significação da lição de (JO 7:6)
significação da migalha recebida por (JO 6:10)
significação da pergunta de * a Pilatos (JO 18:34)
Simão e negação de (JO 15:13)
Simão Pedro e (JO 2:25; 21:17)
simbolismo no gesto de (JO 20:16)
simbolismo profundo do gesto de (JO 8:8)
sistema renovador dos ensinamentos de (JO 6:63)
socorro espontâneo e servo de (JO 17:16)
sofrimento sem queixa e servo de (JO 17:16)
solicitação da presença consoladora de (JO 5:40)
solicitação de atividade maravilhosa e (JO 21:17)
solicitação do homem em nome de (JO 16:24)
sombra de Judas e (JO 2:25)

sugestão com sabedoria e (JO 6:26)
súplica de * pela santificação na
    condição humana (JO 17:17)
testemunhos de (JO 16:4; JO 10:25; 20:21)
Tomé, apóstolo, e ressurreição de (JO 20:24)
trabalho construtivo na infância e (JO 20:21)
traços essenciais da presença do
    servo de (JO 17:16)
traços fundamentais das lições
    de * na Terra (JO 8:35)
transcendência da palavra de (JO 6:63)
transmissão da palavra da verdade
    e da vida e (JO 13:17)
última ceia e (JO 15:13)
união dos Lázaros ao amor de (JO 12:10)
única porta de verdadeira libertação e (JO 10:9)
usura, sovinice e benemerência
    de Zaqueu e (JO 2:25)
vaidade intelectual de Nicodemos e (JO 2:25)
verdade e (JO 8:32; 8:45)
verdade sublime e reveladora e (JO 14:6)
verdades eternas e (JO 4:35)
vida frugal e simples e (JO 20:21)
videira da verdade e do amor e (JO 15:1)
videira e (JO 15:1; 15;5)
violação dos princípios de liberdade e (JO 6:68)
virtude despretensiosa e servo de (JO 17:16)
visão mais ampla da vida e (JO 2:25)
visão mais clara das instruções
    reveladas por (JO 9:25)
vítima de flagelação e (JO 16:33)
vontade de Deus e (JO 4:34)
Zaqueu e (JO 2:25)

João Batista, o precursor
    Jesus e (JO 3:30)
    reforma íntima e (JO 1:23)

João, apóstolo
    calma e (JO 6:10)
    caminhos retos e (JO 21:6)
    conselho de (JO 1:23)
    Espírito Santo e (JO 20:22)
    Evangelho de (JO 1:1)
    exemplo de Jesus e (JO 2:25)
    Jesus, Abraão e (JO 8:58)
    lavar os pés e (JO 13:8)
    Lázaro e (JO 11:44; 12:10; 12:11)
    Moisés e (JO 8:5)
    obrigações e (JO 21:22)
    paz e (JO 20:21)
    recapitulações e (JO 12:43)
    ressurreição e (JO 11:23)
    reuniões cristãs e (JO 20:19)
    templo de pedra e (JO 6:30)
    testemunho e (JO 18:34)
    trabalho e (JO 5:17)
    vontade de Deus e (JO 4:34)

Joio
    crescimento do * ao lado do trigo (JO 16:1)

Judas
    conchavos da deserção e (JO 14:1)
    Jesus e (JO 14:31)

Juiz
    respeito e temor pelo (JO 10:25)

Juízo
    ausência dos adúlteros na hora de (JO 8:4)

Justiça
    serviço da (JO 6:12)
    trabalho, resgate, elevação e (JO 20:21)

Justiça Perfeita
    reino da * em todos os distritos
    do universo (JO 8:32)

K

Kardec, Allan
    Apóstolo da Verdade, Mensageiro
    da Luz e (JO 16:13)

L

Laço de sangue
    lei do amor e (JO 3:7)

Lágrimas
    observação das * dos órfãos e das viúvas (JO 3:3)
    pregação e auxílio na descida de (JO 14:6)

Lar
    concessão do refúgio do (JO 3:6)
    educação no (JO 8:38)
    escola bendita do reajuste e (JO 3:6)
    ferramentas de amor e dor e (JO 3:6)
    formação do caráter no (JO 8:38)
    improvisação de sociólogos para
        substituição da educação no (JO 8:38)
    referência ao planeta como nosso (JO 6:68)

Lavoura
    privilegiados na * divina (JO 16:27)

LÁZARO
    cogitações do farisaísmo diante de (JO 12:10)
    contemplação da figura de (JO 12:11)
    farisaísmo e (JO 12:10)
    felicidade de (JO 11:44)
    Jesus e (JO 11:23; 12:10)
    João, apóstolo, e (JO 11:44; 12:10; 12:11)
    Mestre e (JO 12:11)
    modificações de (JO 12:11)
    ponto de observação direta e (JO 12:11)
    regresso de * à vida ativa (JO 11:44)
    regresso de (JO 11:44)
    reinício da experiência humana com valores novos e (JO 11:44)
    restituição de * à experiência terrestre (JO 11:23)
    restituição de * à liberdade (JO 11:44)
    sensação do túmulo e (JO 11:44)
    sepultamento de * nas trevas do túmulo (JO 12:10)
    simbologia de (JO 12:10)
    valores novos e (JO 11:44)

LEALDADE
    símbolos de * e serviço (JO 16:27)

LEI DE CAUSA E EFEITO
    aplicação da (JO 5:29)

LEI DE DEUS
    desinteresse pela aplicação da (JO 8:43)

LEI DE RETORNO
    conceito de (JO 5:29)

LEI DIVINA
    desinteresse ante o estudo da (JO 8:43)
    raciocínio em torno da (JO 20:21)

LEI HUMANA
    observância da (JO 10:25)

LEI REENCARNACIONISTA
    Evangelho e (JO 5:29)

LEMBRANÇA
    reavivamento de velhas úlceras e (JO 11:44)

LENOCÍNIO
    movimentos endinheirados e (JO 3:3)

LEVIANDADE
    conhecimento de jovens transviados e (JO 14:2)

LEVIANO
    prejuízos da ociosidade ou do vício e (JO 10:25)

LIBERDADE
    desejo de (JO 1:38)
    educação e (JO 8:38)
    educação pela * plena dos instintos do homem (JO 8:38)
    verdadeira (JO 8:32)

LIBERTAÇÃO
    caminho da verdadeira (JO 10:7)
    ensinamento de Jesus e (JO 10:7)

LIÇÃO
    prece e (JO 15:7)

LISONJA
    envolvimento no confete da (JO 6:48)

LIVRE-ARBÍTRIO
    negação do (JO 3:7)

LIVRO
    imposição da interpretação individual e (JO 8:8)

LOCOMOTIVA
    restauração da * descarrilada (JO 15:7)

LOUCURA
    distribuição do bem com abnegação e (JO 7:20)

LUTA
    deserção da * evolutiva (JO 3:3)
    revelação de esferas novas de (JO 9:25)
    vitória e (JO 18:36)

LUZ
    aproveitamento do tempo na aquisição de (JO 9:4)
    elevação para a * divina (JO 20:22)
    germinação da semente e elevação para a * solar (JO 20:22)
    movimentação humana e * do amor (JO 13:35)
    rompimento dos envoltórios inferiores e (JO 20:22)

LUZ DO MUNDO
    Jesus e (JO 8:12)

M

MADALENA
    encontro com Jesus e negação de si própria e (JO 20:16)
    fundo amargo dos hábitos difíceis e (JO 20:16)
    gênios do mal e (JO 2:25)
    resolução de tomar a cruz que lhe competia e (JO 20:16)

MÃE
    carinho de Deus e colo de (JO 3:6)

MÁGOA
    conversão da * em crime (JO 12:35)

esforço da compreensão e (JO 3:3)

MAL
adicionamento de parcelas do (JO 3:16)
combate ao (JO 17:15)
comprazimento no * e possibilidades
  de ressurreição na luz (JO 5:29)
conversão do * em detritos (JO 21:17)
embelezamento e aprimoramento
  do mundo e (JO 17:15)
esquecimento do * e lembrança do bem (JO 15:7)
exterminação do (JO 17:15)
extinção do (JO 1:5)
fixação no (JO 3:16)
guerra incessante contra o (JO 16:1)
impulso do homem para ver o *
  nos semelhantes (JO 8:4)
Jesus e libertação do (JO 17:15)
Jesus e (JO 17:15)
libertação do (JO 17:15)
obrigação permanente de extinção do (JO 14:1)
origem do (JO 17:15)

MALDADE
ocultação da * no coração (JO 15:12)

MALEDICENTE
encaminhamento à fontes envenenadas e (JO 10:9)

MANIA DE GRANDEZA
frustrados na (JO 15:7)

MÃOS
agitação da vida humana pelas *
  que comandam (JO 20:20)
exteriorização da vida espiritual e (JO 20:20)
lembrança da sublime renúncia e (JO 20:20)
marcas do sacrifício e (JO 20:20)
sinais da passagem pela Terra e (JO 20:20)

MARIA
anjo tutelar do Cristianismo e (JO 2:5)
sábio e profundo conselho de (JO 2:5)

MARIA DE MAGDALA
encontro da resposta da Vida eterna e (JO 20:1)
Evangelho e (JO 20:16)
Mestre e (JO 20:16)
primeira mensagem da ressurreição
  de Jesus e (JO 20:1)
ressurreição e (JO 20:1)
sepulcro e (JO 20:1)

MATERIALISMO
chaga da sociedade e (JO 16:13)
dissipação das trevas do (JO 16:13)

sociedade e (JO 16:13)

MAU TRABALHADOR
cego de aproveitamento difícil e (JO 7:6)
queixa do (JO 7:6)

MEDICAÇÃO
desrespeito na dosagem da (JO 8:11)

MÉDICO
confiança no (JO 10:25)

MEDITAÇÃO
exercício contra a vaidade pessoal e (JO 5:30)

MÉDIUM
aprendiz do Evangelho e (JO 6:30)
constância de assédio ao * moderno (JO 6:30)
convocação ao teste público e (JO 6:30)
faculdades do (JO 6:30)
figueira estéril e (JO 17:17)
fornecimento de provas ao * vidente (JO 6:30)
individualidade e (JO 6:30)
intérprete dos espíritos e (JO 17:17)
legiões e (JO 17:17)
missão especialíssima do (JO 17:17)
multiplicação e (JO 17:17)
órgãos materiais dos espíritos e (JO 17:17)
serviço com sinceridade e desinteresse e (JO 17:17)
testemunho das fontes de inspiração e (JO 6:30)
vida espiritual e (JO 6:30)

MEDO
reverência à Lei e (JO 7:20)

MENSAGEIRO
dedicação do * espiritual (JO 8:11)
Jesus e expedição de * ao mundo (JO 20:21)

MENTE
empenho da * no jogo das formas
  perecíveis (JO 8:43)
raciocínio em torno das incógnitas da (JO 20:21)

MENTIRA
desprendimento das atrações da (JO 14:6)

MENTOR
inexperiente de hoje, * de amanhã (JO 21:17)

MERECIMENTO
governo estatal e (JO 10:25)

MESTRE
abandono do (JO 15:13)
aparecimento do (JO 20:16)
humildade e (JO 13:8)

lavagem dos pés e (JO 13:8)
Lázaro e (JO 12:11)
lições divinas do (JO 17:14)

MINERAL
reconhecimento do * pela utilidade (JO 6:30)

MISÉRIA
fuga do caminho humano e (JO 6:12)

MISERICÓRDIA
resgate, reajustamento e * divina (JO 3:7)

MISERICÓRDIA DIVINA
processos de resgate e reajustamento e (JO 3:7)

MISSÃO
mulheres desviadas da elevada (JO 8:4)

MISSIONÁRIOS DA LUZ
Cristo e (JO 8:58)

MOEDA
enganosas vantagens da * abundante (JO 18:36)

MOISÉS
determinações de (JO 20:19)
finalidade primordial do pão de (JO 6:32)
pão que * dispensou aos hebreus (JO 6:32)

MOLÉSTIA
cooperação proveitosa da * física (JO 16:7)

MORFINA
dilapidação das energias orgânicas e (JO 15:10)

MORTE
angústias da * e experiência terrestre (JO 16:33)
aproximação da * sem migalha de luz (JO 3:7)
centros religiosos e (JO 17:15)
condenação dos Lázaros e (JO 12:10)
corpo físico e (JO 16:7)
felicidade e (JO 17:15)
preocupação com a ideia da (JO 17:15)
processo renovador e (JO 11:23)
raciocínio em torno da * física (JO 20:21)
reaparecimento de Jesus aos discípulos depois da (JO 20:20)
renovação e (JO 16:7)
renovação para quem parte e (JO 16:7)
resignação à separação pela (JO 16:7)
vida nova para os que ficam e (JO 16:7)

MULHER
culpa e (JO 8:4)
desvio da missão da (JO 8:4)

MULHER ADÚLTERA
permanência dos homens pervertidos ao lado da (JO 8:4)

MULTIDÃO
aprisionamento excessivo aos juízos da (JO 7:20)
ensinamentos da (JO 7:20)
força do convencionalismo e do hábito sobre a (JO 7:20)
Jesus e (JO 7:20)
juízos da (JO 7:20)
trabalho de alimento e (JO 6:12)

MUNDO
aparecimento dos orientadores do (JO 3:10)
esforço corretivo perante os erros do (JO 3:16)
tarefas específicas do homem e da mulher no (JO 8:4)

MUNDO ESPIRITUAL
amparo do (JO 12:26)
arrecadação das bênçãos, lições da vida e (JO 20:20)
grande tarefa do (JO 3:12)
intercâmbio e (JO 3:12; 8:45)
tarefa do (JO 3:12)

MUNDO VISÍVEL
movimento de troca do * com o invisível (JO 20:19)

N

NAÇÃO
multidões de partidários e verdugos da (JO 15:14)

NATUREZA
lições da (JO 3:3)
revelação da Providência divina e (JO 12:40)

NECESSÁRIO
esquecimento dos que carecem do (JO 15:17)

NICODEMOS
Jesus e (JO 2:25; 3:7; 3:10)

NOVO MANDAMENTO
estabelecimento da intimidade legítima e (JO 13:34)

NUDEZ
desconsideração pela * dos que tremem de frio (JO 14:21)

O

OBEDIÊNCIA
servidão e (JO 14:2)

servilismo ou (JO 14:2)

OBRA
destruição da * falsa para recomeço de esforço novo (JO 12:43)
indispensável apagamento pelo brilho da (JO 17:24)
irritação no exercício da boa (JO 17:24)
testemunho e (JO 10:25)
valor, demérito e (JO 10:25)

OBRIGAÇÃO
conhecimento e (JO 21:22)
João, apóstolo, e (JO 21:22)
necessidade de conhecimento da * própria (JO 21:22)

OBSTÁCULO
superação do (JO 20:1)

OCIOSIDADE
perigos da (JO 8:11)

OFENSOR
compreensão e auxílio ao (JO 17:17)

OFICINA ESPÍRITA
aprendiz incipiente da (JO 1:38)

OPERÁRIO
falsa atitude e (JO 18:36)

OPORTUNIDADE
compreensão da * recebida (JO 5:17)
fixação nos frutos da * perdida (JO 4:35)
tempo e (JO 12:35)

ORAÇÃO
desencantamento e (JO 16:24)
época da * integralmente atendida (JO 15:7)
esquecimento da * em auxílio dos outros (JO 15:17)
Horto e (JO 14:31)
infantilidade da (JO 16:24)
interpretação da lição da (JO 15:7)
Jesus e (JO 15:7)
recusa e * pelos irmãos desorientados (JO 20:19)
uso da * à maneira de pomada miraculosa (JO 14:6)

ORDEM
estabelecimento da * em si mesmo (JO 6:10)
manutenção da * sem justiça (JO 3:16)

ORGULHO
administração digna e (JO 14:2)
reivindicação pela direção dos movimentos e (JO 16:13)

OVELHA
acatamento às ordens do pastor e (JO 10:14)
apoio à * mais responsável (JO 10:14)
classificação da lã produzida e (JO 10:14)
conhecimento da * mais ativa (JO 10:14)
descoberta da * indiferente (JO 10:14)
fortalecimento da * mais fraca (JO 10:14)
incentivo à * indiferente (JO 10:14)
nomeação da * retardatária (JO 10:14)
pacificação da * impetuosa (JO 10:14)
registro da * líder (JO 10:14)
respeito aos sinais do pastor e (JO 10:14)

P

PAIS
missão dos (JO 8:38)

PAIS HUMANOS
primeiros mentores da criatura e (JO 8:38)

PALÁCIO
edificação de * e basílicas famosas (JO 13:35)

PALAVRA
engrandecimento das existências e (JO 6:68)
esquecimento da * que incita à inutilidade (JO 6:68)
obrigações justas e aproveitamento da (JO 6:68)
penetração da * em nosso coração (JO 6:68)
teoria e prática da (JO 10:25)
vantagens da (JO 10:25)

PALAVRA DE VIDA ETERNA
apoio mental e (JO 6:68)
aviso, canção, lição e beleza da (JO 6:68)
encontro da (JO 6:68)
ensinamento e (JO 6:68)
horizontes divinos da vida e (JO 6:68)
indicação do roteiro de evolução e (JO 6:68)
nascimento da (JO 6:68)
objetivo da (JO 6:68)
procedência da (JO 6:68)
retenção da (JO 6:68)
revelação no amor e (JO 6:68)
sabor e claridade da (JO 6:68)
seguro apoio mental nas horas difíceis e (JO 6:68)

PALAVRA DIVINA
recebimento da (JO 8:43)
recepção da * em espírito e verdade (JO 8:43)

Pão
    alimento popular e (JO 6:48)
    constituição do (JO 6:48)

Pão celestial
    subida aos inesgotáveis celeiros do (JO 6:32)

Pão divino
    aplicação ao aproveitamento do (JO 6:32)
    esforço pessoal no * para renovação (JO 6:32)

Pão puro
    imagem nobre de Jesus e (JO 6:48)

Paralisia
    sinais de * espiritual (JO 9:27)

Parente
    socorro ao * desarvorado (JO 18:36)

Passado
    conservação do * no que for bom e justo (JO 3:3)
    guerra às criações inferiores do (JO 20:22)
    lembranças do (JO 3:3)
    reajuste de falhas do (JO 3:7)

Pastor
    confiança na misericórdia do bom (JO 10:14)
    conhecimento das ovelhas do redil humano e (JO 10:14)
    conhecimento e sentimento da existência do (JO 10:14)
    identificação com o rebanho e * atento (JO 10:14)
    percepção do modo de ser e (JO 10:14)
    reconhecimento do poder diretivo do (JO 10:14)

Patrimônio material
    função única do (JO 8:43)
    transitoriedade do (JO 8:43)

Paulo de Tarso
    Jesus e (JO 20:16)

Paulo, apóstolo
    Epístola aos Tessalonicenses e (JO 16:33)
    inspirações e (JO 6:68)

Paz
    aplauso da ignorância e * dos vaidosos (JO 14:27)
    aprendizes do Evangelho e (JO 16:33)
    busca da * de Jesus (JO 14:27)
    conceito de (JO 14:27; 16:33)
    consistência na (JO 10:10)
    construção da * com os que nos cercam (JO 18:11)
    construção da * sem amor (JO 3:16)
    crença na * em planos diferentes da Terra (JO 17:15)
    desespero doentio e * dos revoltados (JO 14:27)
    destruição dos adversários e * dos vingativos (JO 14:27)
    Evangelho e (JO 16:33)
    exploração inferior e * dos negociantes sagazes (JO 14:27)
    fuga ao trabalho e * dos ociosos sistemáticos (JO 14:27)
    homens esfomeados de * e assistência de Jesus (JO 6:10)
    ímpios, caluniadores e * do mundo (JO 14:27)
    irradiação da * no amparo vivo aos outros (JO 14:27)
    Jesus, espada simbólica e (JO 18:11)
    João, apóstolo, e (JO 20:21)
    outorga ao espírito da * verdadeira (JO 14:27)
    paz do mundo e * de Jesus (JO 14:27)
    paz no mundo e conservação da * em Jesus (JO 16:33)
    preguiça improdutiva e * dos abastados (JO 14:27)
    problema fundamental de nossa (JO 15:5)
    produção de frutos de * e aperfeiçoamento (JO 15:8)
    reiteradas e afetuosas recomendações de (JO 20:21)
    renovação da concepção da (JO 16:33)
    repasto opulento e * dos comilões (JO 14:27)
    revelação de Jesus na estrebaria e (JO 14:27)
    satisfação dos caprichos e * dos arbitrários (JO 14:27)
    segredo da * em Jesus (JO 16:33)
    segurança da vida e (JO 20:19)
    serviço renovador e (JO 14:27)
    silêncio das baionetas e * das nações (JO 14:27)
    sono enfermiço da alma e * do mundo (JO 14:27)
    tesouro dos filhos de Deus e (JO 4:35)
    vitória da crueldade e * dos maus (JO 14:27)
    votos de * na hora da Manjedoura (JO 20:19)

Pedro, Simão
    apelo de Jesus ao coração amoroso de (JO 21:17)
    contribuição na elevação dos tutelados do mundo e (JO 21:17)
    indagação de Jesus ao apóstolo (JO 21:17)
    resposta sábia de (JO 6:68)
    sustentáculo do Cristianismo e (JO 2:25)
    vida eterna e (JO 6:68)

Pensamento
    afastamento dos vícios do (JO 14:26)
    constrangimento do * alheio (JO 8:32)
    expressão do * em negação e crueldade (JO 10:10)
    peso morto da aflição inútil e (JO 20:19)

primeiros organizadores do * religioso (JO 1:1)
reflexão no * livre (JO 15:10)

PENSAMENTO DIVINO
busca do (JO 14:10)

PENÚRIA
aflição sob o guante da (JO 15:17)

PERDÃO
Jesus e (JO 20:19)

PERFEIÇÃO
atendimento com * aos deveres (JO 21:22)

PERSEGUIDOR
reencontro com * e adversário na forma de parentes (JO 3:6)

PERSONALIDADE
títulos convencionais e (JO 10:25)

PERVERSO
precipícios do crime e (JO 10:9)

PESCADOR
espírito humano, * de valores evolutivos (JO 21:6)

PESQUISA
valor da * e curiosidade (JO 8:32)

PESSIMISTA
produção do desânimo e (JO 15:4)

PÔNCIO PILATOS
apresentação de Jesus à multidão e (JO 19:5)
Cristo e (JO 18:34)
Jesus e (JO 19:5)
palavras de (JO 19:5)

PLANETA
elevação do * à condição de prosperidade (JO 14:21)

PLANO ESPIRITUAL
sentimentos depois da morte no (JO 3:6)

PODER
embriaguez do * transitório (JO 18:36)

PONTO DE VISTA
prisioneiros do (JO 8:32)
verdade e (JO 10:7)

PORTA
abertura da * interna às inspirações de Jesus (JO 20:22)
avidez na disputa da * pelos homens (JO 10:7)
batida à * da riqueza amoedada (JO 10:7)
conceituação e simbologia de (JO 10:7)
esquecimento da * a ser atingida (JO 10:7)
Jesus e a (JO 10:7)
palavra falada ou escrita e abertura de (JO 10:9)
significado do termo (JO 10:7)

PORTA ESTREITA
amigos e (JO 15:13)

POSIÇÃO
afastamento de companheiro de * importante (JO 15:7)

POSSE
preocupação da (JO 8:43)

PRAZER
hábito do * noturno (JO 14:2)
travessia do portal do * terrestre (JO 10:7)

PRECE
atendimento e (JO 15:7)
lição e (JO 15:7)
observação da substância da (JO 16:24)

PRECEITO
quebra de antigo * do mundo (JO 3:3)

PREGUIÇA
argumentos apressados da * humana (JO 3:12)

PREGUIÇOSO
guerra contra o trabalho construtivo e (JO 10:9)
produção da miséria e (JO 15:4)

PREJUÍZO
manejo da concessão em * dos outros (JO 10:10)

PRESENTE
análise dos tesouros do (JO 12:35)

PRETÉRITO
desligamento dos laços criminosos com o (JO 11:44)
localização das trevas da ignorância e (JO 12:35)

PRINCÍPIO DOGMÁTICO
desaparecimento do (JO 6:32)

PROCEDIMENTO
identificação do * censurável (JO 15:12)

PROFESSOR
acatamento do (JO 10:25)
precipitação do * teórico nas ilusões (JO 3:10)

PROGRAMA
adesão da vontade ao * regenerativo (JO 8:11)
fidelidade ao * divino (JO 18:34)

PROGRAMA REGENERATIVO
adesão a (JO 8:11)

PROGRESSO
    chamamento à edificação do (JO 14:21)
    filas de defensores intransigentes
        e inimigos do (JO 15:14)
    integração digna à legião do (JO 14:2)
PROMESSA
    templos de pedra e * injustificável (JO 1:38)
PROPAGANDA DOUTRINÁRIA
    colaborador da (JO 1:38)
PROSELITISMO
    fé e (JO 9:27)
PROTEÇÃO
    requisição de * e entendimento (JO 14:1)
PROVA
    confiança, discernimento e * grave (JO 9:4)
PROVAÇÃO
    soerguimento do enfermo do leito de (JO 5:8)
PROVIDÊNCIA
    acatamento da vontade do espírito pela (JO 8:32)
    força subornável na divina (JO 1:38)
PROVIDÊNCIA DIVINA
    observações sobre (JO 5:29)
    revelações da (JO 12:40)

Q
QUADRO-NEGRO
    atividades terrestres e (JO 16:4)
    demonstrações isolados do aluno e (JO 16:4)
    giz alvo e puro das realizações
        espirituais e (JO 16:4)
    giz de suor e lágrimas e (JO 16:4)
    giz escuro da desesperação e (JO 16:4)
    provas edificantes e (JO 16:4)
QUEIXA
    filha da preguiça inconsciente e (JO 5:17)

R
RACIOCÍNIO
    elevação do entendimento e
        santificação do (JO 4:35)
REALIDADE
    exposição da * plena ao espírito (JO 14:6)
    vislumbre da glória ofuscante da (JO 8:32)
REBANHO
    perda do (JO 10:7)

REBELDIA
    desânimo diante da (JO 21:17)
REBELIÃO
    abertura de portas à * e à indisciplina (JO 10:9)
    transfiguração da * em crime (JO 3:3)
RECOMPENSA
    inconformação com (JO 11:9)
RECURSO CELESTE
    recepção e (JO 6:10)
REDENÇÃO
    assinatura do pacto de (JO 6:60)
    reconhecimento da porta da (JO 10:7)
REENCARNAÇÃO
    benção da (JO 5:40)
    caminho e (JO 3:7)
    corporificação dos filhos através da (JO 14:1)
    débitos e (JO 3:7)
    empenho no trabalho e aprendizado e (JO 3:7)
    entendimento dos fenômenos dolorosos
        do caminho e (JO 3:7)
    estudo dos princípios da (JO 3:7)
    Jesus e (JO 20:19)
    lei universal e (JO 3:7)
    raciocínio em torno da (JO 20:21)
    resposta de Jesus a Nicodemos e (JO 3:10)
    retificação dos erros, ressarcimento
        dos débitos e (JO 3:7)
REENCONTRO
    afetos renovados nos chamam ao (JO 3:6)
REFLEXO COLETIVO
    condição moral da Terra e (JO 3:3)
REFORMA ÍNTIMA
    João Batista, precursor, e (JO 1:23)
    oportunidade e (JO 3:3)
REGENERAÇÃO
    braços cruzados à frente dos serviços de (JO 18:36)
    tarefa individual e (JO 1:5)
REINO DE DEUS
    alcance do (JO 10:7)
    crescimento para o Céu na construção do (JO 15:8)
    culto do * na vida íntima (JO 13:35)
    iluminação do * íntimo (JO 18:36)
    localização do (JO 18:36)
    reforma íntima e (JO 3:3)
    vida íntima e (JO 13:35)

Reino divino
    construção do * na Terra (JO 14:2)
Religião
    conceito de (JO 6:60)
    expressão universalista do amor e (JO 16:13)
    gênios perversos e (JO 3:3)
    representantes e ministérios remunerados e (JO 14:15)
    riquezas terrestres e (JO 14:15)
    segregação dos profitentes e (JO 14:15)
    significado da palavra (JO 6:60)
    sustentação de claustros ou discriminações e (JO 14:15)
Renovação
    teoria das penas eternas e (JO 5:29)
    testemunhos dos cultivadores da (JO 16:1)
Renovação espiritual
    cultivadores dos princípios da (JO 16:1)
Renovação moral
    oportunidades de * em uma existência (JO 3:3)
Reparação
    desequilíbrio e (JO 21:6)
    sofrimento do homem na tarefa de (JO 21:6)
Respeitabilidade
    conquista de (JO 17:15)
Respeito
    quebra de barreiras benéficas do * fraternal (JO 10:9)
Responsabilidade
    sobrevivência e (JO 20:21)
Responsabilidade mediúnica
    portador da (JO 1:38)
Ressentimento
    transfiguração do * em separações seculares (JO 12:35)
Ressurreição
    bons, maus e (JO 5:29)
    conceito de (JO 5:29)
    crise da cruz e bênção eterna da (JO 12:27)
    existência de * nas esferas da vida (JO 11:23)
    Jesus e (JO 20:16; 20:19)
Retribuição
    empréstimo sem (JO 8:43)
Reunião cristã
    cenáculos, catacumbas e (JO 20:19)
    família cristã e (JO 20:19)
    objetivo da (JO 20:19)
    tempos modernos e (JO 20:19)
Revelação cristã
    comunhão no banquete da (JO 6:68)

S

Sacerdote
    confabulação de * com escribas e fariseus (JO 14:1)
Sacrifício
    aprendizado do processo de * pessoal (JO 20:21)
    Jesus e marcas do (JO 20:20)
    vitória do bem e (JO 5:40)
Sal da Terra
    cristão e (JO 17:14)
Salvação
    Jesus e (JO 10:9)
Sangue
    primeiros sacrifícios de * aos ídolos (JO 1:1)
Santidade
    realização da * na fuga do mundo (JO 18:36)
Santificação
    esforço silencioso pela * do porvir (JO 14:2)
Satanás
    descoberta de * no vasto mundo de si mesmo (JO 6:70)
    símbolo de (JO 6:70)
Saudade
    plantio da * no jardim interior (JO 11:23)
Saúde
    garantia de * e tranquilidade do povo (JO 14:2)
Sectarismo
    defesa isolada e geração de * e cegueira (JO 8:12)
Segurança
    conceito de (JO 16:33)
Seita religiosa
    ensinamentos do bem e (JO 13:17)
    escassez de apóstolos e (JO 13:17)
    apóstolos e (JO 13:17)
    ensinamentos da (JO 13:17)
Semente
    abastecimento do celeiro e (JO 14:6)
    perda da * valiosa (JO 8:11)

SEMENTE INFECUNDA
  esperança cadaverizada no seio
    da terra e (JO 15:8)
SENTIMENTO
  adubo divino e (JO 16:20)
  aprendiz e * de superioridade (JO 9:27)
  recursos para transformação do (JO 17:15)
  transfiguração do * em capricho
    do coração (JO 14:15)
  transformação do * em inquietação
    injusta (JO 1:23)
SEPARATIVIDADE
  provocação da hipnose do sectarismo e (JO 16:13)
SEPULCRO
  disputa pelo * do divino Jesus (JO 13:35)
  homens mortos no * da indiferença (JO 12:11)
  pedra removida do (JO 20:1)
SERENIDADE
  significado da * das esferas mais altas (JO 14:27)
SERVIÇO
  bem e (JO 16:3)
  negação do (JO 5:40)
  revolta contra o gênero de * oferecido (JO 11:9)
  tarefeiros do * e da beneficência (JO 14:2)
SERVIÇO APOSTÓLICO
  isolamento de Jesus no (JO 1:5)
SERVO
  pessoa suscetível de interesse próprio e (JO 8:35)
SEXO
  emoções relativas ao (JO 4:35)
SHAKESPEARE
  configuração das experiência de
    um povo e (JO 6:63)
SILÊNCIO
  resposta no grande e espontâneo (JO 8:4)
SIMPLICIDADE
  adoção de (JO 7:20)
SINÉDRIO
  agentes do * e provocação das
    forças da opinião (JO 14:1)
SOBREVIVÊNCIA
  responsabilidade e (JO 20:21)
SOCIEDADE
  destino reservado pela * aos cultivadores
    da verdade (JO 8:45)
  materialismo e (JO 16:13)

SOFRIMENTO
  delitos que levantam as penitenciárias e (JO 3:3)
  função do (JO 17:15)
  função preciosa do * nos planos da alma (JO 17:15)
  julgamento do * por mal (JO 14:10)
  não aceitação do (JO 16:7)
  obstáculo e *, orientadores da criatura (JO 16:33)
  remorso no fundo das penitenciárias de (JO 3:7)
  restauração das leis externas e (JO 12:40)
  vida superior e (JO 16:20)
SOL
  fonte inexaurível de vida, calor e luz e (JO 10:25)
  nutrição da vida e (JO 3:34)
SOLIDARIEDADE
  verdadeira * entre os discípulos (JO 13:34)
SOMBRA
  consequência amarga da própria (JO 5:8)
SOPA FRATERNA
  bendito o irmão que bate à porta da (JO 17:15)
SUBLIMAÇÃO
  acessibilidade das luzes da * interior (JO 3:34)
SUBMISSÃO
  desígnios divinos e (JO 15:7)
SUPERIORIDADE
  aprendiz e sentimento de (JO 9:27)
SUPERSENTIMENTALISTA
  reclamação do objeto de sua afeição e (JO 16:32)
SUPLÍCIO
  despertamento no crepúsculo da
    existência e (JO 3:7)

T

TADEU
  atualidade na pergunta de (JO 14:22)
TALENTO
  tesouro em museu e * sem utilidade (JO 14:21)
TAREFA
  companheiros preocupados com
    a * alheia (JO 21:22)
  presença de Jesus e * humana (JO 15:5)
TAREFA DOMÉSTICA
  trabalho e cooperação com Deus e (JO 8:38)
TÉDIO
  supressão do * e insipiência (JO 3:16)

TEMPESTADE
   higiene da atmosfera e (JO 14:10)
TEMPLO
   expulsão do * organizado (JO 16:1)
   ruína do * de pedra (JO 6:32)
   promessas, votos absurdos e (JO 1:38)
   trabalho e ação de conjunto no *
      espírita cristão (JO 17:24)
TEMPLO DE PEDRA
   João, apóstolo, e (JO 6:30)
TEMPO
   aplicação do (JO 11:9)
   aproveitamento da dádiva de * recebida (JO 12:35)
   aproveitamento do (JO 9:4; 12:35)
   concessão de Deus e (JO 12:35)
   concessão do * em parcelas iguais (JO 12:35)
   escritores de futilidades e * perdido (JO 10:9)
   oportunidade e (JO 12:35)
   perda do (JO 12:35; 16:3)
   valorização do (JO 12:35)
TENTAÇÃO
   aprimoramento espiritual à distância da (JO 14:21)
TEÓLOGO
   existência de inferno ardente e
      imperecível e (JO 5:29)
TERRA
   ampliação da cultura de espírito na (JO 15:14)
   casa de Deus e (JO 8:35)
   causa do mal na (JO 3:16)
   chegada de austeras admoestações da (JO 3:6)
   demonstração da condição de discípulos
      de Jesus na (JO 13:35)
   dependência humilde da casa de Deus e (JO 8:35)
   dor de nossos erros e (JO 3:16)
   escola de trabalho incessante e (JO 16:33)
   escola regenerativa e (JO 3:16)
   escrita da história da passagem na (JO 8:8)
   felicidade celeste e (JO 18:36)
   grande livro ofertado por Jesus e (JO 8:8)
   imensa escola de trabalho e (JO 15:1)
   Jesus na (JO 13:35)
   paz da criatura na (JO 10:10)
   personalidades dominadoras na (JO 5:30)
   transformação da (JO 6:70)
   valor real da passagem na (JO 9:4)

   verdade pura e (JO 14:6)
TESOURO
   distribuição do * do bem (JO 13:35)
TÍTULO CONVENCIONAL
   personalidade e (JO 10:25)
TOLERÂNCIA
   incompetência ou (JO 14:2)
   prática da * e da fraternidade (JO 14:27)
   uso da * e incompetência (JO 14:2)
TOLICE
   perdão com desinteresse e (JO 7:20)
TOLO
   conhecimento do * pelas puerilidades (JO 6:30)
TOMÉ, APÓSTOLO
   ausência de fé e (JO 20:24)
   fidelidade e (JO 20:24)
   Jesus e (JO 2:25)
   ressurreição de Jesus e (JO 20:24)
   símbolo da despreocupação com
      as obrigações e (JO 20:24)
   testemunho da primeira visita de Jesus e (JO 20:24)
   tipo do aprendiz suspeitoso e exigente e (JO 20:24)
TRABALHADOR
   compreensão do bom (JO 7:6)
   concessão de nova oportunidade
      ao * hesitante (JO 12:43)
   queixas do mau (JO 7:6)
   revelação do (JO 21:17)
   Tomé, apóstolo, e * ausente (JO 20:24)
TRABALHO
   bênção divina e (JO 20:24)
   boa vontade e (JO 11:9)
   criaturas queixosas e (JO 5:17)
   devoção ao * e vaidade (JO 14:2)
   dignificação do * e clareamento
      dos caminhos (JO 14:1)
   época de * redentor (JO 7:6)
   escola das almas e (JO 14:21)
   Evangelho e * renovador (JO 9:25)
   João, apóstolo, e (JO 5:17)
   movimento incessante da vida e (JO 5:17)
   reserva de * e sacrifício aos
      companheiros amados (JO 16:20)
   reunião estreita na fidelidade ao (JO 15:7)
   revolta contra o gênero de (JO 5:17)
   vida e (JO 5:17)

TRANQUILIDADE
busca da * dos cadáveres (JO 16:33)
caminho da * fundamental (JO 16:33)

TRANSFORMAÇÃO DA HUMANIDADE
Jesus e (JO 14:22)

TRANSVIADO
assembleias de analistas e chefe (JO 15:14)

U

ÚLTIMA CEIA
Cristo e (JO 15:13)

UMBRAL
atravessamento do * da evidência pública (JO 10:7)

UNIVERSO
santificação das criaturas e leis do (JO 14:21)

V

VAIDADE
negação da * própria (JO 6:60)
pedido de espetáculo e (JO 16:13)

VALOR
superestimação do próprio (JO 6:48)

VALOR MEDIÚNICO
raciocínio em torno do (JO 20:21)

VALOR NOVO
colheita de (JO 4:35)

VALOR RELIGIOSO
aquisição de (JO 1:38)

VEGETAL
importância do (JO 10:25)

VERBO
potencial recebido da infinita bondade e (JO 10:25)
utilização do * para ferimento e enlouquecimento (JO 10:10)

VERBO AMIGO
reanimação, consolação e (JO 6:68)

VERDADE
afastamento da * e condenação das escolas religiosas (JO 15:5)
afeiçoamento a certos ângulos da (JO 8:32)
conhecimento da * libertadora (JO 8:32)
Cristianismo, amor e (JO 6:60)
cultivadores da (JO 8:45)
demonstração objetiva da * anunciada (JO 6:30)
discernimento da (JO 8:32)
estágios da (JO 14:6)
estandartes vivos nas trilhas da (JO 21:22)
evolução humana e * pura (JO 14:6)
exibição da * pura na Terra (JO 14:6)
força da * de Jesus (JO 1:5)
Jesus e (JO 4:35; 8:32; 8:45; 14:6)
penetração na órbita da (JO 14:6)
ponto de vista e (JO 8:32)
proclamação da (JO 4:35)
regresso à * triunfante (JO 18:36)
Terra e * pura (JO 14:6)

VERDADE ESPIRITUAL
médico leviano e (JO 3:10)

VERDADE ETERNA
anúncio da (JO 14:22)

VICIADO
produção do desregramento e (JO 15:4)

VIDA
conhecimento da * infinita (JO 12:11)
conjunto divino de experiências e (JO 1:38)
consulta à * interior (JO 21:6)
desejo de ser pai e gozador da * terrestre (JO 8:38)
Espiritismo e * espiritual (JO 6:32)
experiência digna da imortalidade e (JO 10:10)
felicidade e * espiritual (JO 6:32)
interesse de Deus e (JO 21:6)
liberdade para aceitação das determinações da (JO 3:7)
manifestações carnais na Terra e (JO 4:35)
matrícula na escola da * superior (JO 20:24)
percepção do sentido da (JO 8:32)
preparação de lugar na * mais alta (JO 14:2)
resumo da (JO 4:35)
riquezas do rio de graças da (JO 3:34)
trabalho e (JO 5:17)
transformação da * em luta desesperada (JO 8:32)

VIDA CRISTÃ
aprendizes da (JO 9:25)

VIDA DOS ANIMAIS
observação da (JO 12:40)

VIDA ETERNA
esperanças na (JO 20:19)
Jesus e roteiro da (JO 6:68)
palavras da (JO 6:68)

Vida humana
    chama do serviço para a ascensão justa e (JO 12:35)
    processo de gozo no corpo de carne e (JO 14:6)

Vida interior
    consulta à (JO 21:6)

Vida nova
    ressurreição dos bons e (JO 5:29)

Vida primária
    atenção aos apelos da (JO 8:43)

Vida real
    participação do banquete da (JO 13:8)

Vida simples
    adoção de * e delito de relaxamento (JO 14:2)

Vida superior
    alicerces de uma * repleta de paz e alegria (JO 16:20)
    fidelidade e segurança no esforço de construção da (JO 9:4)
    reconforto recebido de mensageiros da (JO 15:8)
    sofrimento e (JO 16:20)
    tarefa espiritista cristã e (JO 17:17)

Vida terrestre
    Cristo e remodelação da (JO 14:22)
    sinais divinos da (JO 3:12)

Videira
    enxerto de cactos infernais na * divina (JO 15:5)
    Jesus e (JO 15:1; 15:5)
    verdade, amor e (JO 15:1; 15:5)

Virtude
    metal julgado precioso e * não reconhecida (JO 14:21)

Visão
    ampliação da própria * e auxílio ao próximo (JO 3:34)
    compreensão dos espetáculos que ferem a (JO 14:22)

Vontade
    decisão referente a construção do destino e (JO 16:24)
    fragilidade da * humana (JO 15:7)
    necessidade de proteção na boa (JO 18:36)
    valor da * no aprimoramento próprio (JO 5:40)

Vontade divina
    compreensão da (JO 15:7)

Z

Zaqueu
    Jesus e (JO 2:25)

LITERATURA ESPÍRITA

Em qualquer parte do mundo, é comum encontrar pessoas que se interessem por assuntos como imortalidade, comunicação com Espíritos, vida após a morte e reencarnação. A crescente popularidade desses temas pode ser avaliada com o sucesso de vários filmes, seriados, novelas e peças teatrais que incluem em seus roteiros conceitos ligados à Espiritualidade e à alma.

Cada vez mais, a imprensa evidencia a literatura espírita, cujas obras impressionam até mesmo grandes veículos de comunicação devido ao seu grande número de vendas. O principal motivo pela busca dos filmes e livros do gênero é simples: o Espiritismo consegue responder, de forma clara, perguntas que pairam sobre a Humanidade desde o princípio dos tempos. Quem somos nós? De onde viemos? Para onde vamos?

A literatura espírita apresenta argumentos fundamentados na razão, que acabam atraindo leitores de todas as idades. Os textos são trabalhados com afinco, apresentam boas histórias e informações coerentes, pois se baseiam em fatos reais.

Os ensinamentos espíritas trazem a mensagem consoladora de que existe vida após a morte, e essa é uma das melhores notícias que podemos receber quando temos entes queridos que já não habitam mais a Terra. As conquistas e os aprendizados adquiridos em vida sempre farão parte do nosso futuro e prosseguirão de forma ininterrupta por toda a jornada pessoal de cada um.

Divulgar o Espiritismo por meio da literatura é a principal missão da FEB, que, há mais de cem anos, seleciona conteúdos doutrinários de qualidade para espalhar a palavra e o ideal do Cristo por todo o mundo, rumo ao caminho da felicidade e plenitude.

CARIDADE: AMOR EM AÇÃO

S‍ede bons e caridosos: essa a chave que tendes em vossas mãos. Toda a eterna felicidade se contém nesse preceito: "Amai-vos uns aos outros". KARDEC, Allan. *O evangelho segundo o espiritismo*, cap. 13, it. 12.

A Federação Espírita Brasileira (FEB), em 20 de abril de 1890, iniciou sua *Assistência aos Necessitados* após sugestão de Polidoro Olavo de S. Thiago ao então presidente Francisco Dias da Cruz. Durante oitenta e sete anos, esse atendimento representava o trabalho de auxílio espiritual e material às pessoas que o buscavam na Instituição. Em 1977, esse serviço passou a chamar-se Departamento de Assistência Social (DAS), cujas atividades assistenciais nunca se interromperam.

Desde então, a FEB, por seu DAS, desenvolve ações socioassistenciais de proteção básica às famílias em situação de vulnerabilidade e risco socioeconômico. Fortalece os vínculos familiares por meio de auxílio material e orientação moral-doutrinária com vistas à promoção social e crescimento espiritual de crianças, jovens, adultos e idosos.

Seu trabalho alcança centenas de famílias. Doa enxovais para recém-nascidos, oferece refeições, cestas de alimentos, cursos para jovens, serviços de convivência e fortalecimento de vínculos para idosos e organiza doações de itens que são recebidos na Instituição e repassados a quem necessitar.

Essas atividades são organizadas pelas equipes do DAS e apoiadas com recursos financeiros da Instituição, dos frequentadores da Casa e por meio de doações recebidas, num grande exemplo de união e solidariedade.

Seja sócio-contribuinte da FEB, adquira suas obras e estará colaborando com o seu Departamento de Assistência Social.

O EVANGELHO POR EMMANUEL - JOÃO

EDIÇÃO	IMPRESSÃO	ANO	TIRAGEM	FORMATO
1	1	2015	10.000	16X23
1	2	2017	4.300	16X23
1	3	2018	1.000	16X23
1	4	2018	1.000	16X23
1	5	2018	1.500	16X23
1	6	2019	1.400	16x23
1	7	2021	1.600	16x23
1	8	2022	1.500	15,5x23
1	*IPT	2023	500	15,5x23
1	10	2024	1.000	15,5x23

*Impressão pequenas tiragens

FEB editora
Livro espírita para um novo mundo
www.febeditora.com.br
@febeditoraoficial
@febeditora

Conselho Editorial:
Carlos Roberto Campetti
Cirne Ferreira de Araújo
Evandro Noleto Bezerra
Geraldo Campetti Sobrinho – Coord. Editorial
Jorge Godinho Barreto Nery – Presidente
Maria de Lourdes Pereira de Oliveira
Miriam Lúcia Herrera Masotti Dusi

Produção Editorial:
Elizabete de Jesus Moreira

Preparação de conteúdo e indexação:
Cyntia Larissa Ninomia
Daniel Meirelles
Erealdo Rocelhou
Geraldo Campetti Sobrinho
Larissa Meirelles Barbalho Silva
Saulo Cesar Ribeiro da Silva

Revisão:
Erealdo Rocelhou
Larissa Meirelles Barbalho Silva

Capa:
Luisa Jannuzzi Fonseca
Miguel Cunha
Thiago Pereira Campos

Projeto Gráfico:
Luisa Jannuzzi Fonseca
Miguel Cunha

Diagramação:
Capítulo Sete – www.capitulosete.com.br

Normalização Técnica:
Biblioteca de Obras Raras e Documentos Patrimoniais do Livro

Esta edição foi impressa pela Editora Vozes Ltda., Petrópolis, RJ, com uma tiragem de 1 mil exemplares, todos em formato fechado de 155x230 mm e com mancha de 139,3x195,5 mm. Os papéis utilizados foram o Off white slim 65 g/m² para o miolo e o Cartão 250 g/m² para a capa. O texto principal foi composto em fonte Noto Serif 10/15 e os títulos em Ottawa 18/30. Impresso no Brasil. *Presita en Brazilo.*